한국어로 내려온

New Bible

새로운 성경

제115권

8부 | 총10부

하얀마음

하나님 말씀 중에서

1. 사랑의 하나님

- 세상을 창조하신 하나님은 모두를 사랑하신다. 인간만 특별히 더 사랑하지 않고, 우주 만물을 다 똑같이 사랑하신다. 그러니 하나님이 창조하신 천지 만물과 화친하고, 미물까지도 소중히 대하라.

- 하나님은 특정 종파나 민족만을 더 사랑하지 않으신다. 자기 자신만 구원받겠다는 욕심을 버리고, 자기 종파만 구원받는다는 편협한 교리에서 벗어나야 한다. 종파를 초월해서, 모두를 사랑하라.

- 원수까지 사랑하라 했으니, 이 세상에 사랑하지 못할 자가 누가 있겠는가? 종파가 다르다고 해서 부모 형제와 원수처럼 지내는 자는 인간의 근본을 모르는 자다. 가장 가까운 가족부터 사랑할 때 남도 진심으로 사랑할 수 있다.

- 한 사람을 원수같이 생각하던 마음에서 사랑하는 마음으로 돌리면, 자기 자신의 마음이 가장 기쁘고 행복하다. 하나님께서는 인간의 마음속에 무거움이 없이 기쁘고 행복한 삶을 살기를 바라신다.

- 이웃을 "내 몸처럼" 사랑하라 했으니, 마지막 한 장 남은 천국의 티켓도 이웃에게 양보하라. 자기 중심적인 신앙에서 벗어나서 남을 위해 살아야 한다.

- 독초도, 약초도, 이단도 사탄도 천사도 다 필요하기에 존재한다. 독초일지라도 극소량을 사용해서 생명을 살릴 수 있고, 약초라 하더라도 남용하면 생명을 잃을 수 있다.

- 세상 모든 것을 명약으로 활용하는 것은 인간의 지혜에 달렸다. 어떤 것이든 어떤 사람이든 적재적소에 꼭 필요한 명약으로 승화시키라.

- 사탄도 이단도 천사도 모두 하나님의 주관하에 존재한다. 진정한 하나님의 백성은 사탄과 마귀까지도 감화시켜서 천사로 거듭나게 한다.

2. 기도

- 하나님은 인간의 생각까지 모두를 다 알고 계신다. 우리의 소원도 이미 알고 계시기에, 소원의 기도를 할 필요가 없다. 우리가 받을 자격이 되면 내려 주신다.

- 죄를 짓고 아무리 회개를 해도 용서받지 못한다. 도둑질한 자는 용서해 달라고 기도하고, 도둑맞은 자는 도둑을 잡게 해 달라고 기도하면, 공의의 하나님은 누구의 편에 서시겠는가?

- 자기가 잘못한 것은 그 사람에게 직접 갚고 용서를 구하라. 그가 용서하면 하나님도 용서하신다. 땅에서 매면 하늘에서도 매이고, 땅에서 풀리면 하늘에서도 풀리는 이치다.

- "회당에서 기도하지 말고 골방에서 기도하라" 했다. 눈에 보이는 골방이 아니라, 골방과 같이 고요한 마음이다. 잡념을 버리고 하나님을 향해 마음을 집중하며, 사랑하고 용서하는 아름다운 생각만 나오도록 하라.

- "두드리면 열릴 것이다." 하는 것은 육의 소원을 위해 두드리라는 것이 아니라, 진리의 깨달음을 얻기 위해 두드리라는 것이다.

- 기도하는 방법: 생활 속에서 수시로 기도하는 삶을 살아야 한다.

- "저의 죄를 용서하여 주옵소서." 하는 회개의 기도를 하라.
- 범사에 "하나님! 감사합니다." 하라. 현재 가진 것에 감사하며, 과욕하지 말라. 자기 노력 이상의 것을 더 갖고자 기도하는 것은 도둑놈심보다. 공의의 하나님은 각자 노력한 만큼 주신다.
- "하나님 뜻대로 살아가겠나이다." 하며 마음의 각오를 다지라.

- 기도는 하나님의 말씀을 받아서 "행하는 것"이다. 하나님이 계심을 굳건히 믿고, 하늘을 향하여 한 점 부끄럼 없이 사는 삶 자체가 가장 위대한 기도이며, 삶이 곧 예배다.

3. 지도자

- 똑같이 사랑한다는 말을 해도, 순수하게 하는 말은 천사의 말이지만, 사기 쳐서 재산을 가로채려고 하는 말은 사탄의 말이다.

- 종교 지도자가 아무리 훌륭한 설교를 해도, 신도의 재물을 거둬서 더 큰 교회를 짓고 자기의 부귀영화를 바라며 설교하면 사탄의 가르침이 된다.

▪ "저희 교회는 만원사례요, 믿음은 다 같으니 이웃의 개척 교회에 가서 예배를 드리시오." 하며, 이웃 교회의 부흥을 먼저 생각하여 제 신도를 보내는 종교 지도자가 있다면 그를 따르라. 그가 하나님의 사랑을 실천하는 자다.

▪ "부자가 천국에 들어가는 것은 낙타가 바늘구멍을 통과하는 것보다 더 힘들다" 하였거늘, 지금의 교회에서는 부자가 되기만을 기도하고 소원하니, 이는 곧 천국을 포기하고 지옥 행 열차의 티켓을 사는 것과 같다.

▪ 예수는 빈손이었다. 종교 지도자가 예수보다 더 호화롭고 편안하게 살아간다면 잘못된 것이다. 부귀영화와 명예를 바라는 자는 절대로 갈 수 없는 좁고 협착한 길이 종교 지도자의 길이다.

▪ 종교 지도자는 유리로 비춰 봐 한 점의 부끄러움이 없이 살아야 한다. 의식주도 직접 일해서 해결하고, 예수의 가르침과 행함을 그대로 따라야 한다.

▪ 종말은 없다. 지금의 잘못 가는 종교 집단에게만 종말이 있다. 보이지 않는 하나님은 보이는 육의 종말은 관여하지 않으신다. 환경 파괴로 인간이 스스로 멸망을 자초하는 것이다. 종파끼리 싸우기 전에, 무너진 인성을 바로잡고 지구의 몸살을 해결하는 데 뜻을 모으는 게 급선무다.

4. 성전이란

▪ 이 세상 자체가 하나님께서 만드신 성전이다. 자연보다 더 아름다운 성전이 있는가? 보이는 건물이 성전이 아니라, 성스러운 마음가짐이 성전이다

▪ 반석 위에 교회를 지으라 했다. 지상의 단단한 돌은 인간이 쪼갤 수 있으나, 마음속의 굳은 결의는 세상 무엇으로도 쪼갤 수 없다. 바르고 굳건한 믿음으로 성경의 가르침을 실천하는 것이 마음의 반석 위에 교회를 짓는 것이다.

▪ 손으로 지은 건물의 교회에 모여서 복음을 전하는 것이 아니라, 교회를 개인과 가정에 심어 주어야 한다. 무너지고 부서지는 건물을 짓지 말고, 마음속에 영원히 불변하는 참진리의 교회를 지으라.

5. 십계명

- 십계명은 인간이 죽어서 반드시 통과해야만 하는 열 개의 관문이다.

- 부모를 공경하지 아니한 자는 “네 부모를 공경하라.” 하는 제5계명의 관문이 열리지 않으니 구원받을 수 없다.
- 살인, 간음, 거짓, 우상 등의 나머지 계명도 마찬가지다.

- 십계명은 하나님의 친필이다. 모기소리만 한 하나님의 음성이라도 들어 보겠다고 여기저기 찾아 헤매지 말고, 십계명부터 암송하고 지키라.

- 십계명은 영혼을 구원하는 양식이며, 십계명을 지키는 것이 구원을 받는 길이다. 인간이기에 지키고자 노력하고 또 노력한다면 지킬 수 있다.

- 십계명을 지키고 천사처럼 아름답게 살아가는 그 마음 하나면 세상에 이루어지지 않는 것이 없다.

6. 보물

- 하나님은 재물이 아니라 우리의 마음을 받으신다. 사랑을 실천하며 천사처럼 변하는 마음이 하나님께 바치는 보물이다.

- 보이지 않는 하나님께 재물을 바치려 하지 말고, 너희를 길러 준 부모에게 용돈 드리고, 찾아뵙고, 효성을 다하라. 그것이 하나님께 효도하는 것이다.

- 하늘에는 선과 악의 창고가 있다. 자기 창고에 선이 많으면 천국으로 구원을 받고, 악이 많으면 심판받아 지옥으로 간다. 그것이 바로 “선한 일을 행한 자는 생명의 부활로, 악한 일을 행한 자는 심판의 부활로” 나오는 것이다.

- “선악과를 따먹지 말라”는 것은 양심을 지키라는 것이다. 선과 악을 구분할 수 있는 양심을 최초에 인간에게 주셨다. 선한 열매는 취하고, 악한 열매는 버리며, 양심에 비추어 부끄럼 없는 삶을 살아가라.

- 가장 작은 거짓말을 하지 않고, 가장 작은 죄를 짓지 않으며, 가장 작은 선행을 하고, 가장 작은 악행을 멀리하는 것이 율법의 일점 일획도 빠뜨리지 말고 다 지키는 삶을 사는 것이다.

7. 우상

- 박물관에 있는 불상은 하나의 예술품이다. 그 조각품에 대고 제 소원을 빌 때 우상숭배가 된다. 십자가라 하여도 그 앞에서 소원을 빈다면 우상숭배하는 것이며, 하나님께 소원을 빈다면 하나님을 우상으로 전락시키는 것이다.

- 지금 기복신앙에 젖어 있는 모든 사람이 우상 앞에 절을 하고 있다. 조각품을 우상이라며 파괴하지 말고, 네 마음속에 있는 욕심의 우상을 무너트리라.

- 생수를 약초가 먹으면 약을 만들고 독사가 먹으면 독을 만든다. 같은 성경을 봐도 선한 지도자는 신도를 천사로 만드는 데 활용한다. 그러나 욕심이 가득한 지도자는 재물을 거두어들여 제가 부귀영화를 누리는 데 악용한다. 그가 바로 성경을 우상숭배의 도구로 전락시키는 거짓 선지자다.

- 성경을 한 획도 빼거나 더하지 말라는 것은, 그 가르침을 빠트리지 말고 온전히 지키라는 것이다. 성경 속에서 자기에게 유리한 구절만 보는 것은, 자기에게 불리한 구절들을 빼 버리는 것이다. 믿음이 제일이요, 행함은 구원과는 관계없다는 것은 자신에게 유리한 쪽으로 성경을 악용하는 것이다.

- 진정한 종교 지도자는 종파에 관계없이 어떤 종파든 어떤 책이든 접하고 보고 깨우쳐 견문을 넓히도록 인도한다. 참진리를 모르고 자신이 없는 자가 남을 이단이라며 배척하고, 신도들의 눈과 귀를 가린다.

8. 예수

- 예수의 재림은 없다. 예수가 다시 온다 해도, 과연 누가 그를 예수라고 믿겠는가? 예수와 같은 삶의 행함이 곧 예수의 재림이다. 각자 모두가 "재림 예수"가 되는, 차원 높은 믿음으로 가야 한다.

- 예수는 "주여 주여 하지 말고, 아버지의 뜻대로 행하라"고 했다. 예수가 전한 하나님의 뜻이 곧 "길이요, 진리요, 생명"이며, 그 가르침이 예수의 보혈처럼 소중한 것이다. 예수를 믿는 것은, 예수의 가르침을 믿고 따르는 것이다.

- 예수는 낮은 자로서 만백성을 섬기고자 했다. 만나는 모든 사람을 다 하나님이라 생각하라. 돈을 벌수록 겸손하고, 높은 지위를 얻을수록 낮아지라.

▪ 예수는 종파를 만들지 않았다. 인간이 만든 종교와 인간의 교리를 따르지 말고, 예수를 통해 전한 하나님의 참진리를 연구하고 따르라.

▪ 예수가 2천 년 전에 만백성을 위해 죽었으니, 지금 이 땅에는 예수의 가르침대로 사는 천사만 존재해야 한다. 예수가 죽어 가면서 바란 것은 만백성이 천사가 되어 예수의 자리를 채워 주는 것이지, 지금과 같이 재물을 바치면서 중언부언 제 소원만을 비는 백성들을 바란 것이 아니다.

9. 구원

▪ 천사가 사는 천국에는 천사만 갈 수 있으니, 천사 같은 마음을 길러야 한다.

- "천국 열쇠를 네게 주리니 땅에서 무엇이든지 매면 하늘에서도 매일 것이라" 했다. 땅에서 천사같이 사는 자가 하늘에서도 천사가 되어 천국에 들어간다. 모든 사람에게 천사같다는 말을 듣는 삶을 살아야 한다.

▪ 천사의 곱고 아름다운 마음은 부모를 공경하고 어른을 어른으로 대접하는 데에서 출발한다. 효도하는 자는 형제와 화목하게 지내기에 가정이 화목해지고, 이웃과 화목해지고, 국가가 화목해지고, 온 인류가 화목해진다.

- 그러므로 지상의 아름다운 소왕국은 가정에서부터 이루어야 한다.

▪ 선택된 14만 명만 구원받는 것이 아니라, 천사처럼 변하고자 하는 14만 명을 기초로 온 인류가 천사처럼 거듭나는 영적인 개혁이 시작되는 것이다.

▪ 천 년에 걸쳐서 하늘에서 이루어진 것같이 이 세상을 낙원으로 만들어, 만백성이 지상의 천국에서 살다가 죽어서 그대로 하늘의 천국으로 들어가는, 영원한 지상 낙원을 건설하는 것이 하나님의 계획이다.

- **이것이 구약과 신약에 이어 "새로운 성경"으로 역사하시는 하나님의 창조의 완성이다.**

▪ 지금의 믿음으로 구원받을 수 있다면 그 길을 가라. 그러나 자신이 없다면 하나님께서 직접 내리신 160권의 "새로운 성경"을 읽고 구원의 길을 보라!

하나님 머리말씀

이 새로운 성경을 읽는 너희 모두는
이 율법에 따라 행하면 영원히 구원받을 것이니라.

너희 인간이 수년, 수십 년, 평생
성서를 공부하고 기도하는 것은
하늘나라 나의 곁으로 오고 싶은 소망일진대,

몇천 년 전의 너희 인성과 생각이
지금의 너희와는 판이하게 다르니,

꺾여 가고 병들어 가는 너희를 고칠 수 있는 길은,
오늘 내가 선지자에게 내리는 새로운 성경과 같이
너희가 변화되는 것뿐이니라.

나의 예수가 태어난 것처럼
내가 아들 선지자를 선택하여
나의 새로운 성경을 온 세계에 전하고자 하니,

묵은 것은 버리고 새로운 것은 취하여,
너희 모두는
'여호와 하나님! 저의 죄를 용서하여 주옵소서.'
하는 기도문으로 기도하고, 죄를 뉘우치라.

이 새로운 성경은
수천 년간 내려온 성서를 요약한 것이니,
너희는 이 책을 정독하여 쉽게 깨달음을 얻고,
이대로 실천하여 하늘에 오르라.

대역자 머리말

■ 하나님의 율법을 지키는 선지자로 선택을 받도다.

저는 남들처럼 그저 열심히 살아온 평범한 사람이었습니다. 그러나 50대 중반에 사업에 실패하여 많은 부채에 시달렸으며, 건강도 악화되어 눈이 잘 안 보이고, 걷기도 어렵고, 두통이 심해서 잠을 이룰 수 없는 고통의 나날을 보냈습니다. 그때 제가 선택할 수 있는 것은 육의 삶을 끝내는 길뿐이었습니다.

죽기 직전에 그동안에 죄를 지은 이들에게 용서를 빌고 인생을 끝내기로 작정하였습니다. 어려서부터 지은 죄를 빌고 빌다 보니 끝이 없었고, 죽음으로도 그 많은 죄를 용서받을 길이 없다는 생각에 하염없이 눈물이 흘렀습니다. 그 순간 '재래식 화장실의 구더기는 죄를 짓지 않는데, 나는 인간으로서 구더기만도 못한 삶을 살았구나.' 하는 생각이 들면서 괴로움에 몸부림칠 때, 갑자기 하나님의 음성이 들렸습니다.

"나는 여호와 하나님이니라. 너는 십계명을 암송하고 내가 내려 주는 메시지를 받아 책으로 만들어 만백성을 구하라." 하시며, 제 눈을 손으로 문지르게 하시고, 아픈 머리와 다리를 손으로 두드리게 하셨습니다. 그러고 나니 눈도 잘 보이고 걸을 수 있었으며 머리의 통증도 말끔히 낫게 되었습니다. 그때부터 십계명을 암송하고 나면 들려주시는 말씀을 기록하였고, 1999년 8월부터 2004년 7월까지 권당 288쪽, 총 160권을 받아서 "새로운 성경"이라는 책으로 펴내게 되었습니다.

그러한 저에게 죽기보다도 힘든 길이 시작되었습니다. 모든 교인들이 저에게 사탄이요, 이단이요, 악마요, 마지막 시대에 온 거짓 선지자라 하면서 공격하였고, 저를 짐승을 보듯이 대하는가 하면, 편협한 종교 지도자들의 선동으로 신도들이 이 책을 직접 읽어보고 평가할 기회마저 막아 버렸습니다. 그래서 하나님의 말씀을 세상에 내는 데 많은 어려움을 겪으며, 피를 토하는 심정으로 책을 전하고 있습니다.

그러나 아무리 인간의 힘으로 막으려 해도, 하나님의 뜻이 세상에 전해지는 위대한 역사는 계속될 것입니다. 책으로 전해지는 "하나님의 말씀"은 세상 끝날까지 항상 우리와 함께하실 것입니다. 사람은 죽어도, 책에 기록된 말씀은 영원히 남으니까요.

■ 따뜻한 실천

하나님께서는 어려운 사람들에게 삶의 터전을 마련해 주고, 미래를 열어 주는 것을 기뻐하십니다. 어려운 이웃이 스스로 자립할 수 있도록 이끌어 주는 것이 진정으로 이웃을 돕는 것이라고 말씀하셨습니다. 그래서 일자리가 없는 제자들에게 작은 사업장을 만들어 주는 "달란트 사업"을 하고 있습니다. 식당, 반찬 가게 등을 차려 주고, 기존의 어려운 사업장이 자립할 수 있도록 돕고 있습니다(커피숍, 미용실, 의상실 등).

하나님께서는 교회에 나와서 모든 시간과 재물을 쏟기를 원하지 않으시고, 그 시간과 재물을 교육에 투자하여 스스로 미래를 열어 가기를 원하십니다. 그래서 제때 공부하지 못한 제자들에게 학업을 이어 가도록 하였습니다. 중화요리 주방장을 하며 초등학교 검정고시부터 공부하여 2012년에 방통대를 졸업한 36세 남성, 만학도들의 2년제 중학교에 입학해서 2007년에 명지대학을 졸업한 38세 여성, 중학교 검정고시를 시작으로 숭의여자대학을 졸업한 47세 여성 등이 있습니다. 그밖에도 많은 제자들에게 나이를 초월하여 배우고 깨우쳐서 사회 속의 당당한 일원이 되도록 인도하고 있습니다.

학자금 대출로 힘겨워하는 젊은이들을 위해 "따뜻한 바람 장학회"를 발족하여(2016년 12월) 대출받은 학자금 전액을 매월 갚아 주고 있습니다. 또한, 다문화 가정을 위해 "다문화 가족 랜드"를 조성하여, 각종 시설을 무료로 활용하도록 하고 있습니다.

이러한 따뜻한 실천이 아직은 미약합니다. 그러나 책의 수입이 늘고, 저와 뜻을 같이하는 분들이 늘어나면 계속 확대할 것입니다. 지도자로서 신도의 재물을 헌금으로 거둬들여 착복하는 것이 아니라, 하나님께서 기뻐하시는 일에 사용하도록 중매 역할만 하며 살아가고자 합니다. 이런 제가 과연 사탄이고 이단인가요? 하나님께서 기뻐하시는 일이라면, 저에게 사탄이라 하든 거짓 선지자라 하든 굽히지 않고 실천해 나갈 것입니다.

끝으로, 일상의 삶 속에서 "지금 내가 하는 행동이 과연 하나님께서 기뻐하실까, 슬퍼하실까?" 생각하고, 매사에 하나님께서 기뻐하시는 길을 택하기 바랍니다. 교회에 모여서 집단적으로 예배 드리는 것이 아니라, 개인이나 가정 단위로 새로운 성경을 읽어 스스로 깨우치고 그대로 행하면 충분합니다. 그것이 마음속에 성전을 짓고, 신령과 진정으로 예배 드리는 길입니다. 그러면 천국의 문에 들어서게 됩니다.

2017. 2. 1.

하나님 말씀 대역자 김용철

차 례

십 계 명

이 책은 십계명을 암송하고 나면 내려 주시는 "하나님의 음성"을 듣고 그대로 받아쓴 기록입니다. 하나님께서 십계명을 모세에게 내려 주셨지만, 그것은 만백성에게 내려 주신 것입니다. 마찬가지로 이 책의 모든 말씀도 저에게 내려 주셨지만, 만백성 각자에게 들려주시는 말씀입니다. 여러분도 이 책을 접할 때마다 십계명을 암송하고 나서 정독해 주시기 바랍니다.

제일은, 너는 나 외에는 다른 신들을 네게 있게 말지니라.

제이는, 너를 위하여 새긴 우상을 만들지 말고, 또 위로 하늘에 있는 것이나, 아래로 땅에 있는 것이나, 땅 아래 물 속에 있는 것의 아무 형상이든지 만들지 말며, 그것들에게 절하지 말며, 그것들을 섬기지 말라.

제삼은, 너는 너의 하나님 여호와의 이름을 망령되이 일컫지 말라.

제사는, 안식일을 기억하여 거룩히 지키라.

제오는, 네 부모를 공경하라.

제육은, 살인하지 말지니라.

제칠은, 간음하지 말지니라.

제팔은, 도적질하지 말지니라.

제구는, 네 이웃에 대하여 거짓 증거하지 말지니라.

제십은, 네 이웃의 집을 탐내지 말지니라.

나 여호와가 존재함을 믿는 그 자체가 구원의 길에 들어서는 기본이요, 근본이며, 나의 새로운 성경을 가슴에 안고 정독하는 자, 반석 위에 서서 하늘에 오르는 찬란한 빛을 보게 되는 영광을 얻게 됨이니라. 진정 나를 따르고 믿는 자는 감히 사탄이나 마귀도 근접하지 못하느니라.

〈하나님 말씀〉

2003년 11월

8,386 번째 하나님 말씀

2003년 11월 13일 08시 06분

1 사랑하는 나의 아들아!
2 "네, 아버님! 말씀하옵소서."
3 너희들이 살아가면서 전지전능한 나
여호와요, 창조주 아버지라며 나를 찾
고 기도하며 나를 부르느니라.
4 그러니 너희들은 나 여호와는 무한하
며 영원하며 전지전능한 창조주라 그
리 말함이니,
5 지금 그와 같은 창조주가 둘이 있으며
셋이 있다 하면, 이 세상의 우주 공간
이 통제되며 그 모두가 역사할 수 있
겠는가?
6 너희들이 두 마음을 갖는 것, 세 마음
을 갖는 것은 바로 전지전능한 창조주
나 여호와가 이 세상에 셋이요, 넷이
라는 그와 같은 마음으로 가는 것임을
알아야 될 것이니라.
7 그러니 모든 백성들의 지금의 믿음이
그와 같이 되어 있음이니라.
8 너희들이 천사와 같이 나 여호와만을
믿으며 나 여호와를 생각하며, 자기
자신을 버리고 생각하지 않는 그와 같
은 삶으로써 굳어지지 못하며 다져 지
지 못하기 때문에,
9 너희들은 이해관계요, 환경에 따라서
무너지고 흔들리는 그와 같은 마음이
니, 너희들이 흔들리고 무너지는 것은
무엇인 줄 알겠느냐?
10 전지전능한 창조주 나 여호와가 하나
가 아니요, 둘이요, 셋이라 생각하는
자들과 다름이 없음을 너희들은 알아
야 될 것이니라.
11 이제 너의 제자들이라도 이를 알아야
될 것이니라.
12 그러니 너희들이 이 세상에 살아가면
서 나 여호와에게 어떠한 걸 가지고도
견주어 계산하며 그와 같이 말하지 말
라 그리 가르치라.
13 사탄이 나와 같이 역사할 수 있다고
생각하는 것, 그리고 너희들이 다른
신을 믿고 다른 신을 따르는 것, 무당
이 춤을 추는 것, 그 모두는 무엇이더
냐?
14 너희들이 감히 나 여호와와 모두를 견
주어, 나와 그것들과 견주어 계산하며
그를 보는 것이라는 것을 잊어서는 아
니 될 것이니,
15 너희들은 어떠한 것이든 어떠한 형태
든 나 여호와와 같이 계산하여 견주어
보지 말라 그리 전하라.
16 이 세상을 통제하는 것은 나 여호와뿐
이요, 그러하기 때문에 이 지상이, 우
주 공간이 이대로 통제되며 이대로 유
지됨이니,
17 너희들 말대로 둘 셋이요, 능력이 같
은 자가 있다면 절대 이와 같이 역사
할 수 없다는 것을 너희 제자들이라도
깨우치도록 그리해야 될 것이니 그리
알라.
18 전지전능함은 무한한 것이요, 영원한
것이니라.

19 그 누구와도 나를 견주어 말하지 말도
록 그리 가르치라.
20 어떠한 것도 무한한 것이요, 변함없는
참진리요, 전지전능함이라는 것은, 감
히 나 외에는 누구도 생각해서는 아니
되는 것이니라.
21 그러니 내가 오늘 이와 같은 뜻을 전
하는 것은, 너희들이 두마음을 가지고
있으며, 법전을 만드는 너희들이 모두
를 다 바치지 않고 다른 생각을 하는
것, 다른 계산을 두는 것,
22 그것이 바로 너희들이 이 우주 공간을
다스리는 전지전능한 자가 나 여호와
말고 다른 신이 또 있다 말하는 자들
이라는 것을 알라.
23 그러니 내가 너희들에게 깨우쳐 주는
것은, 신이 둘이요, 셋이 있으며, 나와
같이 능력 있는 자가 여럿이 있다면,
이 세상은 이와 같이 통제될 수 없다
는 것을 그들에게 깨우쳐 주라.
24 나 여호와만이 존재하는 것이요, 무한
한 사랑이요, 영원히 지속되는 것은
나 여호와의 계획이요, 나의 전지전능
함이라는 것을 너희들이 안다면,
25 절대 두 생각이요, 두마음을 갖고 살
아가는 사람이 되지 말라 하라.
26 항상 무너지고 흐트러지는 것, 너희들
이 필요하고 또 원할 때, 그리고 어렵
고 힘들 때, 기쁘고 행복할 때, 그때그
때마다 마음이 변화되며 흔들리는 것
이 바로 이 세상을 지배하는 전지전능
한 창조주가 나뿐만 아니라 다른 이가
있다는 그 마음을 의식적으로 가지고
있는 자요,
27 그와 같은 생각을 버리지 못하였기 때
문에 너희 제자들 또한 법전을 만드는
데 생명을 다 바쳐 한 길을 가지 못하
는 것이니라.
28 너희들은 그렇지 아니하다 하나, 내가
보는 너희들의 속마음이요, 미래의 너
희들의 마음은 그와 같이 흘러가게 되
어 있음이니라.
29 오로지 나 여호와를 믿으며 나 여호와
만이 존재한다고 믿는다면, 창조주 나
여호와가 내리는 법전을 만들고 다루
는 자들이 계산된 생각이요, 힘들고
어렵다 하여 멈추며 그리고 스스로 흔
들리는 삶을 살아가면서 나의 법전을
만들지는 아니할 것이며,
30 나의 법전을 감히 두려워 너희들이 접
하지 못할 것이거늘,
31 그와 같은 너희들을 다스리고자 하는
것이며, 그와 같은 자 내가 내 곁에 둘
수 없으며, 나의 아들을 따라가도록
내가 둘 수 없음이니라.
32 그와 같은 마음을 감추고 너희들이 나
의 법전을 역사한다 해도 너희들은 그
상이요, 공이요, 은혜를 나로부터 받
을 수 없는 것이기 때문이니 그리 알
라.

8,387 번째 하나님 말씀

2003년 11월 13일 08시 32분

1 사랑하는 나의 아들아!
2 "네, 아버님! 말씀하옵소서."
3 너희가 인간의 삶에 너무나 치우쳐 있
으며, 거기에 모두를 다 바치며 그 한
길밖에 보지 못하는 삶을 지금 살아가
고 있음이니라.

4 인간의 한계요, 인간의 삶에서 한 치
도 앞으로 나가지 못하고 오늘의 삶을
살아가는 자들이 지금 구원이요, 믿음
의 길이요, 그와 같은 길을 가는 백성
들, 그리고 구원을 받았다는 백성들이
가는 길이니,
5 그 길이 정녕 나에게 오는 길이 아니
요, 나로부터 멀어지기만 하며, 나로
부터 등을 돌리는 그와 같은 길을 가
고 있는 것이 오늘의 종교 집단이요,
지도자요, 그들이 가는 길이라 수없이
말하였음이니라.
6 그들은 나에게 오른다면서 나에게서
점점 멀어지며,
7 그들이 말하기를 나의 아들 예수를 찾
으며 그를 부르짖기만 하면 저희들은
구원의 길에 들어선 것이며, 또한 그
보혈로써 속죄되어 모두 죄가 없으며
깨끗한 자로서 구원을 받았다 그리 말
함이니,
8 그 가르침에 너희들이 너무나 깊이 빠
져 있으며, 그리하여 헤어나지 못하
며, 그것 외에는 아무것도 생각하지
아니하려 하는 것이니,
9 너희들이 너무나도 젖어 있고 또 젖어
있어, 지금 그곳에서 돌아서서 나오려
하는 자가 하나도 없느니라.
10 그를 다시 한 번 돌아다보며, 과연 나
의 아들 예수가 모든 죄를 속죄하였기
때문에 너희들은 죄가 없는 것이며,
믿기만 하면 죄가 없어져 용서받는 백
성들인가, 아니면 너희들이 스스로 행
하여 공로가 있어 나로부터 상을 받는
그 길을 가야 되는가,
11 그와 같은 것을 구분하지 못하며 생각
하는 지혜도 지금 세뇌되어 다 없어져
버린 형국이 되었음이니라.
12 생각을 못 하며, 내가 높이 준 그 지혜
를 활용하지 못한다면 과연 너희들은
무엇이더냐?
13 단순히 먹고살기 위해 사는 그것과 아
무것도 다른 것이 없는 것이 너희들의
삶이니라.
14 나 여호와의 소리를 듣지 못하고 나를
보지 못하는 것이 무엇인 줄 알겠느냐?
15 너희들이 그저 너무나 빠져 있음이니
라.
16 그저 보혈로써 죄를 다 사함받았으며,
나를 찾기만 하고 예수를 믿기만 하면
구원을 받는다 하는 거기에 너희들이
너무 절여지고 또 절여졌음이니라.
17 소금이라는 것을 뿌려 놓은 야채처럼,
채소가 시들어져 다시는 싱싱하게 변
화되지 못하는 것처럼 모두 숨이 죽어
버려, 그와 같이 숨이 죽은 야채는 얼
마나 힘을 쓰지 못하며 부드러운 자세
로 모두 다 무너지는가?
18 그보다도 더, 소금으로 절여진 야채보
다도 지금 더 절여졌으며 더 빠져 있
으며 생각을 하지 못하는 자들이니라.
19 그러니 너희들이 나를 볼 수 없으며
나의 소리를 들을 수 없는 것은 당연
한 것이 아니더냐?
20 이 세상 삶의 속성에 너무나 깊이 빠
져 있으며 거기를 버리지 못하며 벗어
나지 못하는 백성은 아무것도 볼 수
없으며 아무것도 들을 수 없으며 아무
것도 역사할 수 없는 것이니라.
21 인간 세상에 살아가면서 너희들이 오
락이라는 것에 빠져 버린 자, 그리고

잡기에 빠져 버린 자와 같으니, 오락
에 빠진 자와 잡기에 빠진 자는 제 가
정이요, 저 자신이요, 처자식마저도
돌아다보지 못하는 자며,
22 제가 지금 얼마나 깊은 늪으로 빠져
가고 있는지도 모르는 것이 잡기요,
오락에 빠져 있고 젖어 있는 백성들이
아니더냐?
23 그러니 제 스스로 판 무덤에 제가 빠
져 제가 패가망신하며, 저 자신이 돌
이킬 수 없는 그와 같은 길로 점점 빠
져 가는 것을 모르니, 그는 결국 폐인
이 되며 젖어 감이니라.
24 오늘의 믿음의 길을 가는 백성 너희들
이 그저 예수의 이름만 부르며 너희들
의 손으로 지은 죄의 온상에 오기만
하면 구원을 받는다는 그것 때문에,
25 소금에 절여진 배추보다도 더 맥을 못
쓰며 그저 쳐져 있으며 절여져 있는
그와 같은 너희들이라는 걸 절대 잊지
말라, 사랑하는 나의 아들딸들아!

8,388 번째 하나님 말씀

2003년 11월 13일 08시 38분

1 사랑하는 나의 아들아!
2 "네, 아버님! 말씀하옵소서."
3 내가 너희들에게 준 그 지혜를 아름답
게 쓰며, 나 여호와에게 오르는 그 길
에 모든 지혜를 동원하여 쓰라 그리하
지 아니하였던가?
4 그런 자만이 반석 위에 설 수 있으며,
하늘에 오르는 빛을 찾을 수 있으며
볼 수 있다 하였음이니라.
5 나 여호와가 사랑하는 너희들에게 동
물처럼 단순한 지혜를 주었다면, 과연
너희들은 어떠한 삶을 살겠는가?
6 너희는 생각해 보았느냐?
7 나 여호와가 너희들에게 짐승과 똑같
은 지혜를 주었을 때, 어찌 살아가겠
는가?
8 내가 육체를 주어 세상에 내려보낸 것
은 생각을 하고 살면서,
9 나 여호와가 너희들에게 지혜를 주지
아니하였다면, 과연 너희들은 어찌 되
었겠는가, 어떠한 삶을 살겠는가 생각
해 보았는가?
10 나 여호와가 육체를 주었으며 육체를
내려 준 것은 너희들이 생각하고 사느
니라.
11 거기에 지혜라는 것을 주지 아니하였
으면 너희들의 오늘의 삶이 과연 어떠
하며,
12 이 지상의 모두를 나 여호와를 대신하
여 누리고 살 수 있으며 그 모두를 지
배할 수 있는 그와 같은 오늘의 동물
의 제왕이라는 자리에 설 수 있겠는가?
13 그러니 너희들은 한번 생각해 보라.
14 너희들은 나로부터 육을 받은 것은 고
맙게 생각하는 삶이요, 그러나 지혜를
내가 너희들에게 준 것에 대해 감사하
며 그 은혜에 깊이 감사하고 사는 백
성들이 과연 얼마나 있는가?
15 너희들은 알아야 될 것이니라.
16 지혜는 그 자체가 무한한 능력이니라.
17 그것은 나 여호와가 너희들을 사랑하
기에 내가 너희들에게 내려 준 것이니
라.
18 내가 무한한 지혜를 너희들에게 주었
기 때문에 곧 너희들이 나의 사랑을

알 수 있으며 나의 뜻을 알 수 있는 것
이니, 그리하여 너희들이 나의 아들딸
이라 하였음이니라.
19 높은 지혜를 준 것으로써 너희들이 나
의 아들딸이라는 증거요, 내가 너희들
을 사랑함이니, 그를 너희들은 어찌하
여 모른단 말이던가?
20 그러한 지혜를 아름다운 쪽이요, 참진
리요, 나에게 오는 빛을 볼 수 있는 그
곳에 모두를 다 동원하고 써야 되거늘,
21 너희들이 그 반대의 길에 생각이요,
지혜를 쓴다면, 과연 나로부터 받은
은혜에 보답하는 백성이라 말할 수 있
겠느냐?
22 내가 내려 준 그 지혜를 어찌 관리하
고 사용하느냐에 따라서 얼마나 중요
하고 귀한 것인가를 너희들은 이제 알
았을 것이니라.
23 지혜를 잘 사용하는 자는 구원이요,
나에게 오르는 것이요,
24 내가 너희들에게 내려 준 높은 지혜를
잘못 썼을 때는 나로부터 버림을 받는
그와 같은 길을 가는 것이요, 나로부
터 등 돌리는 자요, 나를 능멸하는 행
위를 하게 되는 것이니, 내가 똑같이
내려 준 그 지혜를 어찌 쓰느냐에 따
라 얼마나 무서우냐?
25 잘 드는 칼을 유익하게 쓰면 그것이
큰 도움이요, 그를 잘못 써서 네 몸을
해하게 했으면, 너희들의 몸을 해하는
것이니, 그 얼마나 차이가 있는지 너
희들 스스로 알고 있지 않으냐?
26 보이지 않는 지혜가 그러하니라.
27 지금 내가 나의 아들을 통하여 160권
의 법전을 세상에 내려보내며 만백성
을 깨우치고자 하는 것은, 나의 아들
에게 하늘의 지혜를 높이 주었음이니
라.
28 그러니 너희들이 나의 성령으로써 잉
태하며, 욕심을 버리며, 아름다운 삶
으로 살고자 지혜를 모두 동원했을
때, 나의 아들에게 하늘의 지혜를 내
가 더 주었듯이, 너희들 또한 그와 같
은 문을 열어 줄 것이며 하늘의 뜻을
알 수 있는 지혜를 높이 줄 것이니,
29 그때는 너희들이 하늘의 뜻을 알며 내
역사함을 다 알게 되니, 그것이 듣고
보는 것이니라.
30 너희들이 오늘의 삶을 어찌 살아야 될
것이며, 내가 너희들에게 내려 준 그
지혜요, 생각할 수 있고 판단할 수 있
는 그 모두가 얼마나 아름답고 귀중한
것이며,
31 어찌 쓰느냐에 따라서 구원이요, 구원
을 받지 못한다는 것, 이를 너희들이
가슴에 알았다면,
32 그 지혜를 활용함에 있어서 잠시도 하
늘을 향하여 한 점의 부끄럽이 있는
쪽에 그를 써서는 아니 되는 것이 너
희들이니 그리 알라, 사랑하는 나의
아들아!
33 잘 쓰면 보배요, 잘못 쓰면 독이 된다
는 것을 절대 잊지 말라.

8,389 번째 하나님 말씀

2003년 11월 13일 08시 42분

1 사랑하는 나의 아들아!
2 "네, 아버님! 말씀하옵소서."
3 나 여호와의 뜻에 의해 역사하는 것,

곧 너희들이 나의 뜻에 의해 살아가고
자 하는 것, 그 모두는 사랑과 지혜이
니라.
4 이 지혜를 사랑 쪽으로 사용하면 너희
들이 나에게 올 수 있는 것이요, 구원
을 받는 것이요,
5 이를 악하게 사용한다면 나를 떠나는
것이며, 나를 능멸하는 역사를 이루는
것이니라.
6 나로부터 받은 그 지혜가 무한대한 창
조요, 모든 걸 역사할 수 있다는 것을
너희들은 알고 있지 않으냐?
7 나 여호와가 무에서 모두를 창조한 것
이니, 나 여호와를 너희들이 본다면,
8 내가 내려 준 지혜야말로 너희들이 인
간 세상에서 무한대하게 창조하고 역
사할 수 있는 것이며, 인간 한계에서
는 경탄을 금치 못할 변화의 역사를
이루는 것이 내가 너희들에게 준 지혜
임을 알아야 될 것이니라.
9 그러니 내가 준 지혜는 어떠한 것으로
써도 값으로 따질 수 없으며 그를 사
고팔 수 없는 것이며, 이 세상에 무엇
과도 바꿀 수 없는 진정 소중한 것이
며,
10 그 값을 매길 수 없으며 정할 수 없는
것이 내가 너희들에게 준 그 지혜이니
라.
11 이 귀하고 소중한 지혜를 너희들이 함
부로 쓰며 함부로 사용해서는 아니 된
다는 것을 깊이 깨우쳐야 될 것이니,
절대 잊지 말라.
12 사랑하는 나의 아들아! 너를 따르는
제자들이요, 나의 법전을 읽고 깨우친
백성들에게 전해야 될 것이니라.
13 너희들이 나로부터 받은 지혜는, 나
여호와가 무에서 모두를 창조한 것 못
지않게, 이 육의 세상에서 모두를 다
이루고 역사할 수 있는 것이니,
14 너희들이 마시지 아니하면 살지 못하
는 물보다도 더 소중한 것이며, 공기
보다도 더 소중한 것이니, 그보다 더
소중한 것은 너희들에게 없다는 것을
알라.
15 곧 지혜는 사랑이니라.
16 그리고 나에게 오를 수 있는 것이며,
너희들이 내가 있는 곳에 존재하여 영
원히 나와 더불어 살 수 있는 길을 얻
고 못 얻는 것은 너희들이 지혜의 사
랑을 어찌 활용하고 살아가느냐에 달
렸음이니,
17 그리하여 물과 공기보다도 너희 자신
에게 소중한 것이 지혜며, 어떠한 값
으로써도 따질 수 없으며 바꿀 수 없
는 것이 너희들의 지혜이니,
18 그 소중한 지혜를 귀하고 값지게 사용
하도록 그리 가르치라, 사랑하는 나의
아들아!

8,390 번째 하나님 말씀

2003년 11월 13일 08시 46분

1 사랑하는 나의 아들아!
2 "네, 아버님! 말씀하옵소서."
3 나 여호와가 너희들을 가장 아름답고
예쁜 모습으로써 세상에 내보내며, 높
은 지혜를 주어 이 세상을 지배할 수
있도록 모두를 내려 주지 아니하였더
냐?
4 또한, 나 여호와는 너희들을 구원하고

자 무한한 사랑을 지금 내려보내고 있
으며, 모든 것을 인내하고 참고 있음
이니라.
5 너희들이 정녕 나 여호와가 더 이상
어떠한 희생을 바라며, 내가 더 이상
얼마나 참고 인내해야만 너희들이 나
여호와의 뜻에 살아가는 백성으로서
변화될 수 있단 말이던가?
6 나는 너희들을 구원하고자 무한한 사
랑이요, 끝이 없는 사랑을 계속 내려
보내며, 너희들을 기다리고 있으며,
용서하고 있음이니라.
7 그러나 너희들은 어찌하여 이를 보지
못하며, 이를 알지 못하며, 이 감사함
을 모르고 산단 말이더냐?
8 나 여호와가 내리는 사랑 속에서 살
며, 내가 모두를 베풀어 준 그 속에 사
는 사랑하는 백성 너희들이 어찌하여
나의 뜻에 의하여 하늘에 오르는 그
길을 오고자 하는 것이 아니요, 죄를
스스로 만들고 죄를 짓는 삶을 산단
말이더냐?
9 너희들이 나의 은혜요, 나의 무한한
사랑을 알고 본다면, 감히 이 세상에
서 죄를 짓고 살 수 있으며 죄를 짓는
행위를 할 수 있단 말이던가?
10 어찌하여 너희 스스로 죄를 만들고 죄
를 너희들의 몸에 감아 지옥의 길만을
달려가고 있단 말이더냐?
11 내가 너희들을 사랑하며 무한한 사랑
과 무한한 기다림으로써 무한한 용서
로써 기다리고 있는 나 여호와의 마음
을 과연 들여다보는 자들이냐?
12 오늘의 이와 같은 나의 백성들로 만들
며 지치고 무너지게 만든 것은 잘못된
종교 집단이요, 지도자, 그들이 인간
의 교리를 가지고 나의 사랑하는 백성
들에게 우상화하도록 하여 저희들이
작은 신이 되고자 하는 자들이요,
13 지도자라는 자들이 제왕적인 그 자리
를 확보하기 위하여 그 욕심을 버리지
못하여 나의 피조물 만백성들을 현혹
시켜 그리 잘못 이끌어 가 오늘의 이
와 같은 형국이 되어 있음이니라.
14 하늘에서 바라보는 나 여호와의 뜻이
무엇인 줄 알겠느냐?
15 순진하고 착한 양떼를 모는 사악한 목
동이 그를 몰고 몰아, 그들이 앞에 가
는 자를 보지 못하여 지옥의 낭떠러지
로 떨어져 나의 양들이 죽어 가는 것
보다도 더 처참하고 비참한 것이 오늘
의 너희들이 타락되어 지옥으로 낙엽
처럼 떨어지는 그와 같은 형국이니,
16 이를 바라보는 나 여호와의 찢어지는
아픔을 너희들이 안다면, 너희들은 십
계명대로 지키고 살 것이며, 나의 법
전대로 지키고 살 것이며, 성서에 기
록되어 있는 사랑을 베풀며 나누며 사
는 것을 실천하고 행하라.
17 그리만 가면 너희들이 나에게 올 수
있는 길을,
18 어찌하여 그 모두를 거부하고 거역하
는 행위를 하면서, 나의 사랑하는 피
조물 만백성을 하늘에 오르며 천국에
오르는 길로 인도한다 그리 사악한 짓
을 하는가?
19 이제 중단할 때가 되었으며, 너희들이
변하지 아니하며 스스로 거듭나지 아
니함이니, 내가 그들을 단죄하고자 하
는 것이니,

20 내가 단죄했을 때 그 아픈 상처는 그
누구도 감내하지 못할 것이니 그리 알
라.

8,391 번째 하나님 말씀

2003년 11월 13일 08시 51분

1 사랑하는 나의 아들아!
2 "네, 아버님! 말씀하옵소서."
3 떠나는 자의 아픔이 있는가 하면 보내
는 자의 아픔이 또한 있음이니, 인간
세상에 서로가 얽히고 사는 것이 너희
들의 오늘의 삶이니라.
4 그러나 지금 보내는 자와 떠나는 자가
없이 오늘의 이와 같은 삶이요, 믿음
의 길이요, 나의 법전을 다스리고 만
드는 너희 제자들의 마음의 자세가 이
와 같이 했을 때, 그들이 정녕 구원의
길에 들어설 수 없다면,
5 너는 오늘의 떠남이요, 오늘의 헤어짐
이 그들을 구하는 길이요, 그를 역사
하는 길이요, 그들이 살아가는 길이라
는 것을 어찌 모르며 그를 깨닫지 못
하는가?
6 너희들이 오늘의 떠나보냄이요, 오늘
의 보내는 그 아픔이, 사랑하는 제자
들이요, 너를 따르는 그들이 지옥으로
가 고통을 받는 그 역사함보다는 차라
리 오늘의 아픔이 너희들에게 덜한 것
이니라.
7 그들이 바로 서서 깨달음을 얻어, 정
녕 천사와 같은 마음으로써 나의 법전
이 아니면 존재할 수 없으며, 나 여호
와가 존재하지 아니하는 세상에는 삶
의 의미가 없으며, 믿음의 진정한 그
길이 없을 때,
8 나 여호와를 믿고 영원히 나와 존재하
며 같이 가는 것이 아니면 인간의 삶
의 의미가 없다 생각하고 깨달았을
때, 그들은 바로 나로부터 버림을 받
지 아니하지 않겠느냐?
9 그들이 정녕 깨달음을 얻지 못하며 반
성하고 회개하지 못하여 지옥으로 흘
러가는 것을 네가 보고자 하는가?
10 오늘의 보내는 이 아픔과 떠나는 자의
그 아픔 속에서, 그와 같은 것보다도
천배 만배 더 고통이요, 더 아픔이 바
로 너희들이 지옥과 천국의 갈림길에
섰을 때라 너는 알면서, 어찌하여 네
마음을 다스리지 못하며 생각을 그리
좁게 하는가?
11 너는 그와 같은 마음을 두 번 다시 가
져서는 아니 될 것이니라.
12 그게 그들의 영광이요, 그들의 축복이
요, 그들의 미래의 꿈을 열어 주는 것
이며, 그들이 나로부터 버림을 받지
않는 것이니,
13 그들이 지옥문에 가서 들어가지 아니
하려고 몸부림치는 것을 보는 네 가슴
보다는 오늘의 가슴이 덜 아플 것이
며, 또한 그들이 거기에서 매달리는
것보다도 오늘의 떠남이 가슴이 덜 아
플 것이니라.
14 그러니 너의 제자들이 모두 나의 법전
과 영원히 같이하며, 이를 만드는 것
이 너희 생명의 모두라는 굳은 각오와
결의가 없이는 나의 법전을 만들어서
도 안 되느니라.
15 보내는 자의 아픔이요, 떠나는 자의
아픔이요, 오늘의 고통과 오늘의 이

아픔에 네가 연연해서는 아니 될 것이니라.
16 이것으로써 너희들이 다시 태어날 수 있고 다시 설 수 있는 길이 있다면 그 것보다도 더 큰 은혜와 영광이 없는 것이거늘,
17 너는 어찌하여 너 자신의 마음만 아파하며, 또 떠난 이들의 그 마음을 생각하지도 못하고 있는가?
18 떠나는 자의 마음이 더 아플 것이며, 또한 보내는 자 네 마음도 아프나,
19 오늘의 이 아픔은 너희들이 지옥과 천국에서 서로가 헤어지고 서로 만날 수 없으며, 서로 도울 수 없으며, 서로 이끌어 줄 수 없는 그와 같은 심판대에 서서 엇갈리는 그 아픔보다는 덜할 것이니 그리 알라, 사랑하는 나의 아들아!
20 너는 160권의 법전을 세상에 만들어 내야 될 것이며,
21 여기에는 네 생각을 한 자도 집어넣어서도 아니 될 것이며,
22 이를 만드는 자가 마음이 두마음이요, 흔들리는 마음으로써는 절대 역사할 수 없는 것임을 너는 명심하고 또 명심하여 행하도록 그리하라.

8,392 번째 하나님 말씀

2003년 11월 13일 12시 04분

1 사랑하는 나의 아들아!
2 "네, 아버님! 말씀하옵소서."
3 큰 제방이요, 크나큰 방주가 뚫어지는 것도 무엇으로써 무너진다 하였느냐?
4 개미구멍만 한 작은 구멍으로 물이 새기 시작함이니, 그게 커지고 또 커져서 그 제방이 결국은 무너지는 그와 같은 결과가 된다 하지 않더냐?
5 그러니 이는 너희들이 매사에 조심을 하며 작은 것에 소홀히 하지 말라는 그 가르침임을 알아야 될 것이니라.
6 너희들이 작다 하여 소홀히 하는 행위를 해서는 아니 될 것이니라.
7 그러니 모두는 너희들이 생각하고 또 생각해서 차분히, 성급하지 아니하도록 처신하며, 그리 다스려 가도록 하지 아니하면 아니 됨을 너희들은 알아야 될 것이니라.
8 요즘 세상에 인간이 어찌 살아가는가?
9 남의 집 하는 일에 그리고 남의 잔칫상에 제 수저가 없는 것을 불평하며, 남의 잔칫상에 제가 가서 앉는 것을 부끄럽게 생각하지 아니하며, 이와 같이 험악한 세상으로 지금의 변해진 시대이니라.
10 그러니 남의 것을 떼어먹지 못하며 남의 것을 가로채지 못하며, 남의 양들을 제 우리에 훔쳐 넣지 못하는 자가 바보요, 천치 같은 이와 같은 세상으로 변해져 있음이니, 이것이 얼마나 지금 험악한 세상이더냐?
11 너희들의 지난날의 삶은 남의 양이 네 우리에 왔을 때, 그를 돌려주기 위해서 몇십 리라도 찾아가는 그것이 너희들의 마음이었음이니라.
12 그것이 나로부터 너희들이 받아 간 마음이 아니던가?
13 그러나 지금은 어떠하더냐?
14 몇십 리까지 가서 남의 것을 훔쳐와 제 우리에 집어넣고 제 것이라 버티는

자가 잘살며 그와 같은 자가 똑똑하
며, 그와 같이 못 하는 자가 바보라 하
는 이와 같은 세상 속에서 너희들이
만백성을 구하는 나의 법전을 만들고
세상에 전함이니,
15 거기에 계산되고 오고 가는 것이 작은
것 같으냐?
16 이 세상에 어떠한 것보다 큰 거래요,
큰 역사가 여기서 이루어짐이니라.
17 그를 보고 느끼는 자들이 얼마나 너희
들을 시기하고 질투하겠는가?
18 그를 너희들이 말하기를, 사촌이라는
사람이 땅을 살 때, 그 친척이 배를 아
파하는 것이 너희들의 지금 심리요,
인간의 마음이 그리 사악해졌다 하였
음이니, 남들이 볼 때 과연 어떠하겠
는가?
19 이를 안다면 너희들이 자중하며, 가장
낮은 자요, 겸손한 자세로써 백 번 천
번 양보하고 살아가야 될 것이니 그리
알라.
20 그렇지 아니하면 너희들이 작은 것에
의해 밟히게 되며, 작은 것에 의해 터
지게 되며, 작은 것에 의하여 무너지
는 결과가 초래될 것이니라.
21 알지 않는 자는 도둑질하지 못하며 그
집의 내막이요, 그 집의 내력을 잘 아
는 자가 도둑질을 한다 하지 아니하였
더냐?
22 둑이 터지는 것은 개미구멍만 한 것으
로써 그 둑이 무너진다 하듯이,
23 너희들을 아는 자가 너희를 건들기 시
작하며 물고 늘어질 때, 그를 감당하
기는 정녕 어려울 것이니,
24 이와 같은 것을 잘 지혜롭게 다스리며
모두를 다 잘 지혜롭게 처신해 나가
며, 서로 감정을 사서도 아니 되며 마
음이 아픈 일이 있어서도 아니 되는
것이니라.
25 성서에 기록하여 490번 이상이라도
용서하라 하였음이니, 너희들은 이와
같은 나의 뜻을 잘 깨달아, 모든 사람
들이 오고 가며 떠남을 잘 역사하고
다스려 나가야 됨이니 그리 알라.
26 그것이 너희들이 가야 할 길이며 행해
야 하는 자세임을 잊어서는 아니 될
것이니라, 사랑하는 나의 아들아!

8,393 번째 하나님 말씀

2003년 11월 13일 12시 08분

1 사랑하는 나의 아들아!
2 "네, 아버님! 말씀하옵소서."
3 모든 생명을 가지고 존재하는 동식물
이 환경에 따라서, 그 삶의 주변 여건
에 따라서 변화되는 것은 어쩔 수 없
는 것이니라.
4 너희들이 살아가며 보는 것, 그리고
접하는 것, 자기가 살아온 배경의 기
준에 따라서 모두를 보고 판단하게 되
어 있는 것이 너희들의 삶이요, 생각
이요,
5 그 범주를 벗어나지 못하는 것이 평범
한 나의 백성들이 살아가는 그 길이
아니더냐?
6 지금의 종교 집단과 지도자, 그리고
신도들, 그들은 믿음이라는 길을 어찌
가는가?
7 한 교회요, 한 성당이요, 한 회당이요,
법당에 저희들이 속하면 거기에 연연

하여 모두를 다 바치며 가는 신앙생활
로 그들의 세계에 젖어 있으며,
8 저희들이 믿고 가는 신앙이요, 믿음의
그 기준에서 이 세상의 모두를 판단하
고 들여다보는 길 말고는 아무것도 모
름이니라.
9 그리하여 그들은 저희들이 속해 있는
종교 집단 그곳에서 배우고 깨달은
것, 그 환경 속에서 길들여진 것, 그것
밖에는 볼 수 없으며, 그 이상을 보지
못하는 것이니,
10 그리하여 내가 불쌍한 백성들이라 그
리하느니라.
11 더군다나 제 것만 고집하며 제 것만
옳다 말하는 백성은 그 편견에서 벗어
나지 못하는 것이니라.
12 저희들의 환경에서 보아 온 그 편견과
사고방식이 다 다름이니라.
13 그러니 사랑하는 방법도 저희들의 편
견에 따라 사랑하며, 용서하는 것도
저희들의 마음의 기준에 따라서 용서
하는 것이니, 감사하는 것까지도 생각
하는 그 모두가 다 각자 다름이니라.
14 그러니 생활에 따라서 환경에 따라서
배경에 따라서 그 편견으로 방식이 다
름이니,
15 오늘의 믿음의 길을 가는 백성들은 그
속에서 평생 동안 한 길만을 감이니,
세상 사고방식에 적응할 수 없으며,
인간의 한계의 능력을 그들은 갖고 있
지 못하는 것이니라.
16 그러니 그들이 가지고 있는 편견이요,
생각이요, 믿음은 인간 너희들의 노력
으로써, 인간 너희들의 한계로써는 바
꿀 수도 없으며 그들을 거듭나게 할
수도 없는 것이니라.
17 그들을 거듭나게 할 수 있으며 그들을
바꾸는 것은, 나 여호와요, 너희들이
말하는 창조주 아버님의 말씀이요, 성
령이 임하는 것, 그것 외에는 누구도
그를 바로잡을 수 없는 것이니라.
18 그러니 나의 성령이요, 나의 진리가
과연 어찌하여야 너희들에게 전해질
수 있겠느냐?
19 나 여호와 창조주의 말이요, 내 뜻이
요, 너희들이 말하는 아버지의 그 말
씀만이 변화될 수 있다는 것을 너희들
은 알고 있음이니, 변화시키는 것은
그 길밖에 없음이니라.
20 그와 같은 나의 뜻이요, 너희들이 말
하는 아버지의 말씀을 가지고 너희들
을 변화시킨다면 인간을 통제하고 변
화시키는 것은 어떠하겠느냐?
21 인간을 통해서만이 모두가 전해질 수
있으며, 인간을 통하여 모두를 역사하
는 길밖에 없음이니라.
22 또한, 너희들을 깨우치는 것은 무엇으
로 하겠느냐?
23 말로써 전하는 것은 두 사람만 건너가
도 그 뜻이 달라지며, 내가 원하는 것
으로 전할 수 없음이니,
24 글로써 책으로써 그리 만들어 근거하
는 수밖에 없지 않으냐?
25 인간을 통하여 인간이 쓰고 읽는 글과
책으로써 만들어야 됨이니, 이게 바로
나의 계획이요, 나의 프로그램에 의하
여 모두가 움직이는 것임을 너희들은
알라.
26 이와 같은 역사의 흐름 속에서 모두가
이루어지기에, 지금 내가 나의 아들을

통하여 160권의 법전을 세상에 내려
보내 너희들을 바로잡고자 하는 이 길
을 아니 갈 수 없으며,
27 이 길이 아니면 역사할 수 없기 때문
임을 알라, 사랑하는 나의 아들딸들아!

8,394 번째 하나님 말씀

2003년 11월 14일 0시 06분

1 사랑하는 나의 아들아!
2 "네, 아버님! 말씀하옵소서."
3 인간 세상 속에 살아가면서 너희들이
그런 말을 하느니라.
4 '작은 고추가 맵다.' 그리 말하며, 작은
자가 단단하며 작은 자가 다부지다는
그와 같은 말을 하고 사느니라.
5 이는 작고 힘든 자가 세상에 살아가면
서 이길 수 있도록 그들에게 용기와
희망을 주는 것이며,
6 한편으로 돌이켜 생각하면 작은 그릇
이 큰 그릇을 이긴다는 것이 얼마나
힘들고 어려운 것인가를 표현해 주는
뜻이 거기에 있음을 너희들은 알아야
될 것이니라.
7 작은 덩치를 가지고 있는 사람이 큰
덩치를 가지고 있는 자, 힘있는 자를
이기고 딛고 일어서서 살아가는 것은
정녕 힘들고 어렵다는 의미의 가르침
이 또한 거기에 있음이니라.
8 그러니 너희들은 깨우쳐야 될 것이니
라.
9 지금 나의 아들을 통하여 내리는 이
법전의 역사함이요, 몇천 년 동안 흘
러온 믿음의 그 역사 속에 그들이 가
지고 있는 뿌리요, 그리고 그들의 재
물이요, 능력 그 모두와 싸워서 너희
들이 이겨야 되는 그와 같은 길을 가
는 것이 얼마나 힘들고 어려운 길인가?
10 작은 고추가 맵다는 것, 그리고 작은
사람이 단단하다는 것, 작은 자가 실
수를 하지 아니한다는 그와 같은 비유
의 뜻으로써 결코 너희들은 견딜 수
없는 것이요, 어렵고 힘든 오늘의 그
길이니라.
11 그러나 너희들은 이겨야 될 것이며,
또한 승자가 되어야 될 것이며, 너희
들은 나의 법전을 만들어 만백성을 구
하는 그 역사를 이루어야 되는 것이니,
12 너희들은 아무리 작고 나약하고 빈약
하다 해도 반드시 그 역사를 이루어야
만 되는 것이니라.
13 나의 법전을 가지고 세상을 하얗게 덮
는 그와 같은 역사를 이루지 아니하고
는 너희들은 결코 아니 될 것이며, 또
한 나로부터 내가 기억할 수 있는 백
성이 아니 됨을 명심하고 또 명심해야
됨을 알아야 될 것이니라.
14 작은 자가 큰 자를 이기는 것보다도
몇천 배 몇만 배 더 어렵고 힘든 길을
가는 것이 너희들이니라.
15 방해하는 자요, 시기하는 자요, 질투
하고 무너트리는 자, 그와 같은 자들
을 이기고 가야 됨이니,
16 그들과 너희들의 덩치를 비교할 때,
과연 얼마만큼 차이가 나는가?
17 그는 비교할 수 없는 것이 너희들의
관계가 아니더냐?
18 그러나 역사하고 가야 되는 것이 너희
들이니라.
19 만백성을 구하는 길은 너희들이 성장

하는 그 길밖에 없기 때문이니라.
20 그와 같이 어렵고 고통스럽고 힘든 길
을 가는 나의 피조물 만백성 너희들이
어떠한 마음 자세로써 역사하며 어찌
가야 되는지 알아야 될 것이니라.
21 그리하여 각자 필요한 사람, 각자 특
성 있는 자요, 그리고 모두 하나가 되
어 만들어 갈 수 있는 그와 같은 너희
들을 내가 선택하여 너희에게 임무를
주었음을 알아야 될 것이니라.
22 오늘의 너희들이 가는 길이 무엇이던
가?
23 곧 너희들을 필요로 하여 나의 아들이
역사하는 것이며, 이 작은 몸집으로
너희들이 상상할 수 없는 큰 힘이요,
능력을 가지고 있는 자를 이기는 그와
같은 싸움을 하고자 함이니,
24 너희들은 거기에 필요한 자요, 없어서
는 아니 될 백성을 선택하여 나의 아
들과 더불어 가게 하고자 선택된 너희
들이니라.
25 그러나 마음이 다스려지지 아니하였
으며 믿음이 흔들리며 진정한 믿음의
길을 가지 못하는 것이 너희들이니라.
26 그러니 너희들의 마음의 자세를 다시
다스려야 될 것이며, 나의 법전의 소
중함을 알아야 될 것이며, 나의 법전
의 역사함을 너희들이 알아야 될 것이
니라.
27 이제 나의 아들을 따르는 제자들이요,
나의 아들을 따르는 백성, 그리고 그
제자들, 너희들이 또 기르고 역사하는
그 제자들, 너희들은 모두가 알아야
될 것이니라.
28 나의 법전을 접하는 것으로 너희들이
더 이상의 영광이요, 은혜요, 축복이
없다는 것을 알라.
29 이를 가슴에 새기지 아니하는 자는 절
대 나의 아들이 역사하는, 작은 몸집
을 가진 자들이 너희들이 상상할 수
없이 큰 몸집을 가진 자를 이기는 그
와 같은 역사는 절대 이룰 수 없다는
것을 알아야 될 것이니라.
30 너희들이 깨달음이 무엇이며, 너희들
이 가는 길이 무엇이며, 너희들이 역
사하는 것이 무엇이며,
31 나로부터 부름을 받은 자요, 선택을
받은 자요, 나의 법전을 만들고 관리
하고 전하는 그것이 어떠한 은혜요,
영광이요, 축복이며,
32 그 역사를 할 수 있는 것, 그리고 너희
들이 들어서 자신을 하나하나 고쳐 갈
수 있는 것, 너희 마음이 변해 갈 수
있는 것, 그와 같은 것이 얼마나 큰 영
광이요, 은혜인가?
33 그것을 가지고 모두를 다 바쳐도 역사
하지 못할 것이거늘,
34 이런 생각 저런 생각, 흔들리는 마음
의 자세를 가지고 나의 법전을 만들며
나의 아들을 따르는 자, 너희는 결코
작은 그릇이 상상할 수도 없는 크고도
큰 그릇을 절대 이길 수 없음이니라.
35 인간관계에서 똑같은 인간이 일대일
로 싸우는 것, 너희들이 서로 씨름을
하며 샅바를 잡고 힘을 겨루는 그와
같은 일대일의 싸움에서 덩치 큰 자를
덩치 작은 자가 이기는 것은 어렵고
힘드니,
36 그 역사함이 어렵다는 것을 작은 고추
가 맵다는 말로 표현하여 그들에게 용

기를 주며 희망을 준 그와 같은 단어
요,
37 그리고 작은 자가 큰 자를 이기는 것
은 정말로 어렵고 힘들다는 그 의미를
내가 가르쳐 주고 전하기 위해 그와
같은 말을 너희들이 사용하고 있음이
니,
38 그보다 너희들이 상상할 수 없는 작은
자가 큰 자를 이기는 것이 오늘의 나
의 아들을 따라 역사하는 자들이니,
39 너희들이 과연 그와 같은 자격이 있으
며 능력이 있으며 준비된 자들인가?
40 준비되지 아니한 자요, 능력이 없는
백성을 내가 선택하여 깨우쳐 가르치
고자 하니,
41 너희들이 나로부터 선택된 것으로써
목숨을 바쳐 모두를 다하며, 선택된
것, 부름을 받은 것, 초청을 받은 그
역사함으로써 너희들이 목숨을 바쳐
나에게 다 던진다 해도 나에게 은혜를
갚을 길이 없는 것이거늘,
42 너희 인간의 생각으로 땅에서 발을 한
발짝도 떼지 못한 그와 같은 것이 너
의 제자들이기에, 내가 이와 같이 다
시 한 번 너희들에게 그와 같은 경고
를 주는 것이며,
43 너희들이 바로 서지 아니하고는 아니
된다는 것을 내가 너의 제자들에게 전
함이니, 이를 너의 제자들이 각자 명
심해야 될 것이니라.
44 과연 너희들이 나로부터 선택될 자격
이 있으며, 나의 법전을 만들 자격이
있으며, 그 모두를 역사할 준비가 된
자들인가?
45 그와 같은 너희들을 불러 내가 훈련시
키고 다스리려 하였거늘,
46 너희들이 나의 법전을 접하고 만드는
그 은혜요, 영광으로써 너희 목숨을
바쳐 던져 모두를 역사하겠다는 그와
같은 각오도 되지 아니하며 그를 준비
하지 못하는 제자, 너희들은 결코 따
라갈 수 없기에,
47 내가 너희들에게 자세를 다시 하라는
것이며, 마음을 다스려 곧게 쓰며 곧
은 자세로 갈 수 있도록 그리 마음을
다스리라는 것이 나 여호와의 뜻임을
알라.

8,395 번째 하나님 말씀

2003년 11월 14일 0시 09분

1 사랑하는 나의 아들아!
2 "네, 아버님! 말씀하옵소서."
3 수천 년 동안 흘러오는 그 속에서 종
교 집단이요, 지도자들이 과연 어떠한
형태로 역사하고 있는지 너는 알겠느
냐?
4 저희 손으로 지은 교회요, 또한 그 모
두를 이루며 역사한 자들, 소위 장로
라 하여 돈을 주고 이름을 산 자요, 목
자라 하여 그 이름을 가지고 있는 자,
너희들은 과연 어찌하고 있는가?
5 그 교회에서 기득권을 행사하고 있으
며, 거기에 대한 대표적인 역할을 하
고 있으며 권한을 가지고 있는 것이
너희들이 아니던가?
6 모든 기득권과 대표권을 가지고 휘두
르고 행사하는 것이 너희들이니, 그러
니 너희들은 나와는 관계없는 것이라
내가 말함이니라.

7 나를 위하여 이룬 역사요, 나를 위해
만든 교회요, 성당이요, 법당이요, 너
희들이 그와 같이 생각한다면, 과연
너희들이 그 기득권이요, 대표권을 행
사하는 데만 연연할 수 있단 말이던가?
8 기득권이요, 대표권을 행사하고자 하
는 자, 그는 정녕 나와 관계없는 자들
이라 하는 뜻을 너희들은 알아야 될
것이니라.
9 너희 손으로 만든 교회요, 성당이요,
법당이요, 모두를 이룩한 너희들은 그
것이 다 너희들 것이며, 그 기득권을
버리지 못하고 있는 것이 너희들이며,
10 그를 관장하며 그를 장악하고자 하는
데 모두를 역사하고 모두를 투자하며
거기에 연연하는 삶을 살고 가는 자들
이기에, 너희들은 나 여호와의 것이라
생각하는 자가 없는 그와 같은 형국이
되어 있음이니라.
11 너희들은 여기서 알아야 될 것이니라.
12 그 모두는 너희들 것이 아니요, 나 여
호와의 것이라 생각하며, 내 뜻에 의
해 운영되며 내 뜻에 역사한다고 생각
하는 자들이 과연 어디에 있는가?
13 너희들의 신도들까지도 그리고 지도
자까지도 그 모든 명칭을 가지고 있는
자, 그리고 거기에 종사하는 지도자
요, 종교 집단의 책임자, 그 모두가 다
저희들 것이라는 통치권이요, 그 권한
행사를 하며 통제하고 움켜쥐고자 하
는 것이 너희들이니라.
14 교회의 최고 권위요, 모든 통치권이
요, 그 모두를 너희들이 이루고자 하
는 것이니,
15 그것이 나를 위하여 존재하는 것이 아
니요, 인간인 너희들을 위하여 존재하
는 것이며, 너희들의 계획에 의한 것
이며, 너희들이 싸움장을 만들어 놓은
것이며, 너희들이 기득권 행사를 하기
위해 투쟁하는 장소요,
16 오늘의 교회요, 성당이요, 법당이 그
와 같이 흘러가는 것이 너희들의 그
뜻이니,
17 과연 그 모두는 나 여호와의 것이라
하여 너희들이 낙엽을 놓듯이 놓을 수
있고, 마음을 비운 자세로써 그를 관
리하고 통제하는 자들이 어디 있는가
한번 물어보도록 그리하라.

8,396 번째 하나님 말씀

2003년 11월 14일 0시 13분

1 사랑하는 나의 아들아!
2 "네, 아버님! 말씀하옵소서."
3 나 여호와가 역사함에 있어서 선택된
백성에 의해 모두가 역사했으며, 지금
까지 흘러왔으며, 모두가 지탱해 왔음
을 너희들은 알아야 될 것이니라.
4 나로부터 선택된 백성의 그와 같은 역
사함이 아니었으면 오늘과 같은 이 흐
름도 역시 없었을 것이니라.
5 그러나 내가 역사하며 선택된 그 백성
들이 가르치고 지도하는 것을 너희들
이 과연 어찌 유지하고 지켜 왔느냐에
따라서 오늘의 이룬 형태가 그 결과라
는 것을 알아야 될 것이니라.
6 내가 너희들에게 다시 말함이니, 모두
가 역사하는 것은 선택된 백성만이 역
사할 수 있는 것이니라.
7 모세의 시대도 그리했으며 모세도 또

한 그와 같이 역사함이 나로부터 선택
된 것이요, 나의 아들 예수가 세상에
나와 만백성을 구하고자 역사한 것도
나로부터 선택된 자이니라.
8 그와 같이 선택된 자로써만 모두를 역
사하며, 그 모두를 계승함을 너희들은
알아야 될 것이니라.
9 지금의 나의 아들 또한 선택하여 모두
를 역사하는 것이며,
10 나의 아들을 따르는 그 제자들 또한
내가 선택한 자요, 나 여호와가 마지
막 제3의 시대에 하늘과 같은 낙원을
지상에 이루고자 하여 선택되며 부름
을 받은 백성이 너희들이라는 것을 알
지 않는가?
11 그렇다면 너희들은 선택된 백성이 어
찌해야 될 것이며, 선택된 백성이 역
사할 것은 무엇이라 생각하느냐?
12 내가 너희들에게 명하느니라.
13 나로부터 선택된 백성이라는 것은 나
의 뜻을 대신하여 역사하며, 내가 역
사하고자 함을 대신하여 이 지상에 이
루는 자들이요,
14 나의 권한 또한 모든 것을 대신하여
충실히 역사하고 행하는 자들이 너희
들이요,
15 전지전능한 나를 대신하여 만백성에
게 전하고 깨우치는 그 역사를 이루는
것 또한 너희들임을 알아야 될 것이니
라.
16 이 모두를 나를 대신하여 역사하는 것
이 선택된 백성 너희들이거늘, 과연
너희들 자신이 자격이 준비되어 있으
며 갖추어진 자라 그리 말할 수 있겠
는가?
17 그리고 과연 너희들이 이 모두를 역사
하도록 변해 가고 있으며 준비된 백성
이라 생각하는가?
18 너희들 자신을 돌아다보며 너희 자신
을 한번 돌이켜 볼 수 있는 그와 같은
시간을 갖도록 그리하라.
19 내가 말한 나의 뜻이요, 나의 역사함
이요, 나의 권한이요, 나의 전지전능
함이요, 그 모두를 나를 대신하여 역
사할 수 있는 자격을 갖춘 자들인가?
20 그리고 너희들이 그와 같이 완벽하게
준비된 백성들인가?
21 나 여호와가 너희들에게 그 모든 은혜
를 내리지 아니함은 무엇인 줄 알겠는
가?
22 나를 대신하여 역사하는 백성들에게,
그 선택된 백성들에게 내가 내릴 수
있는 은혜를 내리지 못함은 너희들이
준비되지 아니하였으며 다스려지지
아니하였기 때문이라는 것을 알아야
될 것이니라.

8,397 번째 하나님 말씀

2003년 11월 14일 0시 19분

1 사랑하는 나의 아들아!
2 "네, 아버님! 말씀하옵소서."
3 성경에 기록하여 전하는 그 뜻을 너희
들이 알지 못하며 그 비사의 뜻을 깨
닫지 못하기에 오늘과 같이 황폐하고
험악한 시대가 되었음을 너희들은 알
아야 될 것이니라.
4 성서에 기록하여 너희들에게 전하기
를, '아비나 어미를 나보다 더 사랑하
는 자는 내게 합당치 아니하며, 아들

이나 딸을 나보다 더 사랑하는 자도
또한 내게 합당치 아니하다.' 내가 그
리 말하였음이니라.
5 이와 같은 구절을 가지고 지금의 종교
집단이요, 지도자들이 그 모든 신도들
에게 그 어미와 아비를 먼저 생각하지
아니하며, 자식보다도 나를 더 먼저
생각하며, 나 여호와를 찾으며, 그와
같은 자가 구원을 받는다 그리 말하여
그들에게 어떠한 행패를 부리고 있는
가?
6 이는 너희가 알아야 될 것이니라.
7 나의 아들 예수가 그리 가르친 것은
누구에게 가르쳤던가?
8 만백성들에게 그리 따르라 가르쳤던
가, 그 제자들에게 그를 가르치고 명
했던가?
9 너희들은 나의 아들 예수가 전한 것을
잘 기억하고 깨우쳐 보며 그 시대의
상황을 되짚어 보지 아니하면 아니 됨
을 알라.
10 나의 아들 예수는 그 제자들에게 그리
가는 것이 나의 아들 예수의 제자요,
만백성을 구하는 자로서 선택된 자들
이 가야 할 길이라는 것을 그리 가르
쳤음이니라.
11 그러나 이와 같은 가르침을 너희들은
만백성 너희 신도들에게 그 모두를 적
용케 함이니라.
12 네 어미나 아버지보다도 나 여호와를
더 사랑하며 예수를 더 사랑하라 한다
면, 과연 십계명에 기록하여 전한 '네
부모를 공경하라.'는 나 여호와의 뜻
과 그 가르침이 맞겠는가?
13 이는 나의 피조물 만백성에게 적용하
라는 것이 아니요, 그리하여 나의 피
조물 만백성에 적용하여 너희들같이
재물을 갈취하며 모두의 제왕적인 역
할을 하기 위하여 나의 백성들 너희들
의 신도에게 그리하라는 것이 아니라,
14 지도자요, 선생의 길을 가는 그 백성
들에게 그와 같은 마음으로써 만백성
을 구하는 자가 해야 할 길이며 가야
할 길이라는 것을 내가 그리 가르쳤음
이니라.
15 그리하여 너희들이 이를 나의 백성들
에게 적용하여 가르치기에 오늘에 이
와 같이 황폐해졌으며 메말랐으며,
16 사탄과 같은 사악한 마음을 가지고 사
는 오늘의 백성을 만든 것은 너희들이
그 원인이니라.
17 그러니 낳아 준 부모의 공을 모르며
길러 준 공을 모르게 하여 자식이 부
모를 버리는 이와 같은 험악한 세상을
만든 것이 너희들이 원인이니라.
18 예수가 이와 같은 뜻을 누구에게 가르
쳤으며 누구에게 전했으며, 과연 예수
가 전한 말이 어떠한 백성에게 해당한
말이며, 어떠한 자에게 이와 같은 지
시를 내렸는가를 너희들이 다시 한 번
깨우치며,
19 그 시대의 상황을 돌이켜 보는 현명함
을 갖지 아니하면 오늘과 같이 이 세
상이 험악한 것은 더 험악해질 것이
며, 타락된 백성들은 수없이 더 타락
되는 그와 같은 형국이 될 것이니라.
20 종교 집단이요, 지도자가 무어라 가르
치느냐?
21 신도들에게 그리 가르치며 그리 행하
라 하느니라.

22 그러면 지도자 저희 자신은 과연 그리
하는가?
23 저희들은 그리하지 아니하는 것이니
라.
24 그러니 세상을 거꾸로 가는 것이요,
거꾸로 보는 자들이 오늘의 너희들의
삶이라 내가 그리 말하였느니라.
25 저희들을 따르는 신도요, 만백성들에
게 어미와 아비를 사랑하는 것보다도
저를 따르며, 나 여호와를 사랑하며,
나의 아들 예수를 따르는 것이 믿음의
가는 길이라 가르치며,
26 신도들과 그 백성들은 그리 가는 것이
구원을 받는 것이라 그리 강압적으로
가르치면서,
27 과연 지도자라는 너희들이 그와 같은
행위를 하며 자신은 얼마나 그를 지키
고 살아가는가?
28 그러니 이 세상이 거꾸로 된 것이며,
거꾸로 보는 것이며, 거꾸로 된 자들
이 지배하는 세상이 되었다 함을 절대
잊어서는 아니 될 것이니라.

8,398 번째 하나님 말씀

2003년 11월 14일 0시 23분

1 사랑하는 나의 아들아!
2 "네, 아버님! 말씀하옵소서."
3 성서에 기록하여 전하기를, '십자가를
지고 나를 좇지 않는 자는 내게 합당
치 아니하다.' 그리 가르쳤으니, 성서
에 기록된 그 뜻을 너희들은 깊이 깨
우쳐야 될 것이니라.
4 이를 누구에게 가르친 것이며 누구에
게 명한 것인가를 생각해 봐야 될 것
이며, 이 의미가 무엇인가를 너희 스
스로 그 답을 찾도록 그리해야 될 것
이니라.
5 '자기 목숨을 얻는 자는 잃을 것이요,
나를 위해 자기 목숨을 잃는 자는 얻
을 것이니라.' 이 의미 또한 '나'를 버
리고 '나'를 찾으라는 의미의 가르침
이라는 그 깊은 뜻을 너희들은 알아야
될 것이니라.
6 '너희를 영접하는 자는 나를 영접하는
것이요, 나를 영접하는 자는 보낸 이
를 영접하는 것이라' 성서에 기록하였
음이니, 이 또한 너희들이 너희를 영
접하는 자는 나를 영접함이니,
7 이것이 나의 아들 예수를 영접하는 것
이 아니요, 너희들 스스로 깨우쳐서
세상에 나가, 내가 천사와 같이 세상
에 내보냈던 너희들이 나를 영접하는
것은 너 자신을 찾으라는 뜻임을 알아
야 될 것이니라.
8 그와 같이 너희들이 '나'를 찾은 백성
이요, 원래의 모습으로 돌아간 자, 그
는 진리요, 나 여호와의 뜻에 의해 살
아가는 백성이니,
9 곧 너희들이 나 여호와를 영접하는 것
이며, 내가 너희들과 같이한다는 의미
임을 알고 깨우쳐야 될 것이니라.
10 이와 같은 대목들을 너희들이 어찌 깨
우치며 어찌 가고 있는가?
11 이를 다시 한 번 나의 법전에 기록한
내용을 읽고 너희들이 깨달음을 얻어
야 될 것이니라.
12 너희들은 '선지자의 이름으로써 이루
는 것은 선지자를 영접하는 자요, 선
지자를 영접하는 자는 선지자를 영접

한 것 중에서 상을 받을 것이며, 의인
의 이름으로써 영접하는 자는 의인의
상을 받는 것이라' 성서에 기록되어
있음을 너희들은 알지 않는가?
13 그러니 지금의 선택된 나의 아들을 따
르는 제자 너희들은 과연 누구더냐?
14 지금 나의 이름으로써 나의 아들이 역
사하는 것, 그리고 나의 법전을 내리
는 것은 너희들이 법전을 깨우치고 그
와 같이 행하는 만큼 상을 받는다는
것이며,
15 그리고 나의 이 법전을 누가 내렸으며
누가 임한다 하였느냐?
16 너희들이 나의 법전을 접하는 순간에
내가 너희들과 같이한다 하였음이니,
나의 법전을 읽고 깨우치는 자, 나의
아들을 따르는 그 선택된 백성 너희들
이 누구더냐?
17 이는 곧 나를 영접함이요, 나를 따름
이요, 나를 믿음이니, 곧 나로부터 상
을 받는 것이 너희들이 아니던가?
18 그러니 너희들이야말로 얼마나 영광
된 백성이며 얼마나 축복된 백성인지
알겠는가?
19 '의인을 따르는 자는 의인의 상을 받
는다.' 했음이니라.
20 너희들은 나의 법전을 가지고 깨우치
고 읽으니 이는 나의 이름으로써 너희
들이 영접하는 것이니, 나 여호와에게
직접 상을 받는 자요, 내가 직접 관리
하고 통제한다는 그 의미이니,
21 이것으로써 너희들이 세상의 모두를
다 던지고 모두를 다 놓아도 나에게
은혜를 갚을 길이 없으며, 그 감사함
에 보답할 길이 없는 것이거늘,
22 오늘 나의 법전을 만들며 나의 아들을
따라가는 백성 너희들이 과연 어떠한
형태요, 어떠한 마음으로써 살아가는
가?
23 나 여호와의 이름으로써 나를 영접하
는 것이 너희들임을 절대 잊지 말라.

8,399 번째 하나님 말씀

2003년 11월 14일 0시 26분

1 사랑하는 나의 아들아!
2 "네, 아버님! 말씀하옵소서."
3 너희들이 나와 하나가 되는 그것만이
나에게 오르는 길이라 내가 그리 가르
쳤음이니라.
4 그리하여 너희들이 하나가 되도록 했
으며, 하나가 되는 것이 나의 뜻에 보
답하는 길이며, 나의 법전을 가지고
세상에 역사하는 백성이라 내가 그리
말하였음이니라.
5 그러나 너의 제자들의 그 마음이 과연
어떠하던가?
6 너의 제자들이 인간의 땅에서 변화된
것이 없으며, 하늘의 뜻을 연구하고
깨우치는 변화가 없는 것이 너희들이
니라.
7 바닷물이 밀려와 흩어지는 모래알처
럼 갈기갈기 헤어지고 떨어져 있음이
니라.
8 너희들처럼 나약한 자가 없으며, 너희
들처럼 내가 쓸 수 없는 자가 없느니
라.
9 그러나 너희들이 하나로 뭉쳐졌을 때
하나의 큰 배를 역사함이니, 너희들이
하나가 되어 역사하는 길이 나에게 보

답하는 길이며, 너희들을 선택한 뜻이
거기 있거늘,
10 지금 보는 너의 제자들의 마음가짐이
어떠한 줄 알겠느냐?
11 파도에 밀려왔다 흩어지는 모래알처
럼 제 생각이 다르며 제 계획이 다르
며,
12 제 앞에 더 큰 밥상을 놓고자 하며 제
앞에 더 무엇을 역사하고자 하니,
13 아무것도 깨달은 것이 없으며 변화된
것이 없는 것이 너희들이니라.
14 그러니 바로 내가 나의 아들을 따르는
제자 너희들을 보고 말하는 것은, 파
도에 밀려왔다 흩어지는 모래알 같은
것이 너희들이라 하는 이 무서운 사실
을 각자가 가슴에 깊이 새겨,
15 너희들 스스로 하나가 될 수 있는 그
길을 찾아 노력하여, 너희들이 부족하
며 역사할 수 없는 그 힘을 하나로 만
들어 모두를 역사할 수 있는 대변화가
없을 때,
16 나는 흩어지는 모래알 같은 나의 아들
을 따르는 제자들이요, 나의 법전을
읽고 역사하는 그와 같은 자를 가지고
는 아무것도 이룰 수 없기에, 내가 손
을 놓는다는 의미가 여기 있음을 너희
들은 알아야 될 것이니라.

8,400 번째 하나님 말씀

2003년 11월 14일 0시 29분

1 사랑하는 나의 아들아!
2 "네, 아버님! 말씀하옵소서."
3 '누구든지 제자의 이름으로 이 소자
중 하나에게 냉수 한 그릇이라도 주는
자는, 내가 진실로 너에게 이르노니,
그 사람은 결코 상을 잃지 아니할 것
이라' 그리 말하였음이니라.
4 그러니 오늘의 너희들이 역사하는 것
을 나의 아들 예수를 통하여 내가 너
희들에게 전한 뜻이 여기에 있음을 알
라.
5 너희들이 부리는 종과 같은 자에게 냉
수 한 그릇을 전하는 자, 그와 같은 역
사를 하는 자는 결코 상을 잃지 않는
다 내가 기록하여 전했음이니,
6 오늘의 너희들의 각박한 시대의 마음
을 미리 반영했으며, 그를 예언하여
너희들에게 가르친 대목임을 알라.
7 이것은 무엇이더냐?
8 너희들에게 심부름하는 자요, 종과 같
은 사람에게 냉수 한 그릇을 대접하는
자는 반드시 상과 은혜가 있다 내가
그리 말하였음이니라.
9 그러나 지금의 백성이 어찌 살아가는
가?
10 나의 아들 예수가 와 전한 그 시대가
2천 년이라는 역사가 흐른 지금, 너희
들이 부리고 심부름하는 그들에게 과
연 사랑을 베푸는 자가 얼마나 있는가?
11 너희들은 권력과 능력이 있는 자에게
주는 것은 아낌없이 하며 그와 같은
삶을 살아가면서도,
12 정녕 도울 자에게는 돕지 않는 오늘의
세상이 이루어질 것을 내가 미리 예견
하여 성경에 그리 기록하여 나의 아들
을 통하여 역사한 것임을 너희들은 알
아야 될 것이니라.
13 이제 나의 아들을 따르는 제자요, 그
리고 만백성 너희들은 들으라.

14 심부름하는 자요, 종과 같은 자요, 어
려운 자에게 너희들이 베푸는 것은 나
여호와가 반드시 기억하며 그 상은 반
드시 있다는 이 대목을 알고 그대로
행하는 자만이 구원을 받을 것이니라.
15 그를 아는 자, 그를 수천 번 수만 번
읽은 자들이 권력자 앞에 가서 기도하
는 내용이 다르며, 재물 있는 자의 이
름을 부르며 기도하는 내용이 다른 것
이 오늘의 종교 집단이요, 지도자요,
16 그 추하고 더러운 모습을 내가 미리
차단하고자 그와 같이 2천 년 전에 역
사한 것이니라.
17 오늘의 현실이 그러함이니, 그들이 과
연 나에게 오를 자격이 있으며 구원을
받을 자가 있으며,
18 그 밑에 가서 구원을 받는다고 울고불
고 광란의 짓을 하는 그 백성들이 과
연 나에게 오를 수 있는 자가 그 속에
있을 수 있으며, 의인이 나올 수 있으
며, 천사와 같은 백성이 나올 수 있다
생각하느냐?
19 결코 거기에선 아무것도 이루어질 수
없기 때문에, 내가 개구리 울음소리만
도 못한 자의 기도 소리는 나와는 아
무런 관계도 없으며,
20 저희들이 죽어 와 내 뜻대로 충실히
살았다 울고불고해도 '나는 너를 모른
다.'며 내칠 것이라는 뜻이니,
21 너희들이 이 두렵고 무서운 뜻을 깨우
쳐 바로 서지 아니하면 아니 될 것이
니 그리 알라.

8,401 번째 하나님 말씀

2003년 11월 14일 0시 34분

1 사랑하는 나의 아들아!
2 "네, 아버님! 말씀하옵소서."
3 너희들에게 바로 서라, 곧게 가라, 그
리고 나의 법전을 만들어 전하는 것을
최선을 다하라 내가 그리 말함이니,
4 너희들은 욕심 있는 하나님이요, 그리
고 내 뜻만을 역사하는 하나님이라 그
리 말하며,
5 너희들의 어렵고 힘든 것은 바라보지
않는 욕심 많은 창조주 아버지라 그리
할 것이니라.
6 그러나 너희들은 여기서 들으라.
7 너희들이 나로부터 받은 은혜가 어떠
한 것이던가?
8 또한 너희들이 지금까지 나로부터 생
명을 얻어 세상에 나왔으며 이 대자연
속에서 살아갈 수 있는 모든 것을 다
주었으며,
9 특히 지금 심판의 시대에 마지막 내가
역사하는 나의 법전을 접하고 그를 듣
고 강론을 듣고 깨우쳐 마음을 다스려
가는 백성, 너희들이 지금까지 받은
그 은혜로써 내가 명하는 것을 다 행
하고 실천한다 해도 너희들은 그 은혜
에 보답할 길이 없는 것이니라.
10 더욱이 나의 아들을 따르는 제자요,
나의 법전을 읽고 깨우친 만백성 너희
들은 앞으로 받을 은혜와 축복이요,
그 영광이 어떠한 것인지 아는가?
11 너희들은 그를 모르기에 오늘 내가 내
리는 그 모두를 듣고 행하고자 하면서
나 여호와는 욕심쟁이요, 나만 아는

하나님이라 그리 말할 것이니,
12 너희들이 지금까지 받은 은혜요, 영광
으로써도 그 말을 할 수 없으며, 앞으
로 나로부터 받는 축복이요, 그 은혜
도 너희들이 상상할 수 없음이니, 더
욱이 너희들은 그와 같은 말을 해서는
아니 될 것이니라.
13 그러니 내가 너희들에게 명하느니라.
14 너희가 어떠한 노력과 희생을 한다 해
도 너희들이 나에게 받은 은혜에 보답
할 길이 없으며 영광과는 비교할 수
없는 것이니,
15 그러니 내가 너희들의 모두를 다 바쳐
만백성을 구하는 전사로서 한 점의 부
끄럼이 없이 살도록 너희 자신을 갈고
닦아 나가라는 것이 나 여호와의 뜻임
을 알라.
16 지금 나로부터 선택된 나의 아들을 따
르는 제자 너희들이 얼마나 축복된 백
성이더냐?
17 모두를 나에게 맡기며 나를 믿고 따라
가면 그 모두가 역사하는 그 현장을
보고 가는 사람들이니, 이 수십억 인
구 중에서 너희들보다 축복받고 은혜
를 받은 자들이 어디 있는가?
18 나의 법전을 만들어 세상에 전함이니,
물질이요, 금화와 은화요, 그 모두를
내가 나의 아들을 통하여 너희들에게
내려 줌이니, 너희들이 할 길은 무엇
이더냐?
19 나 여호와가 존재함을 진심으로 믿으
며, 영원히 나를 믿으며, 영원히 나와
같이 가고자 하는 마음을 가지면 그것
으로써 모든 영광과 축복이 있거늘,
20 내가 상을 주려 기다려도 상을 받을
자가 항상 제자리에 없어 오늘의 내
아픈 마음을 너희들은 과연 알겠느냐?
21 너희들이 그러한 자들이니라.
22 내가 지키고자 역사하여 그 자리에 있
는가 돌아다보면 그 자리에 있지 아니
한 것이 오늘의 나의 백성들의 삶의
길이니,
23 너희들이 과연 얼마나 시시때때로 바
람이 부는 대로 비바람이 치는 대로
환경의 여건에 따라서 이해관계의 득
실에 따라서 변하고, 또한 너희 자신
이 변질된 백성인가?
24 나와의 언약을 끝까지 지키는 자가 없
음이니라.
25 고통스럽고 힘든 그 속에서도 내 언약
을 깨우치며 나를 더 찾는 백성이 없
음이니라.
26 힘든 고통 속에서 나를 향하는 그 끈
을 놓지 아니하고 끝까지 가는 백성이
없음이니, 내가 상을 내릴 자 없으며,
받을 자가 없다 함을 너희들은 알라.

8,402 번째 하나님 말씀

2003년 11월 14일 0시 37분

1 사랑하는 나의 아들아!
2 "네, 아버님! 말씀하옵소서."
3 있는 자, 가진 자가 베풀며 나누며 살
아가라 내가 너희들에게 수없이 전했
으며, 그것이 사랑이라 하였음이니라.
4 그러니 재물을 많이 모은 자, 많이 가
지고 있는 백성, 과연 그들은 어떠한
삶을 사는지 너희들은 알겠느냐?
5 그들의 가련하고 초라한 그 모습을 하
늘에서 내가 내려다볼 때 얼마나 안

타까운 백성들인가?
6 재물을 많이 쌓아 놓은 자, 그를 버리
지 아니하며 놓지 않으려 하며, 그를
남에게 빼기지 아니하고 지키려고 발
버둥치는 그 모습이야말로 얼마나 가
련하고 불쌍한 백성인지 너희들은 알
겠느냐?
7 내가 너희들에게 많이 내린 자, 많이
역사한 자는 나누며 같이 살면 되는
것을,
8 가진 자가 더 쌓으려고 하며 그를 빼
기지 않고 지키려고 발버둥치는 그 모
습이야말로 얼마나 가련하고 불쌍한
백성인지 너희들이 알겠느냐?
9 그와 같은 짓을 하는 것이 죄를 짓는
것이며,
10 영원히 사는 나의 나라에 오르고자 하
는 자들이 나에게 오를 수 없는 반대
의 그 길만 가고 있는 것이 그 어리석
고 불쌍한 백성들임을 너희들은 알아
야 될 것이니라.
11 내가 그들에게 묻고자 함이니라.
12 재물을 많이 가진 자, 많이 쌓아 놓은
자, 그와 같이 많이 벌어 놓은 자, 그
모두가 다 누구의 뜻이요, 누구의 계
획에 의하여 역사했다 과연 생각해 보
느냐?
13 너희들은 사람이 역사하여, 너희 자신
이 노력하여 그 모두를 역사하고 이루
었다 생각하는가?
14 많은 재물을 가지고 있는 자, 많이 벌
어들이는 자, 또한 벌 능력을 가진 자,
그 재주를 가진 자, 그 모두는 다 누구
로부터 역사한 것이며 누구로부터 받
은 것이라 생각하는가?
15 그와 같은 이치를 생각한다면, 가진
자가 나누어 주며, 이웃에게 베풀며
사는 것이 당연한 것이거늘,
16 너희들이 다른 사람에게 나누어 주는
것, 베푸는 것은 생각하지도 못하며,
17 남에게 빼길까 잃어버릴까 하여 그를
지키기 위하여 발버둥치고 몸부림치
는 그 모습이 얼마나 가련하고 불쌍한
것이냐?
18 그것이 바로 부자가 하늘나라에 올 수
없는 그 죄의 근본이요, 원천적인 너
희들의 삶이라는 것을 그들에게 깨우
쳐 주고 전해 주라, 사랑하는 나의 아
들아!

8,403 번째 하나님 말씀

2003년 11월 14일 0시 40분

1 사랑하는 나의 아들아!
2 "네, 아버님! 말씀하옵소서."
3 이제 나의 법전이 세상을 덮으며 너희
들이 법전을 역사하는 데 따르는 모
든 재물이요, 인력이요, 그 재원이 모
두 받침이 돼야 될 것이니라.
4 그 모두를 내가 너를 통하여 다 내림
이니,
5 이제 너는 자원하는 자에게, 그 자원
하는 마음이 애절한 자, 그리고 변함
이 없는 자, 그들에게 네가 베풀어 주
는 그와 같은 역사를 해야 될 것이니
라.
6 정녕 나의 뜻에 의해 역사하고자, 그
리고 내 뜻에 의해 모두를 이루고자
하여 제 스스로 거기에 참여하여 자원
하는 자와 자원하고자 하는 마음이 흔

들리는 자, 그와 같은 백성을 네가 엄
히 다스리고 구분해야 됨을 알아야 될
것이니라.
7 어쨌든 자원하는 백성이요, 원하는 백
성, 그리고 진정으로 만백성을 위하여
모두를 역사하고자 하는 마음을 가지
고 존재하는 백성들에게 네가 나눠 주
는 그와 같은 역사를 해야 될 것이니
라.
8 네가 재물을 모으며 재물을 따지며 재
물을 관리하는 것, 그리고 내가 내려
주는 것을 너희들이 어찌 쌓아 놓고
안 쌓아 놓는지 그 모두는 소중하고
귀한 것이 아니니라.
9 다만 모두를 어찌 쓰며 어찌 역사하
는지가 가장 중요하거늘,
10 너희들은 모으는 것만을 보고 사탄이
요, 사악한 자라 말할 것이며,
11 그를 어찌 쓰느냐는 보지 아니하고 결
정짓는 어리석은 백성들이 이 세상에
있음이니,
12 그리하여 진정으로 자원하는 자, 진정
으로 나의 뜻에 의해 역사하는 자, 그
와 같은 백성을 네가 구분하여 역사할
것이며, 그들에게 분배로써 다스려 나
가라는 것이 나 여호와의 뜻이니라.
13 진정으로 원하지 아니하는 자, 진정으
로 역사하고자 하지 아니하는 자, 진
정으로 나의 법전을 만들어 만백성을
구하는 데 노력하지 아니하는 자,
14 그리고 재물 앞에 흔들릴 수 있는 자,
유혹에 넘어질 수 있는 자, 그리고 이
웃의 것을 더 크게 보는 자, 진심으로
나의 법전을 만드는 데 모두를 바치
지 않는 자,
15 이와 같은 자를 선별하여, 자원하는
강도에 따라서 모두를 네가 다스려 주
고 그들의 어렵고 힘듦을 다스려 나
가도록 그리하라, 사랑하는 나의 아들
아!

8,404 번째 하나님 말씀

2003년 11월 14일 0시 43분

1 사랑하는 나의 아들아!
2 "네, 아버님! 말씀하옵소서."
3 진정한 종교 지도자가 재물이요, 옳고
그름을 구분하지 못하며 재정을 모으
고자 한다면,
4 진정한 나 여호와의 뜻이요, 창조주의
말씀이라는 나의 성령의 뜻을 전할 수
도 없으며 들을 수도 없는 것이 재정
앞에 그 모두를 바치는 자들이니라.
5 재물을 관리하는 데 모두를 바치면,
나 여호와의 뜻을 알지도 못하며 듣지
도 못하며, 내 뜻을 대변할 자격도 없
는 것이 그들임을 너희들은 알아야 될
것이니라.
6 그리하여 이제 내가 너에게 명함이니
라.
7 너를 따르는 제자들이요, 그 모두는
네가 엄히 구분하여 다스려 나가야 됨
을 절대 잊지 말라.
8 법전을 만드는 자는 재물을 넘보지 말
라 그리 말하며, 오늘의 법전을 만드
는 그 백성들, 너희들이 오늘에 재물
이 없어 고통스럽고 힘들다 하나, 너
희들이 나로부터 받는 상이요, 영광은
이루 말할 수 없을 것이니,
9 오늘의 법전을 만들고 역사하는 백성

들은 재물에 눈을 돌리지 말며 재물에
넘보지 말라 그리 전하라.
10 재물을 넘보는 자는 진정 법전을 만들
자격이 없으니, 재물을 넘보고자 하며
재물을 역사하고자 하는 자의 그 연필
을 네가 다시 회수해야 될 것이니라.
11 그리하여 두 번 다시 나의 법전을 만
들고 역사하는 데 네가 연필을 그 손
에 쥐여 주어서는 아니 될 것이니라.
12 엄히 구분하라.
13 법전을 만들고 역사하는 그 제자는 절
대 재물에 관여하지 말며, 재물에 눈
독을 들이는 자, 그리고 부를 누리는
자는 결코 역사할 것이 없음이니,
14 지금이라도 그와 같은 재물을 원하는
자는 나의 법전의 연필을 꺾고 떠나라
그리 말하라.
15 절대 법전을 만들고 역사하는 자에게
풍부한 재물은 있을 수 없음이니라.
16 재물을 바라보며 거기에 무너지기 시
작하면 나의 법전을 만들 수 없는 것
이 너희들이니라.
17 그리하여 나는 재물을 관리하는 자를
따로 선택할 것이니라.
18 그러니 내가 재물을 관리하는 자를 선
택하여 내가 너에게 명할 것이니, 그
재물을 관리하는 그 백성에게 전하라.
19 저희들이 제 종족이요, 제 형제요, 이
웃에게 더 많이 나누어 주려는 것, 더
챙기려 하는 것, 제 자식 앞에 더 챙기
려는 그와 같은 사악한 마음을 가진
자, 그 마음을 버리지 못하는 자, 내가
그를 선택했어도 용서치 아니하며 그
를 내가 버릴 것이니라.
20 그러니 너는 선택하도록 그리하라.
21 나 여호와가 너에게 보내는 자, 사람
과 사람의 그 얼굴을 보며 그 모두를
알아볼 수 있는 자, 그리고 재정을 관
리하고 나눠 줌에 있어서 공평하게 행
사할 수 있는 자, 그와 같은 자를 훈련
과 훈련을 거듭하여 그리 쓸 것이니라.
22 그러나 저희들이 인간의 생각이요, 인
간의 세상에서 발 한 짝을 떼지 못하
는 자가 이와 같이 나의 뜻을 거역할
때,
23 너는 그를 가차없이 다스릴 것이며,
그를 두 번 다시 보지 말아야 할 것이
니 그리 알라, 사랑하는 나의 아들아!

8,405 번째 하나님 말씀

2003년 11월 14일 0시 48분

1 사랑하는 나의 아들아!
2 "네, 아버님! 말씀하옵소서."
3 나의 법전을 만드는 자, 그리고 그 모
두를 역사하는 자가 재물을 모으는 데
제 마음을 쏟으며 재물을 모으기 위하
여 모두를 바치는 삶을 살아가는 마음
을 버리지 못한다면 나의 법전을 바로
만들 수 없는 것이니라.
4 재물에 관심을 가졌을 때, 너희들은
나 여호와가 역사하고자 하는 그 법전
을 만들 수 없으니,
5 그를 만드는 자가 내 비유의 뜻이요,
내 비사의 뜻을 깊이 깨우치고 내가
원하는 것을 알아야 되거늘,
6 너희들은 감춰진 그 뜻 하나도 찾아내
지 못하며 나의 성령의 뜻을 알 수 없
으니, 알지 못하는 자들이 가르치고
전할 수는 없는 것이니라.

7 지금 나의 법전을 만들고 역사하는 자, 다음에 너희들이 어렵고 힘들 때, 그리고 법전을 가지고 강론할 때, 그들이 대신해야 됨이니,
8 그들이 재물에 관심을 가지며 재물을 모은다 할 때 그들은 비대해짐이니라.
9 그리하여 이 법전을 가지고 강론하지 못하며, 어렵고 힘든 그 길을 결코 갈 수 없는 것이니, 그를 엄격히 구분하고자 하는 것이 나 여호와의 뜻이니라.
10 나의 법전을 만들고 만백성을 가르치는 지도자들이 그를 모르며 그 뜻을 모르며 그 의미를 모른다면 어찌 가르치겠는가?
11 2천 년 전에 성경을 가지고 공부하고 가르친다면서도 그 속을 들여다보지 못하고, 지금 그 속을 열지도 못하는 오늘의 형국이 되어 있는 것이니라.
12 그러나 너희들은 알라.
13 너희들이 바로 제자리를 지키는 자, 그리고 법전을 만들기 위해서 흔들리지 않는 자, 재물로부터 등을 돌리고 법전을 만드는 데만 모두를 다하는 자, 그는 반드시 은혜를 받을 것이며, 큰 상을 받을 수 있다는 것을 알아야 될 것이니라.
14 그러니 나의 법전을 만드는 백성들은 나의 법전을 읽고 깨우친 만큼 너희들의 심성이요, 성령의 변화가 없이는 절대로 나의 법전을 만들 수 없으며 역사할 수 없기 때문이니,
15 그와 같은 백성은 내가 선발하여 너에게 내가 명할 것이니, 그는 바로 그로 하여금 연필을 꺾고 떠나도록 그리해야 될 것이니라.
16 그들이 나의 법전을 다루고 만들 때, 잘못되는 역사가 이룰 것이니, 그 무섭고 두려움은 아무도 알 수 없는 것이니라.
17 그러니 나의 법전을 만들고 그를 만들어 만백성에게 전하는, 너로부터 선택된 제자들이요, 너를 따르는 백성들이요, 나의 법전을 읽고 깨우친 만백성, 그들을 네가 선별하고 구분하여 역사하도록 그리하라.
18 너희들이 나로부터 받은 은혜요, 그 영광은, 오늘의 너희들이 법전을 만드는 어렵고 힘든 그 길은 반드시 그 대가의 역사함이 있다는 것을 절대 잊지 말라 그리 전하라.

8,406 번째 하나님 말씀

2003년 11월 14일 0시 50분

1 사랑하는 나의 아들아!
2 "네, 아버님! 말씀하옵소서."
3 너의 제자들에게 엄히 명하여 다스리라.
4 너희들이 세상에 재물이요, 인간의 시시비비하는 그와 같은 삶을 살며 남을 시기하고 질투하는 생각, 그와 같은 마음을 뽑아내지 못할 때, 너희들은 나에게 오를 수 있는 역사를 얻지 못함이니라.
5 내가 그들에게 명함이니라.
6 나 여호와가 너희들의 가슴속에 살 수 있도록 모두를 다 비우라 그리 말하라.
7 나 여호와가 너희들의 가슴속에 존재하며 나 여호와가 너희들의 가슴속에 살 수 있도록 하는 것은 너희들이 마

음을 다 비우는 것이며, 비우지 아니
하면 나 여호와가 너희들에게 존재할
수 없음이니라.
8 곧 나로부터 선택된 백성 너희들이 무
엇이더냐?
9 네 마음을 다 먼저 비움으로 나 여호
와가 너희들에게 임하여 삶이니라.
10 내가 너희들의 가슴에 존재하고 살 수
있도록 그리하라.
11 그리하여 너희들의 얼굴이 나의 얼굴
을 대신하는 것이며, 그 눈빛이 나를
대신하는 것이며, 너희들의 마음이 나
를 대신하는 것이요, 너희들이 아름다
운 말을 전하는 것이 곧 나 여호와를
대신하여 역사하는 것이니,
12 선택된 백성은 그와 같은 삶을 살아가
지 아니하면 아니 됨을 알아야 될 것
이니라.
13 나 여호와는 너희들의 마음속에 있고
자 하며, 너희들 가슴속에 내가 살고
자 하며, 너희들과 더불어 같이하고자
하는 것이 나 여호와의 뜻이니라.
14 그러니 너희들이 마음을 열지 못할
때, 내가 너희들과 같이 살 수 없다면,
이보다 더 큰 불행이 어디 있는가?
15 그러니 너희들이 어떻게 행하느냐가
곧 나의 모습이며, 나의 삶으로써 만
백성을 이끌고 구원하는 그와 같은 것
을 보여야 할 것이 너희들이거늘,
16 나 여호와가 너희들의 가슴속에 살지
못한다면, 너희들이 과연 나와 같은
인자한 얼굴로써, 너희들이 나처럼 부
드러운 눈빛으로써, 끝없는 사랑으로
용서하는 마음으로써 나의 피조물 만
백성을 구원하고 이끌 수 있는 길이
없기 때문이니,
17 너희들이 마음을 비우라.
18 그리해야 나 여호와가 너희들에게 살
수 있음이니라.
19 이제 너의 제자들에게 엄히 다스려 전
하라.
20 나 여호와가 너희들의 가슴에 살 수
있도록 그리 자세를 갖추며, 그 마음
을 다 다스리라 그리 전하라.
21 그것이 너희들이 나에게 오를 수 있는
길이니라.

8,407 번째 하나님 말씀

2003년 11월 14일 0시 53분

1 사랑하는 나의 아들아!
2 "네, 아버님! 말씀하옵소서."
3 너희들이 듣든 말든, 너희들이 생각할
수 없든 말든, 나 여호와는 나의 아들
너를 통하여 나의 법전에 기록하여 사
랑하는 선택된 백성 너희들에게 언약
을 하고, 너희들이 잘 지켜 가기를 바
라느니라.
4 내가 법전에 내리고 너희들에게 역사
한 것, 개인에게 언약한 것, 그 모두는
반드시 이루어진다 내가 그리하지 아
니하였던가?
5 너희들은 내가 언약을 지켜 너희들에
게 상을 내리고자 하는 그 기다림의
시간에 시련과 고통을 이기고, 나의
언약을 믿고 기다린 줄 알았음이니라.
6 너희들은 시련과 고통을 다 이기며,
어떠한 핍박 속에서도 내가 너희들과
한 그 언약을 믿고 기다리고 기다린
줄 내가 믿고 있었음이니라.

7 그리하여 너희들이 그와 같은 시간을
잘 인내하고 잘 버틴 줄 알고 내가 너
희들에게 상을 내려 주고자 나의 성전
에 와 보니,
8 그 상을 받을 자는 하나도 없으며, 다
떠나갈 자들이요, 헤어질 자들만이 여
기에 있음이니,
9 그와 같은 너희들이 되어 있다면 그를
바라보는 나 여호와의 마음이 과연 어
떠하겠는가?
10 이것이 오늘의 나의 아들을 따르는 제
자요, 나의 성전에 와 나의 뜻을 듣고
공부하는 백성 너희들이 지금 처해 있
는 형국임을 알라.
11 너희들의 부모가 모든 재산을 다 털어
자식에게 사업을 위하여 모두를 다 주
었음이니, 그래 놓고 그 자식이 무너
졌을 때, 모든 집안이 패가망신의 길
에 들어서는 것을 걱정하고 근심하며,
재산을 대 준 그 자식이 성공하기를
소원하는 부모의 그 강한 마음보다도
천배 만배 더한 것이 나 여호와의 뜻
이라 너희들은 알라.
12 내가 나의 아들을 통하여 너희들에게
전함이니라.
13 내가 언약을 하고 너희들은 잘 지키는
백성일 것이라 그리 생각하여, 이 세
상에 수십억 인구 중에 너희들만큼은
어떤 시련과 고통과 핍박도 다 견디
고, 내가 너희들에게 상을 내려 줄 때
까지, 내가 다시 올 때까지 기다리는
백성이라 하여 내가 내려와 보니,
14 나의 성전에는 떠날 자들뿐이요, 그리
고 상을 받을 자가 하나도 없는 오늘
의 형국이라면, 내 마음이 얼마나 아
프고 가슴이 저려 오겠는가?
15 너희들은 이 무서운 뜻을 알라.

8,408 번째 하나님 말씀

2003년 11월 14일 0시 56분

1 사랑하는 나의 아들아!
2 "네, 아버님! 말씀하옵소서."
3 나 여호와가 바라는 것이 무엇이며 내
가 역사하는 것이 무엇인 줄 알겠느냐?
4 너희들이 각자가 개인이 변화되어 내
뜻대로 역사하는 자요, 그리고 변화된
백성이 네 가족을 변화시키는 것이며,
너희 가족을 변화시키고 너희 이웃을
변화시키는 그와 같은 역사를 하는
것, 그것이 나 여호와의 뜻에 살아가
는 것이며 나의 백성이 살아가는 길이
니,
5 곧 이는 너희들과 내가 하나가 되는
길임을 너희들은 알아야 될 것이니라.
6 그리하여 내가 너희들 가슴에 교회를
심으며, 너희들 가슴에 복음을 전하는
역사를 이루어, 모두를 평정하고자 하
는 것이 나의 뜻이라 그리 말하였느니
라.
7 지금 나의 아들을 따르는 제자요, 그
리고 나의 법전을 읽고 깨우친 만백
성, 너희들에게 내가 무어라 전하였느
냐?
8 너희들이 쓰고 있는 그 언어요, 그 문
화요, 그 모든 것이 다 세상을 통제하
며 공통어로써 역사하는 그 중대한 것
이 바로 나의 법전이 오늘의 동양의
이 작은 나라의 글로써, 모두 책으로
써 역사하는 것이라 하지 아니하였더

냐?
9 그러니 그걸 접하며 그것을 만드는 너
희들이 과연 어떠하던가?
10 그것을 만들고 역사하는 자, 그리고
나의 피조물 만백성을 구원하는 대명
을 맡겠다 하는 자, 그리고 나의 법전
을 만들어 세상에 전하겠다 하여 동참
하여 최선을 다하겠다 역사하는 너희
들 자신이,
11 네가 먼저 변화되지 못하며, 네 가족
이 변화되지 못하며, 네 이웃을 변화
시키는 그와 같은 역사를 이루지 아니
하면 아니 됨을 너희들은 알아야 될
것이니라.
12 이제 나의 아들을 따르는 백성이요,
법전을 읽고 깨우쳐 역사하는 너희들
은 네가 변하는 것에 최선을 다하라.
13 너희들이 변화되지 아니하면 네 가족
이 변화될 수 없으며, 너희들이 변화
되지 아니하고는 네 이웃을 바로 변화
시킬 수 없는 것이 하늘의 법도요, 하
늘의 뜻이라는 것을 절대 잊지 말라
그리 전하도록 하라.

8,409 번째 하나님 말씀

2003년 11월 14일 01시

1 사랑하는 나의 아들아!
2 "네, 아버님! 말씀하옵소서."
3 너희들이 알고 있는 것이요, 다스려
가는 길이요, 깨우침이 다르다 하여
그들과 시비하지 말며, 싸우려 드는
자와 언쟁하지 말라.
4 그들이 싸우려 들거든 너희들이 스스
로 피하는 현명함을 얻도록 그리하라.
5 그들은 정녕 지금 너희들이 깨우쳐 가
는 그 경지를 알 수 없으며, 너희들이
행하고 살아가는 것을 알지 못함이니
라.
6 오로지 제 것이요, 저희들이 여태껏
흘러온 그 관습에서 벗어나지 못하는
자들이니라.
7 그들이 오늘은 너희들을 핍박하며 너
희들에게 시시비비하고 대들고자 하
나, 세월이 지나면 깨우침을 알게 될
것이니라.
8 그들이 좀 더 깨우침이 있을 때, 오늘
의 가르침을 알게 될 것이며 너희들이
역사하고자 하는 것을 알 것이니라.
9 그러나 지금으로써는 그들이 절대 알
수가 없음이니라.
10 아직은 그들이 부족한 자며 깨달음이
부족한 자들이기 때문에, 그들은 너희
들이 행하는 것을 이해할 수 없으며,
너희들이 잘못된 자라 생각하며, 그리
하여 사탄이라 이단이라 너희들을 몰
아붙이는 것이니라.
11 그러나 그들이 세월이 지나며 저희들
의 깨달음이 한 발짝만 더 앞에 나간
다 해도 오늘의 너희들의 그 강론이
요, 가르침을 알고 고개를 숙일 날이
머지않았음을 너희들은 알아야 될 것
이니라.
12 너희들 제자 또한 자신이 모른다 하
여, 깨닫지 못하고 알지 못한다 하여
주저하지 말라 하라.
13 그리고 모두를 다 알려 하며, 모두를
다 깨우치지 못해 우매하다 하여 너희
스스로 한탄하며 후회하는 삶을 살지
말라 그리 전하라.

14 나의 법전을 너희들이 읽고 깨우치지
못하며 나의 아들을 통하여 내리는 그
강론을 듣지 못한다 해도, 너희들이
노력하고 또 노력하며, 정독하고 또
정독하며, 나의 아들의 강론을 듣고
듣는다면,
15 너희들이 언젠가는 그 속에서도 몸에
와 닿는 부분이 있으며, 너희들 몸에
와 부닥치는 그와 같은 부분이 있을
것이니라.
16 그때 너희들은 네 몸에 부닥치며 네
몸에 와 닿아 네가 느끼고 깨닫는 것,
그것부터 너희 것으로 만들며 그것부
터 소화시키는 깨달음으로 가도록 그
리하라.
17 그러다 보면 모두가 다 네 몸에 와 부
닥칠 것이며, 그때 너는 모두를 다 알
게 될 것이며 깨닫는 경지에 오르게
된다는 것을 알라.
18 그러니 모든 종교 집단이요, 모든 백
성들 또한 그러하니라.
19 그들이 너희들에게 와서 시시비비하
며 무엇이라 하거든, 그들을 조용히
다스리라.
20 이 법전을 읽고 깨우쳐 네가 깨달은
점이 있으면 네 것으로 만들 것이며,
네 몸과 마음에 부닥치지 않는 것은
그저 지워 버리고 가라 그리 전하라.
21 그들의 깨달음이 부족하니, 아무리 말
해도 그들은 알아들을 수 없음이니,
부닥치는 것부터, 이해하는 것부터 이
해하여 하나하나 제 것으로 만들며 서
서히 깨우쳐 가는 그와 같은 현명함을
얻으라 그리 전하라.

8,410 번째 하나님 말씀

2003년 11월 14일 01시 05분

1 사랑하는 나의 아들아!
2 "네, 아버님! 말씀하옵소서."
3 만백성에게 기록하여 너희들은 전해
야 될 것이니라.
4 수천 년 동안 하늘에 오르는 길의 믿
음을 온 너희들, 그리고 나의 성경이
요, 성령을 위해 살아온다 하는 자들,
5 너희들은 창조주 나 여호와의 뜻과는
아무런 관계도 없이 살아왔음이니, 지
금까지 너희들이 살아온 것이 잘못 살
았으며, 나 여호와의 뜻을 거역하는
삶을 산 자들이라 그리 전하라.
6 그러기에 오늘의 믿음으로써 너희들
은 정녕 구원을 받을 수 없으며 하늘
에 오를 수 없으며,
7 나 여호와에게 오는 것이 아니요, 나
를 능멸하며 나를 욕되게 하는 삶을
사는 것이 너희들이라 그리 전하라.
8 지금까지 살아온 너희들의 그 삶은 내
가 더 이상 너희들에게 시시비비를 하
고자 아니 할 것이니라.
9 창조주 나 여호와의 뜻이요, 나의 법
전이 새로운 성경이라 하여 세상에 내
려오기 시작하였음이니,
10 나의 법전이요, 새로운 성경이 세상에
내려온 이제부터 너희들이 바로 사는
삶이요, 변화되는 삶을 살지 않을 때,
절대 용서받지 못함이요, 나로부터 어
떠한 변명도 들을 수 없다는 것을 너
희들은 알아야 될 것이니라.
11 지금까지 살아온 그 많은 백성들의 그
것은 너희들이 시시비비할 것이 아니

니라.
12 다만 지금서부터 나의 성령이요, 내
뜻이 내려오기 전까지 너희들이 산 것
은 누구나 다 잘못 살았으며 잘못 깨
달아 왔음이니라.
13 믿음의 길을 가는 자, 믿음의 길을 들
어가지 않는 자, 이방인이라는 백성,
그 모두 너희들이 잘못 살아왔음이니
라.
14 그러나 나의 법전이요, 새로운 성경이
내려온 지금, 새 시대요, 제3의 시대
가 역사하는 이제부터 너희들은 바로
살지 아니하면 절대 아니 됨이니라.
15 그리고 이를 보고 역사하지 아니하면
아니 됨을 너희들은 알라.
16 그렇지 아니하면 얼마나 두렵고 무서
운 결과가 너희들을 기다리고 있는지
알아야 될 것이니라.
17 이제 너희들은 알라.
18 지나간 백성들의 그 역사의 삶을 시시
비비하지 말며, 선과 악의 마음을 아
는 그와 같은 현명함을 알아야 될 것
이며, 그리하여 어떠한 열매를 지금
열게 하도록 해야 되는 것인가를 잘
깨우치도록 그리하라.
19 나의 법전이요, 새로운 성경이 내려온
이후부터 너희들이 어떠한 열매를 열
도록 역사하는가, 그 대가가 얼마나
무섭게 너희들에게 다스려지는 것인
가를 알아야 될 것이니라.
20 이제 나의 아들을 따르는 그 백성 너
희들은 알라.
21 수십억 인구 중에 선택된 것이 무엇인
줄 알겠느냐?
22 이제는 변화의 역사요, 너희들이 바로
시작하는 자들이요, 출발선에 서서 모
두를 이끌어 가는 그와 같은 자들이니
라.
23 그러니 나의 법전이 이 세상에 나오는
것도 너희들이 이끌어 가며, 모두를
전하고 역사하는 것 또한 너희들임이
니라.
24 그러하니 선택된 백성 너희들이 무엇
을 어찌하며 무엇을 역사할 것인가는
스스로 깨우쳐 최선을 다하도록 그리
하라.
25 너희들이 나의 법전을 전하여 나의 피
조물 만백성들이 선과 악을 구분하는
그 마음을 기르며 그 마음을 깨달은
자, 열매를 어떤 것을 열어야 되는 것
인지 구분할 줄 알며, 바른 열매를 열
어 거둘 수 있도록 그리 전하라.
26 내가 인간을 구원하고자 하며 인간의
열매를 열고자 하였으나, 수천 년 동
안 너희들이 인간의 열매를 연 자가
없다 하지 아니하였더냐?
27 그러니 너희들이 인간의 열매를 얻어
내가 거둘 수 있도록 그 모두를 역사
하고, 너희들이 최초의 창업자라는 것
을 절대 잊지 말라, 사랑하는 나의 아
들딸들아!

8,411 번째 하나님 말씀

2003년 11월 14일 01시 08분

1 사랑하는 나의 아들아!
2 "네, 아버님! 말씀하옵소서."
3 너의 제자들이 알고 넘어야 될 것이
있느니라.
4 나로부터 선택된 백성이라 하여 오로

지 똑같은 길을 가며, 모두가 똑같이
역사한다 그리 생각하는 것은 잘못됨
이니라.
5 나로부터 선택되어 나의 아들을 따르
며 나의 법전을 만들고 역사하는 너희
들이 가지고 있는 죄요, 지금까지 살
아오면서 잘못된 그 죄가 각자가 다르
지 아니하던가?
6 그러니 너희들이 똑같은 방법으로써
나에게 상을 받는다 그리 생각하는
자, 어리석은 백성임을 너희들은 알아
야 될 것이니라.
7 지금 나의 아들은 성서를 읽어 본 적
이 없으며, 너희들이 말하는 그 교회
에 가 목자의 강론을 들어 본 적도 없
는 자이니라.
8 그리하여 내가 나의 아들이 대업을 역
사하게 하기 위하여 나의 아들에게 계
속 떡을 공급하며 그와 같이 역사하도
록 하여 나의 아들과 같이 단맛만 보
고 가는 자가 있는가 하면,
9 그리하여 너희들이 단맛을 보고 살아
가며 단맛의 상을 내가 내려보내다가,
또 어느 시점에 가서 나로부터 받아
갈 수 있는 단맛의 상을 받은 자에게
쓴맛을 보도록 하는 것이 너희들임을
알아야 될 것이니라.
10 그러니 단맛과 쓴 맛을 모두 다 겪고
고생 속에서 깨달아 가는 자가 있는가
하면, 너희들이 쓴맛만을 계속 역사하
며 그 속에서 깨달으며 나에게 오르는
길을 가는 자가 있음을 너희들은 알라.
11 이제 나의 아들을 따르는 제자 너희들
이 나에게 오르는 길이 천태만상임이
니,
12 너희들은 제 복에 의하여 제가 역사하
고 간다는 것을 알며,
13 남의 밥상을 크게 보지 말며 아름답게
보지 말며, 남의 것을 크게 보아 너희
가 구하고 취하고자 하는 생각을 가져
서는 절대 안 됨이니라.
14 그와 같은 생각을 갖는 순간 너희들은
또다시 죄를 짓는 백성임을 알라.
15 지금 만백성을 이끌어 가는 나의 아들
에게는 내가 떡을 줄 때 주며, 오로지
지금 계속 내가 내리면서 가느니라.
16 그리하여 나의 아들이 모두를 역사하
도록 그와 같이 가는 백성이 있는가
하면,
17 너희들은 그저 단맛과 쓴맛이요, 고통
과 시련을 같이 겸하는 자, 또는 영화
만 누리며 가는 자, 그리고 고통만을
누리며 가는 자, 그 모두가 다 다름이
니라.
18 너희들이 가지고 있는 그 죄에 대한
대가를 알라.
19 너희들이 면죄받을 것, 털어 버릴 것,
버려야 할 것이 다 각자가 다르거늘,
너희들은 똑같은 대우를 받으려 하지
말라.
20 제가 먼저 온 자요, 제가 더 큰 것을
더 받아야 되며, 제가 더 법전을 열심
히 만들었으며 더 노력했다 하여 제가
먼저 역사한다는 생각을 절대 갖지 말
고 버리라.
21 너희들이 가는 길이 다름이니라.
22 너희들은 고통과 시련 속에 와서 모두
를 깨달음을 얻도록 하는 백성이 있으
며, 그저 내가 내리는 은혜 속에서 편
안하게 가는 자가 있으며,

23 이것저것을 다 겸비하면서 가는 자,
편안하게 가다 고통을 겪는 자, 고통
을 겪다 편안함을 얻는 자, 너희들이
각자가 다 지고 있는 죄만큼 모두 다
다르거늘 너희들이 시시비비하지 말
며,
24 나의 아들이 분배하는 것, 나의 아들
이 내리는 것에 절대 시시비비하지 말
며, 너희 자신을 거기에 견주어 보지
말며 네 공로를 치하하지 말라.
25 나의 아들은 나의 아들 임의대로 할
수 없는 것이며, 모두는 나의 뜻에 의
하여 그가 역사하는 것을, 너희들이
그에게 시시비비해서는 아니 됨을 알
라.

8,412 번째 하나님 말씀

2003년 11월 14일 01시 13분

1 사랑하는 나의 아들아!
2 "네, 아버님! 말씀하옵소서."
3 모든 만능의 역사를 이루어 주는 나
여호와만을 생각하지 말라.
4 상을 내리며 은혜만 내리는 것으로
나 여호와를 생각하지 말라.
5 나 여호와는 너희들에게 고난과 고통
을 줄 수 있으며, 또한 그와 같은 것을
내가 내려야 할 때가 있음을 너희들
은 알아야 될 것이니라.
6 그러니 네 마음이 어찌해야 하는가,
너희들이 어떠한 길을 가야 하는가,
그것은 스스로 너희들이 알아서 행해
야 될 것이니라.
7 만능가로 너희에게 모두 기쁨을 주는
나 여호와를 너희들이 믿고 따르나,
너희들에게 고통과 시련을 주는 나 여
호와는 등 돌리며 바라보지 않는 그
와 같은 백성들이 오늘의 너희들이니
라.
8 그러니 너희 마음을 어찌 다스리고 어
찌 가야 되며 너희들이 어떠한 믿음
의 길을 가야 하는 것인가를 너의 제
자들에게 깨우쳐 주고 전하도록 그리
하라.
9 너희들이 어렵고 힘들 때, 나를 놓지
않는 자, 나를 버리지 않는 자, 그리고
영원히 나와 같이하는 자, 그는 영광
이 있을 것이니라.
10 지금의 모든 백성들이 살아가는 것은
어떠한 형국이며, 종교 집단들은 어찌
하는가?
11 너희들이 기쁠 때는 나 여호와를 찾으
나, 고통일 때는 나를 버리는 그와 같
은 자이니,
12 그들이 무엇을 얻으며, 거기에 진리가
어디 있으며, 나로부터 무슨 은혜를
받을 수 있느냐?
13 절대 그들은 아무것도 역사할 수 없는
자들임을 알라.
14 그와 같이 흔들리는 자, 뿌리가 없는
자, 다른 사람의 참진리요, 아름다움
을 보며 그를 방해하고, 그들에게 역
사하는 것에 도전하며, 그리 가는 자
를 넘어트리는 그와 같은 마음을 가
지고 있는 것이 그들이니라.
15 어렵고 힘들 때 변함없이 나 여호와의
영원한 믿음으로 갈 수 없는 자 제 마
음이 변하듯이, 그 환경과 여건에 따
라서 그와 같이 변하는 자들이니라.
16 그리 종교 지도자들이 그 말뜻에 따라

모두를 다 충성하는 것이요, 역사하는
것이 하늘에 오르는 길이라 하여 광란
의 짓을 하는 자,
17 그들이 또한 이해관계에 접했을 때,
가장 먼저 지도자를 버리고 떠나는
자들이 그와 같은 인간의 상태임을 너
희들은 알라.
18 그러니 어떠한 상태에도 변하지 않고
굳건히 갈 수 있는 믿음, 그것만이 나
에게 은혜요, 사랑을 받을 수 있는 백
성이라는 것을 너희들은 알아야 될 것
이니라.
19 이제 내가 너희들에게 전하고 깨우쳐
줌을 알라.
20 너희들이 만능의 역사하는 하나님이
요, 은혜와 축복을 주는 하나님이라
하나, 너희들이 고통과 시련을 접했을
때 그걸 등 돌리고 떠나는 것은 믿음
이 정녕 없는 자이니라.
21 그러니 너희들이 변화되어 떠나는 것
은 사람의 생각으로써 살아왔으며, 인
간의 생각으로써 너희들이 지금까지
존재해 왔기 때문이니라.
22 그리하여 너희들이 인간으로서 행하
는 백성이기 때문에, 너희들이 변하
고, 견디지 못하여 떠나며, 등 돌리고
가는 자들이니라.
23 그러니 이제 나의 법전을 읽고 깨우친
만백성 너희들이 모두 한 길을 가겠다
하여 어렵고 힘들 때도 나의 아들과
더불어 가는 백성은,
24 떠나가는 그 백성들을 원망하며 욕하
지 말며, 그 가련하고 불쌍한 백성들
을 너희들이 사랑으로 생각하도록 그
리하라, 사랑하는 나의 아들아!

8,413 번째 하나님 말씀

2003년 11월 14일 01시 20분

1 사랑하는 나의 아들아!
2 "네, 아버님! 말씀하옵소서."
3 너의 제자들만큼은 지키고 해야 할 길
이 있느니라.
4 그들이야말로 천사와 같은 마음이 되
며 천사와 같은 삶을 살지 아니하면
아니 된다 그리 말하라.
5 그리고 선택된 백성 너희들은 나 여호
와 같은 마음이 되어야 하며, 나 여호
와 같은 마음으로써 세상을 들여다보
는 그와 같은 자애로운 눈빛으로써 살
아감이 오늘에 역사하는 백성들이요,
6 선택되어 은혜를 받은 백성들이 나에
게 그 은혜에 보답하는 길이라는 것을
너희들은 잊지 말라.
7 모든 종교 집단이요, 지도자들이 거울
로 그 모습을 비춰 볼 수 없는 추하고
더러운 모습으로써 오늘의 나의 피조
물 만백성을 하늘에 오르는 길로 인도
하는 지도자라 그리 왔으니, 오늘에
이와 같이 사악한 세상이 되었음이니
라.
8 그러니 나의 법전을 읽고 깨우치며 마
지막 시대에 심판의 전사로서 선택된
너희들은,
9 거울에 비추어 봐서 한 점의 부끄럼이
없는 그와 같은 자의 삶을 살지 아니
하면 너희들이 정녕 지도자로서 나의
전사로서 절대 역사할 수 없다는 것을
알아야 될 것이니라.
10 이제 나의 법전을 읽고 깨우친 백성이
요, 그리고 나의 아들을 따르며, 모두

를 역사하겠다는 너희들이 어떠한 백
성으로서 살아가야 되느냐?
11 모두를 다 가슴에 안고, 너희들에게서
나오는 말은 오로지 정답만이 나올 수
있도록, 정답을 모두 모아 만들어 놓
은 종합장이 되어야만 된다는 것을 절
대 잊지 말라.
12 정답을 수록해 놓아 모든 답을 낼 수
있는 종합장과 같은 삶을 살지 아니하
면 절대 아니 됨을 그리 전하라.
13 그러니 너희들이 강하고 거친 모습이
아니요, 모두를 용서하고 이해하는 마
음으로 유하고 부드러운 속에서 모두
를 소화시키는 것이 너희들이 가야 하
는 길이며 이루어야 되는 길이니라.
14 너희들의 마음이 지금 어떠하다 하였
느냐?
15 파도에 밀려와 없어지는 모래알 같은
것이 너희들의 마음이니, 과연 너희들
이 종합장 같은 마음으로 역사할 수
있겠는가?
16 나 여호와가 160권을 만듦에 있어서
100권의 법전이 지금 세상에 내려가
나의 강론을 듣고 깨우친 너희들이 그
리도 완전한 종합장의 역할을 하지 못
하며, 부드럽고 아름다운 모습으로써
역사하는 삶을 살지 못한다면, 나 여
호와는 어찌하겠는가?
17 만백성을 구하기 위해 모두를 버림이
니라.
18 내가 나의 십계명에 기록하여 전하기
를, '네 부모를 공경하고 사랑하라.' 하
였으면서도 내가 지도자만큼은 네 아
버지와 어미를 버리며 네 자식을 버리
고 나를 따르는 그와 같은 길을 가지
아니하면 모두를 역사할 수 없다 하였
음이니,
19 이 세상에 육의 세상에 가장 행복하고
가장 즐겁고 가장 보람된 삶의 그 모
두를 포기하지 아니하면 아니 되는 것
이 너희들이라 하지 아니하였더냐?
20 그러니 너희들이 그와 같이 역사하지
아니하면 아니 되기 때문이니,
21 너희들은 이를 명심하고 깊이 깨우쳐
너희 스스로 변하도록 하여, 나로부터
버림받는 백성이 되지 말도록 그리하
라.

8,414 번째 하나님 말씀

2003년 11월 14일 07시 23분

1 사랑하는 나의 아들아!
2 "네, 아버님! 말씀하옵소서."
3 이제 나의 법전이 160권으로써 만백
성을 구하는 새로운 성경이 세상에 나
왔다 네가 만백성들에게 그를 공포하
기 시작하였음이니, 모든 백성들이 너
를 정신 나간 자요, 미친 자라 그리 말
할 것이니라.
4 그러나 믿음의 길을 가는 백성들이요,
그리고 너의 제자들이요, 그들은 알아
야 될 것이니 그리 전하라.
5 나의 아들 예수가 세상에 와 모두를
전하려 할 때, 그를 따라야 하는 그 백
성들이 그를 어찌하였느냐?
6 그를 죽음으로 몰았음이니라.
7 그리고 그 후에도 모든 종교 집단이
요, 지도자들이 지식층이라는 자, 글
을 아는 자, 그리고 성서를 깨달았다
는 자들 중에, 오늘 네가 나의 성령을

받아 구약과 신약을 잘못 가르치는
것, 잘못 이해하는 것, 그들이 잘못 가
는 것을 하나하나 반박하듯이 반박하
는 사람이 세상에 나왔다면,
8 그는 하루아침에 존재하지 못했을 것
이니라.
9 그것이 너희들이 오늘까지 해 온 폭거
요, 사악한 것이 아니던가?
10 기득권층에서 저희들만이 성서를 가
지고 있으며,
11 그 성서를 읽으려 하는 자, 그를 깨우
치고자 하는 자까지 그저 살해했으며
그들을 죽게 했으며, 그들을 용서치
아니한 것이 너희들이 했던 만행인 것
을 아는가?
12 2천 년 전부터 나의 아들 예수가 와,
천 년이 지난 후에도 나의 아들처럼
너희들이 잘못 가고 잘못된 것을 지적
하고 그를 부르짖고 나왔다면, 너희들
은 과연 어찌했겠는가?
13 너희들은 시간을 다퉈 그를 법으로 다
뤄 사형장으로 보냈을 것이니라.
14 그러나 지금은 그때보다는 그래도 덜
한 형국이요, 합법적으로 그를 죽이고
살해하는 사형장으로 보내는 짓은 할
수가 없기에, 그리하여 내가 지금까지
기다렸다면 너희들은 과연 믿겠는가?
15 지금도 믿음의 길을 가는 백성들이 어
찌하는가?
16 창조주 나 여호와가 내리는 새로운 성
서라면 너희들이 읽어 보고 깨우쳐 평
가하는 것이 아니라,
17 지금도 광분하는 자, 나의 아들을 존
재하지 못하게 하며 이를 태우려 하는
자들이 수없이 있을 것이니,
18 너희들은 돌이켜 생각해 보라.
19 지금에 와 나의 아들을 통하여 이와
같은 역사를 이루지 아니하면, 과연
견디고 그와 같은 것이 세상에 전해질
수 있었겠는가?
20 어떠한 백성을 통하여 내가 이를 바로
잡고자 한다 해도 그는 죽음이 두려워
서 할 수 없으며,
21 실제로 너희들은 합법적인 방법을 통
하여 그와 같은 자를 죽이고 존재하지
못하도록 사악한 짓을 한 것이 아니더
냐?
22 그러니 2천 년을 기다려 오늘에 내가
나의 아들을 통하여 너희들이 잘못 간
것을 바로잡고자 하여 역사하는 것을
너희들은 알아야 될 것이니라.
23 나의 아들을 일찍이 보내어 이와 같이
너희들이 잘못된 것을 바로잡으며, 믿
음이 잘못된 것을 깨우치려 했다면 감
히 말할 수도 없으며 전할 수도 없었
음이니라.
24 그와 같이 말하는 순간에 그는 이 세
상에서 형장의 이슬로 사라졌을 것이
니라.
25 그러니 내가 2천 년을 기다린 이유를
너희들이 알겠는가?
26 지금에 와서 그래도 내가 이를 전할
수 있는 때가 되었음을 알겠는가?
27 지금은 나의 아들이 이와 같은 것을
나로부터 받아 세상에 전해도, 이를
보는 자가 있으며 깨닫는 자가 있는
것이니라.
28 그리하여 지금의 모든 종교 집단이요,
지도자 속에서 너희들이 스스로 잘못
가는 것을 알고 있으며, 그를 반성하

는 자들이 이제 나오기 시작하며, 그
를 느끼는 자들이 있으니,
29 나의 법전을 읽고 깨우쳐 '아! 이것이
정녕 창조주의 뜻이다.' 하고 생각하
는 자들이 지금은 그래도 수없이 있음
이니라.
30 천 년 전만 해도 감히 그와 같은 것이
있을 수 없으며, 몇백 년 전만 해도 이
와 같은 것은 있을 수 없으며,
31 그와 같은 종교 지도자요, 믿음을 가
진 백성들이 절대 있을 수 없음이니라.
32 몇백 년 전만 해도 이와 같은 것을 가
지고 세상에 나와 잘못된 것을 가르쳤
을 때, 저희들의 추한 모습을 가리기
위하여 어떠한 방법으로든지 그를 제
거했으며, 이 세상에서 숨을 쉬지 못
하도록 했을 것이니라.
33 이제야 숨통이 트였으며, 이와 같이
말할 수 있는 시대는 바로 지금이니라.
34 그리하여 내가 지금 이 모두를 전하는
것을 알겠는가?
35 너희들이 그와 같이 사악하고 용서받
지 못할 자들이며,
36 믿음의 길을 가는 너희들이야말로 진
정한 진리가 내려오는 것을 받아들이
지 못하고 용서하지 못하니, 얼마나
사악한 짓을 했겠는가?
37 그리하여 지금 내가 나의 아들을 통하
여 오늘에 내림을 너희들은 알아야 될
것이니 그리 알라.

8,415 번째 하나님 말씀

2003년 11월 14일 07시 29분

1 사랑하는 나의 아들아, 너의 제자들은
그 뜻을 알 것이니라.
2 일찍이 이와 같은 뜻을 가지고 세상에
누가 나왔다 하면 존재하지 못하게 되
었을 것이며, 존재하지 못하게 했다는
그 뜻을 너희들은 알 것이니라.
3 진리를 받아들여 아름다움을 깨닫지
못하고 보지 못하며, 저희들 것만이
위대하며, 저희들이 잘못 가는 것만이
하늘에 오른다는 그 백성들,
4 그리하여 그들이 오늘까지 흘러오는
그 믿음의 결과가 무엇이더냐?
5 "네, 아버님! 그렇사옵나이다.
6 제가 저의 제자들을 가르치며, 그들이
깨우쳐 가는 그 모습을 보며, 그들로
하여금 오늘의 종교 집단이요, 지도자
들이 흘러가는 그 모습을 보는 제가
느끼는 것은,
7 곧 창조주 아버지께 감사하며 그 은혜
에 모두를 보답하는 것이 아니요,
8 아버지께서는 만능하신 분으로서, 저
희들이 원하는 것이 이루어지기를 바
라며 그 요구를 위하여 기도하고 원하
옵나이다.
9 그리하여 그것이 이루어지지 아니하
고 역사하지 아니하였을 때, 그들은
바로 원망하는 하나님이요, 저주하는
하나님으로 마음이 변하는 것이 오늘
의 믿음의 길을 가는 백성들이요,
10 저희들이 가고 있는 길을 결코 벗어
날 수 없다는 것을 저는 느끼고 있사
옵나이다.
11 그것이 너무나 애절하고 가슴이 아프
옵나이다."
12 사랑하는 나의 아들아, 그러하니라.
13 저희들이 나를 찾고 울고불고함이니,

저희들이 이루고자 하는 것, 얻고자
하는 것을 얻지 못하며 이루지 못했을
때, 그들은 바로 돌아서서 나를 원망
하고 나를 저주하니,
14 나의 사랑을 실천하는 그와 같은 백성
이 되지 아니함을 알아야 될 것이니라.
15 너는 정녕 너의 제자들에게 뭐라 가르
치고 싶으냐, 그리고 네가 어찌 전해
야 되겠는가?
16 "네, 아버님! 제가 감히 말씀드린다면,
고통과 시련이 있을 때도 아버님을
버리지 아니하며 등 돌리지 않는 백성
이 되라는 그것은,
17 그들에게 아무리 그리 이야기해도 저
의 제자들 또한 그를 깨닫고 지키는
자가 없을 것 같사옵나이다.
18 제가 한 구절로써 그 제자들에게 가르
치고 말한다면,
19 뒤로 넘어져도 코가 깨지는 그와 같은
일을 당한다 해도, 그를 하나님께 감
사하는 마음을 갖는 그와 같은 생각을
갖지 아니하면, 결코 저의 제자들도
바로 설 수 없으며, 저의 제자들도 어
렵고 힘들 때 무너지지 아니할 수 없
으며,
20 아버님께서 기다리고 있어 그들에게
상을 주고자 해도 받을 자가 없다는
그 말씀을, 그대로 그들도 벗어나지
못할 것이라 생각하옵나이다.
21 뒤로 넘어져 코가 깨진다 해도 그 모
두가 아버님의 은혜요, 영광이요, 감
사하다는 기도를 드릴 수 있는 그와
같은 마음이 아니고는 누구도 이 길을
갈 수 없으며, 아버님 뜻을 따를 수 없
으며, 어떠한 백성도 구원을 받을 수
없다 그리 생각하고 있사옵나이다."
22 아들아, 그러하니라.
23 저희들이 받을 수 없는 자가 받고자
하며, 저희들이 받을 자격이 없어 주
지 못하는 나를 원망하며, 나를 욕되
게 하며, 나를 능멸하며, 돌아서서 나
를 비방하는 자들이 되며, 그리고 나
에게 등 돌려 떠나는 백성이 있음이니
라.
24 그러니 그를 보는 나 여호와의 마음이
어떠하겠는가?
25 그러니 너의 제자들이요, 나의 법전을
읽고 깨우친 백성 그들은 고통과 시련
이 있을 때 흔들리지 아니하며, 그때
나를 더 꽉 잡으며, 나를 찾으며 기도
하는 백성으로 성장하도록 그리 가르
치라.
26 각자가 저희들이 가지고 있는 죄가 다
르며 각자가 가는 길이 다르기에,
27 내가 너에게 일찍이 말했듯이, 달래서
가는 자, 벌로써 가는 자, 그리고 호령
으로써 다스리는 자, 매로 다스리는
자, 그리고 단 것을 주면서 가도록 하
는 자, 쓴 것을 주어서 가도록 하는
자, 그 모두가 다름이니,
28 그 모두는 그들이 넘어야 할 길이라는
것을 너의 제자들에게 깨우쳐 주도록
그리하라.
29 그리하면 그들이 시기하는 마음이요,
질투하는 마음이요, 나를 원망하는 마
음이요, 그 모두를 다스릴 수 있으며
삭힐 수 있을 것이니라.
30 모두는 제가 가지고 있는 죄요, 제가
치러야 할 길이라는 것을 안다면, 오
늘의 모두의 고통도 다 그들이 겪어야

되는 것이요,
31 그와 같이 겪을 수 있는 자리를 줬으
며, 겪을 수 있도록 깨우쳐 준 것을 감
사하는 마음으로 가야 하니,
32 정녕 저희들이 깨우치지 못하며 그를
모르고 갔으면 어찌 되겠는가?
33 너의 제자들이 나의 법전을 읽고 마음
을 깨우치며 저희들을 다스려 간다 함
이니,
34 저희들이 나의 법전을 접하지 아니하
고, 오늘의 변하는 마음이요, 나 여호
와의 뜻이 무엇인지, 하늘의 두려움을
알지 못하고 그들이 죽어 왔을 때, 과
연 그들은 어찌 가겠는가?
35 그것 하나로써 그들은 아무런 말을 할
수 없으며, 어떠한 고통도 넘어야 하
는 것이 너의 제자들이거늘,
36 어찌하여 제자들의 그 마음이 산산이
부서지는 그와 같은 자요, 지금의 믿
음이 일반 백성들의 그 한계를 그리도
벗어나지 못하는가?
37 육에서 너희들이 날지 못하면 아니 됨
이라 그리 전하라.

8,416 번째 하나님 말씀

2003년 11월 14일 07시 34분

1 사랑하는 나의 아들아!
2 "네, 아버님! 말씀하옵소서."
3 너는 내가 내리는 성령의 뜻을 거역해
서는 아니 된다는 것을 알고 있으며,
내가 지금 너에게 상을 내리는 것을
알고 있음이니라.
4 내가 너에게 내리는 그 상이 네가 잘
못하고 잘못 갔을 때 무산되며, 그 모
두를 내가 거둬들일까 봐 두려워, 네
가 한 점의 부끄럼이 없이 가고자 하
는 것, 네 악습을 입술을 깨물고 하나
하나 버리고 가는 그것을 너의 제자들
은 모르느니라.
5 그들은 정녕 그것을 모르느니라.
6 지금 내가 내리는 그 상을, 네가 잘못
함으로 인하여, 네가 하늘을 향하여
부끄러운 짓을 함으로 인하여 그 모두
를 거둬들일 것을 두려워하여, 지금
그를 지키기 위해서 몸부림치고 있는
것을 너의 제자들은 알아야 될 것이니
라.
7 바로 저희들도 가면서 한 점의 부끄럼
이 있는 행동을 함으로 인하여 나 여
호와가 모두를 거둬들이며, 나의 법전
이 세상에 나올 수 없으며, 그리고 저
희들이 따라가는 나의 선지자가 잘못
가며 무너진다는 그러한 두려운 마음
을 가지고 있다면,
8 저희들이 오늘에 마음을 비우는 데 주
저할 것이 없을 것이니라.
9 너희들은 '가는 정이 있어야 오는 정
이 있다.'는 말이 있지 않더냐?
10 나의 아들 네가 그와 같이 간다면, 저
희들도 그와 같이 변하는 마음을 가져
야 될 것이며 그와 같은 생각을 가져
야 될 것이니라.
11 그러니 그 속에서 시시비비하는 자가
어디 있으며, 시기하고 질투하는 것이
어디 있으며, 남을 저주하는 생각을
감히 어찌 하겠는가?
12 지금 너는 내가 내리는 그 상을 알고
있으며 내가 역사하는 것을 알고 있음
이니라.

13 네가 잘못되었을 때, 한 점의 부끄러
운 행동을 했을 때, 그를 거둬들이는
것이 두렵고 두려워, 너는 인간으로서
넘을 수 없는 그 선을 넘고 지금 가고
있으며,
14 아랫 입술에 피가 나도록 깨물고 있는
네 마음이요, 네 모습을 그들은 모르
고 있음이니라.
15 그러니 그들 또한 그와 같은 마음으로
가라 그리 전하라.
16 저희들이 잘못 가며 실수함으로써 나
의 아들이 흔들리며, 나의 법전이 세
상에 나오는 것이 흔들리며, 왔던 백
성들이 등 돌리고 돌아간다는 것을,
저희들은 그걸 모르나니,
17 그와 같은 것을 깨닫고 저희들도 그리
행하도록, 각자가 한 점의 부끄럼이
없는 행동이요, 삶을 살아가도록 그리
전하라, 사랑하는 나의 아들아!
18 네가 그들을 가르치고 다스려야 될 것
이니라.
19 너 혼자만 가슴에 안고 너 혼자만 마
음에 안고 있어서는 아니 되느니라.
20 너는 모두를 미워하는 자도 없으며 더
사랑하는 자도 없이 가느니라.
21 그러나 그 제자들은 그리 생각지 아니
하는 것이 그들의 마음이니,
22 이것은 네 마음과 그들의 마음이 하늘
과 땅의 차이임을 알아야 될 것이니라.
23 매질하면 저를 버릴 것이라 생각하며,
저를 버린 자라 생각하며, 저에게서
등을 돌렸다 생각하는 자들이니라.
24 오죽하면 매를 들며, 오죽하면 나의
아들이 너희들에게 매 못지않은 아픈
마음을 던지는가 그것을 그들은 모르
며,
25 그 말을 던져야 하는 네 아픔이요, 네
가 얼마나 번뇌하고 그 말을 전하고
매를 드는 것인지 그것을 그들은 헤아
리지 못하는 자들이니라.
26 부모가 자식에게 매를 들면서 그 부모
가 힘이 없어 저를 때리지 못할 때,
27 그 부모의 매가 얼마나 소중하고 기쁨
인지, 그것이 제가 받을 수 있는 영광
이요, 축복이라는 것을 느낄 때까지,
그걸 느끼기를 기다리기에는 너무나
시간이 없음이니라.
28 그리하여 그들도 또한 바로잡기가 그
와 같이 시간이 없으며 기다릴 수가
없음이니,
29 너는 모든 네 마음을 감추지 말고 전
하고 말을 하며 깨우쳐 주어야 될 것
이니라.
30 그렇지 않으면 그들이 너를 알 수 없
으며, 네 마음을 알 수 없는 것이 오늘
의 너의 제자들이니 그리 알라, 사랑
하는 나의 아들아!

8,417 번째 하나님 말씀

2003년 11월 14일 07시 42분

1 사랑하는 나의 아들아!
2 "네, 아버님! 말씀하옵소서."
3 내가 성서에 기록하여 전한 그 대목을
읽어, 그들이 어찌 가야 하는 것인가
를 그들에게 깨우쳐 주도록 그리하라.
4 내가 그들에게 유년의 학업의 한계를
벗어나지 못했으며 초등 학문을 벗어
나지 못한 믿음의 길을 가고 있다 하
는 것을, 그들은 잘못된 것이라 하며,

5 성서만이 구원의 길이요, 하늘에 오르
는 길이거늘, 그를 초등 학문이요, 유
년부의 교육 과정이라 하며, 기초를
벗어나지 못했다 하는 나의 뜻을 듣고
그들은 광분하며,
6 이는 사탄이요, 이단이라 그리 말할
것이니라.
7 '구하라 그러면 너에게 주실 것이요,
찾으라 그러면 찾을 것이요, 문을 두
드리라 그러면 너에게 열릴 것이니라.
구하는 이마다 얻을 것이요, 찾는 이
가 찾을 것이요, 두드린 이에게 열릴
것이라' 너희들은 그와 같이 이를 가
르치면서 무어라 말하느냐?
8 모든 백성들이 나에게 두드리며 구하
고 열릴 것이라 그리 말하느니라.
9 그러니 인간 세상에 살아가는 이치를
하나 깨우쳐 보도록 그리하라.
10 너희들이 어렸을 때는 어머니에게 젖
을 달라 칭얼대며, 그때 어머니는 너
희들 뜻을 들어주느니라.
11 너희들이 원하는 것은 아기 때는 모두
를 다 들어주느니라.
12 그러나 너희들이 성장하여 한 가정을
이루며 자식을 두고 어른이 되었을
때, 그때도 부모에게 달라 칭얼대며
젖을 달라 칭얼대며 너희들이 살아갈
수 있는 것을 달라 칭얼대며 열리지
않는 문을 열어 달라 칭얼댈 수 있겠
는가?
13 인간 세상에도 그리 역사할 수는 없음
이니라.
14 이를 보는 너의 제자들이요, 모든 나
의 법전을 읽는 백성, 너희들은 알아
야 될 것이니라.
15 이것은 기초적인 학문이요, 어렸을 때
역사하는 것이니, 너희들이 성서를 가
지고 2천 년 동안 그리 가르치고 또
가르침이니라.
16 '구하라 그러면 구할 것이요, 두드리
라 그러면 열릴 것이요.' 이것은 너희
들이 어린아이 시절에 해당하는 것이
니,
17 성장해서 어른이 되어서는 부모에게
달라 매달리는 자 없으며, 이와 같은
역사가 이루어지지 아니하는 것임을
너희들은 알아야 될 것이니,
18 이를 가지고 가는 것은 기초 학문이
요, 기초의 성서라는 것을 너희들은
알아야 될 것이니라.
19 그러니 너희들이 성령으로 성장했으
며 깨달음의 문이 열린 자는 그와 같
은 것을 하지 아니하여도 모두를 다
알 수 있는 것이 깨달음이니라.
20 그러나 너희들은 이를 가지고 나의 피
조물 만백성에게 평생을 가르치며, 그
저 구하라 두드리면 열릴 것이라, 얻
고자 하는 것을 줄 것이라 하니,
21 이것은 너희들이 어린아이요, 젖 먹는
시절에 부모에게 달라 매달리면 줄 수
있으나,
22 그 아이가 성장하여 가정을 가졌으면
스스로 해결하며 스스로 깨우쳐 가야
되는 것이며, 스스로 모두를 해결해야
되는 것이니,
23 오늘의 나의 아들을 따르는 그 제자들
이 성장한 자요, 어른이 되었다 하면,
과연 그들이 지금도 달라, 그리고 두
드리면 열릴 것이라, 부모에게 젖을
달라, 밥을 먹여 달라 칭얼대겠는가?

24 그와 같은 길을 나의 아들을 따르는
제자들은 가지 아니하며 원하지 아니
함이니라.
25 그러니 이 한 가지로 너희들이 그만큼
비사의 뜻을 알 수 없으며 내가 전하
는 뜻을 모르는 자들이니,
26 그리하여 너희들은 두드리라 구하라
그러면 원 없이 줄 것이라 그리 말하
니, 그것은 젖 먹는 아이들이 하는 짓
이며 젖 먹는 아이에게 해당하는 성서
이니,
27 바로 너희들의 성경이 무엇인 줄 알겠
느냐?
28 모세의 시대는 출발하는 자요, 그리고
예수의 신약시대는 배턴을 받아 중간
에 달리는 자이니,
29 마지막 주자가 모두를 이루듯이, 오늘
의 제3의 시대요, 나의 성경이요, 나
의 법전이 내려가는 것은 마지막 주자
의 시대를 역사한다는 것을 너희들이
잘 생각하고 깨우치면 알 것이며,
30 지금 가고 있는 너희들 모두가 그 중
간 주자를 벗어나지 못하며 초등 학문
이요, 유년부의 교육 과정을 아직도
벗어나지 못하고 있으니,
31 나의 사랑하는 백성들이 영적으로 성
장하여 나에게 오르는 길을 막는 것이
너희들이라 하였음이니라.
32 나의 아들딸 너희들은 서서히 성장하
게 되어 있음이니라.
33 인간 너희들이 자식을 젖을 먹여 기르
나,
34 그들이 세월에 따라 성장하여 완벽한
성인이 되어 모두를 역사하도록 성서
의 가르침이요, 그 깨달음의 문을 열
어 주는 것도 그와 같은 것으로 이루
어지거늘,
35 너희들은 어린 유치원 시절에 그저 칭
얼대며 웃음을 전하는 어린아이처럼
그저 묶어 놓고, 그저 울며불며하면
내가 줄 것이라는 그와 같은 것을 벗
어나지 못하고 있는 것이 오늘이기에,
내가 너희들에게 잘못되었다 함을 알
라.
36 그러니 나의 아들딸 너희들은 성인으
로서 성장하여 어른이 되어야 될 것이
니라.
37 그것이 영적으로 커지는 것이며, 성장
하는 것이며, 성령으로써 임하는 백성
으로서 내 뜻을 볼 수 있으며 내 뜻을
역사할 수 있으며, 내 일을 너희들이
수행할 수 있음을 알라.
38 항상 나로부터 달라는 자, 그 어린아
이에게 무엇을 하겠는가?
39 그들이 무거운 것을 지고 갈 수 있겠
는가, 고통을 지고 갈 수 있겠는가?
40 바로 성장시키지 못하여, 어렵고 힘들
때 나를 원망하며 나에게서 등을 돌리
는 백성으로 믿음의 길을 가게 만든
것이 너희들이니라.
41 이제 나의 아들을 따르는 제자들처럼
너희들이 그 모두가 성장하며 성령이
임하여 스스로 해결하는 자가 있으니,
42 그러니 이제 나의 명을 받아 역사하는
자가 되어야 될 것이거늘,
43 오로지 나에게 젖을 달라, 물을 달라,
먹여 달라며 울고불고하는 그 백성으
로는 내 뜻을 펼 수가 없으며 역사할
수 없는 것이기에,
44 오늘에 내가 나의 아들을 통하여 그

제자들로 하여금, 그를 따르는 백성들
로 하여금 역사하고자 함이 여기에 있
음을 알아야 될 것이니라.

8,418 번째 하나님 말씀

2003년 11월 14일 07시 49분

1 사랑하는 나의 아들아!
2 "네, 아버님! 말씀하옵소서."
3 '손자가 할아버지의 수염을 붙잡고 그
네를 뛰려 대든다.'는 말이 있지 않으
냐?
4 그것은 무슨 뜻이더냐?
5 할아버지가 손자를 귀여워하고 예뻐
함이니, 그 손자가 그와 같은 행위를
할 수 있다 함이니라.
6 지금 모든 믿음의 길을 가는 백성 그
들이 어떠한 행위를 하고 있는지 알겠
느냐?
7 저희들은 사랑의 아버지요, 베푸는 아
버지라 하여 나의 수염을 뽑으려 대드
는 자들이요, 나의 수염을 뽑고자 하
는 그와 같은 짓을 하고 있다면, 과연
너희들은 믿겠느냐?
8 너희들은 여기서 나 여호와의 수염을
뽑으려 대드는 집단이요, 믿음으로써
전락되어 가고 있음이니라.
9 그러나 너희들은 나 여호와의 두려움
과 무서움을 모르는 자이기에 그와 같
은 행위를 하느니라.
10 나 여호와는 사랑으로써 임하며, 모두
를 베푸는 하나님이라 하여 지금 가고
있는 종교 집단이요, 믿음의 길을 가
고 있는 자들이 내 수염을 뽑으려 대
드는 자들이요, 뽑고 있는 자들이라
면, 과연 너희들은 이를 어찌 생각하
는가?
11 그러니 그와 같은 믿음의 길을 가는
자, 그와 같은 형국으로써 지금 구원
을 받겠다 발버둥치는 백성, 너희들은
알아야 될 것이니라.
12 나 여호와의 두려움과 무서움을 알지
못하는 자들이 그와 같은 행위를 지금
하고 있음을 알라.
13 너희들이 바로 살았으며 진리에 따라
살아가고자 하는 백성, 그리고 변하고
자 노력하는 그 백성에 대해서는 나
여호와가 길을 열어 주며 그를 사랑함
이니라.
14 그러나 너희들처럼 지금 내 뜻을 거역
하며, 내가 명하지 않은 것만을 골라
서 하는 자들, 그리고 감히 나 여호와
의 수염을 뽑으려 대드는 자, 그와 같
은 사악한 자, 그것이 무엇이더냐?
15 너희들이 작은 신이 되고자 하며 나를
능멸하는 행위를 하는 자들이요, 그
착각 속에 젖어 있는 지도자들이요,
그 종교 집단들의 행위가 그러함이니
라.
16 내가 너희들이 하는 짓이 얼마나 오만
하고 방자하면 나 여호와의 수염을 뽑
고 있는 자들과 같으며, 뽑으려 대드
는 자들이 지금 믿음의 길을 가는 백
성이라 그리 말하겠느냐?
17 그들에게 전하라.
18 너희들은 나 여호와의 두려움과 무서
움을 먼저 봐야 됨이니, 내 뜻대로 행
하지 않는 자에게 내가 한 치의 오차
도 없이 그 벌을 내리며, 거기에 대한
대가를 치르도록 하는 것이 나 여호와

임을 너희들은 알라.
19 그 무서움을 모르고 너희들이 지금같
이 나의 수염을 뽑고자 하는 그와 같
은 행위로써 지금의 믿음을 이끌어 가
며,
20 그들이 가르치는 것을 '맞소, 옳습니
다.' 하며 그와 같이 변하는 자들이요,
믿음의 길을 가며 구원을 받았다는 모
든 백성,
21 너희들이 내 수염을 뽑고자 대드는 자
들이며, 뽑으려고 지금 하고 있는 자
들이라는 걸 명심하고 또 명심하여 깨
우치도록 그리하지 아니하면 아니 될
것이니라.

8,419 번째 하나님 말씀

2003년 11월 14일 12시 18분

1 사랑하는 나의 아들아!
2 "네, 아버님! 말씀하옵소서."
3 너의 제자들에게 네가 깨우쳐 전해야
될 것이니라.
4 너희들이 인간 세상에 하나의 점수를
더 맞기 위하여 코피 흘리며 밤잠 자
지 아니하고 공부하는 그와 같은 사람
들만큼, 과연 너희들이 나의 법전을
만들며 이 세상의 만백성을 구하는 데
얼마만큼 노력했느냐, 내가 물어보라
그리하였음이니라.
5 나의 성령이요, 이 법전이 나 여호와
의 뜻이며, 창조주가 마지막 시대에
심판하기 위해 내리는 것이며, 새로운
성경이라는 것을 만백성이 늦게 깨우
쳐, 그들이 달려와 이를 역사하고자
할 때,
6 과연 너희들이 설 자리가 어디 있으
며, 너희 그림자가 보일 거라 생각하
는가?
7 오늘의 너희들에게 우선 기회를 주었
으며 너희들이 나로부터 상을 받을 수
있는 그 영광의 은혜를 주었거늘,
8 어찌하여 이를 감사하게 생각하지 못
하며, 네 목숨이요, 모두를 다 바쳐 네
가 여기서 밀려나기 전까지, 떨어져
나가기 전까지,
9 많은 백성들이요, 너희들보다 더 가지
고 있는 자, 능력 있는 자, 배움이 있
는 자들이 이것이 나 여호와의 뜻이
요, 하나님의 뜻이라 하여 세상에 만
백성을 위하여 지고 이고 전하며 만드
는 그와 같은 역사를 이룰 때,
10 너희들을 어디서 찾으며, 너희들의 흔
적을 어디서 찾을 수 있다 생각하는가?
11 너희들은 묻혀져서 그때는 너희들의
모습은 보이지도 아니하며 찾을 수도
없는 것이니라.
12 그리하여 너희들이 물러나지 아니하
며 찾을 수 없는 백성이 되지 아니하
게 하기 위하여 내가 오늘에 노력할
수 있는 기회를 먼저 준 것이니,
13 너희들이야말로 얼마나 은혜요, 영광
된 속에서 선택된 백성인가?
14 그것을 모르고 감히 갑론을박하며 시
시비비하며, 오늘의 너희들이 힘들고
어렵다 하여 그 공의 대가를 받으려
하며,
15 그 역사가 없으니 너희들이 더 이상
가기 싫으며 더 이상 행하고자 하는
마음이 없고 흔들리는 자들이라면, 정
녕 너희들이 얼마나 불쌍한 백성들이

더냐?
16 나의 법전이 세상을 덮는다 했으니,
세상을 덮을 때, 만백성이 와 이것이
나 여호와의 뜻이요, 진리라 하여 깨
닫는 자들이 구름 떼처럼 모여들어 너
희들이 그 능력을 따를 수 없으며, 그
들이 역사하는 것을 따라가지 못할 인
재들이 모여들 때,
17 과연 너희들이 오늘처럼 나의 아들과
더불어 이 법전을 만들며 역사할 수
있는 기회와 시간이 너희들에게 있다
생각하느냐?
18 그 시간이 얼마 남지 아니하였거늘,
너희들에게 공을 세울 수 있는 그 시
간을 준 것을 그리도 모르고, 감히 오
만하고 방자한 생각을 하고 가는 자가
있다면, 너희들은 주제 파악을 하지
못하는 자들이니라.
19 그러니 그와 같은 자들이 나의 아들
예수를 따르다 등을 돌리고 떠났듯이,
너희들도 그와 같은 것과 조금도 다른
자가 없음을 알아야 될 것이니, '너 자
신을 알라' 그리 전하라.
20 너희들이 얼마나 노력을 했느냐?
21 너희들이 물속에 사는 물고기요, 인간
이 대화가 통하지 아니하며 행동을 알
아듣지 못하며 언어를 모르는 그와 같
은 자들을 훈련을 시키고 훈련시켜 인
간이 원하는 쇼를 보여 주며 그들의
형태를 보여 주며, 그와 같은 것을 할
때,
22 그 조련사가 얼마만큼 노력과 힘을 기
울여 얼마만큼 그 짐승을 사랑했으며
그 짐승을 아끼며 그에게 신뢰를 주었
으며 그에게 믿음을 주었으면 물고기
가 그 조련사가 하는 대로 흉내를 낼
수 있겠는가?
23 거기에 얼마나 깊은 사랑이요, 진실이
있으며, 얼마나 신뢰를 주고받았겠는
가?
24 너희들은 그와 같은 사랑도 갖지 못하
며 주지도 못하는 자요, 그를 깨우쳐
가르치는 그 수고로움만큼이라도 했
는가?
25 날짐승에게 말을 가르치는 그 조련사
의 고통이 하루아침에 이루어졌다 생
각하는가?
26 모든 동물들이 너희들이 볼 수 있도록
눈요기를 시켜 주며 그들이 주인의 뜻
에 따라서 행동하는 것, 너희들이 갈
채를 보낼 때까지 얼마만큼 노력을 했
겠는가?
27 그리고 얼마만큼 그에게 관심을 기울
였으며 그를 사랑했으며 그를 믿었으
며 서로 믿음을 가지고 동물과 인간관
계를 이루어 그와 같이 만들어 놓았겠
는가?
28 너희들은 그만큼도 노력하지 아니하
고 나 여호와의 역사를 이루는 것, 그
리고 상을 받을 것, 은혜를 받을 것,
축복받을 것만을 생각하는 너희들이
되어서는 아니 됨을 알아야 될 것이니
라.
29 사람이 감히 근접하지 못하는 그 맹수
들을 훈련시켜 무대에서 연기하는 것,
인기 절정의 박수를 받을 수 있도록
하며 그 조련사가 시키는 대로 행할
수 있도록 너희들이 훈련시켰을 때,
그들의 노력과 고통이 얼마나 강했으
며 얼마나 심혈을 기울였겠는가?

30 과연 너희들은 나의 법전을 만들어 만
백성을 구하는 데 얼마만큼 노력했는
가?
31 지금도 저 자신을 모르며 분수를 모르
며 제 위치를 모르는 가련한 자들이
라, 그들에게 깨우쳐 주도록 그리하라.
32 인간이 맹수에게 연기를 시키며, 무대
에 올려 박수를 받으며 조련사의 뜻에
따를 수 있도록 할 때, 얼마나 신뢰를
주었으며, 얼마나 그 동물을 사랑했으
며, 그를 보듬어 주었으며, 그와 하나
가 되었겠는가?
33 하나가 되었기에 의사소통이 되지 아
니하는 맹수와 사람과 그리고 미물들
과 모두가 다 하나가 되어 이루는 기
적 같은 역사를 보면서,
34 너희들이 과연 나의 법전을 위하여 나
의 아들을 따라 만백성을 구하는 데,
얼마만큼 노력했으며 심혈을 기울였
는가, 너희 자신을 들여다보도록 그리
하면 너희들이 알 것이니,
35 네 자체를 파악하며 너 자신을 분석해
보며, 오늘의 네가 있음을 알라.
36 모든 역사는 천재와 같은 자들이요,
능력 있는 자들이 구름 떼처럼 밀려들
어 왔을 때, 너희들이 자신을 어디서
찾을 수 있으며, 네 이름을 찾을 수 있
겠는가?
37 그곳에서 너희들이 지키고 버틸 수 있
는 것은 오늘 내가 너희들에게 베풀어
준 그 시간 속에서 남들이 이룰 수 없
는 노력과 공을 역사하여 너희들이 나
의 법전을 한 권이라도 더 만드는 데
최선을 다하는 것만이 너희들의 이름
이 기록되어 남을 수 있으며,
38 만백성이 너희를 기억할 것이며, 너를
밟고 지나가지 아니한다는 그것을 모
르는가?
39 그 은혜와 영광을 주었거늘, 너희들이
감히 시시비비하며 불평불만 하며, 미
워하고 시기하는 마음이요, 나의 성전
에서 너희들이 가슴 아픈 말을 할 수
있겠는가 생각해 보도록 그리 전하라.

8,420 번째 하나님 말씀

2003년 11월 14일 12시 23분

1 사랑하는 나의 아들아!
2 "네, 아버님! 말씀하옵소서."
3 내가 너에게 명하여 만백성에게 전하
라 하였음이니라.
4 모든 종교 집단이요, 지도자요, 지금
구원을 받았다는 백성 너희들이 창조
주 나 여호와의 턱에 난 그 수염을 뽑
으려 대드는 자들과 똑같은 행위를 하
는 자들이며,
5 나 여호와의 두려움과 무서움을 모르
는 자들이라 내가 너에게 그리 가르쳤
음이니라.
6 그 백성들에게 너는 다시 한 번 깨우
쳐 줘야 될 것이니라.
7 너희들이 나에게 오르며 내 뜻에 따라
역사하는 것은 내가 너희들에게 내려
주며, 명하여 주며, 내가 너희들에게
지혜를 내려 줌이니라.
8 그와 같이 내가 너희들을 기억하여 내
역사요, 내 뜻이요, 지혜를 내려 줄 수
있는 것은 무엇이더냐?
9 바른 삶이요, 참진리로 살아가고자 노
력하는 백성에게 그 모두를 내려 주며

은혜가 있음을 알아야 될 것이니라.
10 너희들이 아무리 나를 쫓아다니며 나
를 따라다니며 나를 부르짖는다 해도,
11 너희들이 가는 길이 참진리요, 진정한
아름다운 삶이요, 나의 계명을 지키고
살아가려 하지 아니하는 자는, 아무리
너희들이 쫓아다니며 울고불고해도
아무것도 이루어지는 것이 없으며, 역
사하는 것이 없다는 것을 알라.
12 변하고자 노력하는 백성 속에 내가 모
두를 내려 줌이니,
13 내가 내려 주었을 때, 너희들이 깨달
음이 있으며, 하늘에 오르는 빛을 볼
수 있으며, 또한 구원의 역사를 얻을
수 있는 것이니,
14 내가 너희들에게 내려 주는 그 영광을
얻도록 노력하라.
15 그저 맹목적으로 나를 찾으며, 나를
쫓아다니며, 울고불고 무엇인가 이루
어 달라는 그와 같은 생각으로 가는
자, 절대 아무것도 보지 못하며 이룰
수 없는 것이 너희들이라 하지 아니하
였더냐?
16 너희들은 여기서 깊이 깨우쳐야 될 것
이니라.
17 나의 참진리를 따라서 역사하고자, 바
른길을 가고자 하는 자는 성령이 임하
는 것이요, 하늘의 뜻에 의해 살아가
는 자요,
18 그와 같은 행동은 하지 아니하고 오로
지 나를 쫓아 울고불고 소원하며 기도
하는 것으로써 모든 게 이루어지는 것
처럼 그와 같이 가는 자,
19 너희들은 인간의 속성이요, 땅의 생각
에서 하나도 벗어나지 못한 자요, 한
발자국도 위로 오르지 못한 자들이기
때문에 그와 같은 생활에 얽매이며,
그와 같은 믿음에 얽매이며,
20 그와 같은 너희들의 삶이 모두 나에게
구원에 오르는 길이라 그리 생각하고
살아가는 어리석은 백성이라는 것을
알라.
21 이제 너희들은 나를 쫓아와 이루고자
하는 것이 아니요, 내가 내릴 수 있도
록 너희들이 참진리로 변화되는 삶이
요, 천사와 같은 마음으로 살아가고자
노력하라.
22 그리고 나 여호와의 마음을 닮아 가고
자 하는 삶을 사는 그것만이 너희들이
모두를 얻을 수 있는 것이라는 걸 잊
지 말라.
23 인간의 속성을 아직도 버리지 못하며,
땅의 생각을 버리지 못하며, 땅에서
한 발자국도 벗어나지 못하고 있는 오
늘의 삶이며 믿음의 길을 가는 백성들
이니,
24 너희들이 땅에서 하늘로 오르는 그와
같은 변화되는 삶이요, 너희 자신이
그 경지에 오르지 아니하면 아무것도
보지 못하며 얻지 못하며 이루지 못한
다는 것을 명심하고 또 명심해야만 될
것이니 그리 알라.

8,421 번째 하나님 말씀

2003년 11월 14일 12시 30분

1 사랑하는 나의 아들아!
2 "네, 아버님! 말씀하옵소서."
3 나의 성령으로써 모두가 역사하며 내
뜻을 이루는 것은 너희들이 나의 아들

을 통하여 내리는 160권의 새로운 성
경이요, 그리고 내가 법전이라 하여
내리는 이 책,
4 '하나님! 말씀하옵소서.', '하늘에 오르
는 길'이라는 이 책을 통하지 아니하
고는 절대 나의 뜻을 이룰 수 없으며,
내가 계획하는 것을 너희들이 알 수
없으며, 더욱이 나에게 다가올 수 없
다는 것을 너희들은 알아야 될 것이니
라.
5 내가 160권의 새로운 성경이라 하여
내려보내는 나의 이 법전을 읽고 깨닫
는 자, 그와 같은 백성만이 너희들이
과거의 삶이 무엇이며, 과거에 내가
역사하던 것이 무엇이며,
6 오늘의 너희들의 삶이요, 깨우쳐야 할
것이 무엇인가를 알게 되며,
7 미래에 나 여호와가 위대한 역사를 이
루는 그 모두를 너희들이 한눈에 볼
수 있으며,
8 그리하여 거기에 대비하여 역사하며
참여하는 백성으로 살아갈 수 있는 깨
달음을 얻을 것이며, 그 기회를 너희
들이 얻게 됨을 알아야 될 것이니라.
9 내가 지금 나의 아들을 통하여 내리는
나의 법전을 너희들이 읽지 아니하며,
이를 보고 깨우치지 아니하고는 결코
미래요, 또한 이루고자 하는 내 뜻을
아무도 알 수 없으며, 내가 계획하는
것도 알 수 없는 백성이니라.
10 그러니 내 뜻이 무엇이며 내가 계획하
고 이루는 것을 모르는 백성이 어찌
나에게 오를 수 있으며, 나의 나라에
올 수 있으며, 내 뜻에 의해 살아가는
백성이라 말할 수 있겠느냐?
11 너희가 지금 잘못 살아온 부분과 잘못
살아가고 있는 것,
12 그리고 너희들이 무엇을 깨우쳐 어찌
살아가야 되는지, 그리고 너희 자신을
어찌 다스려 가야 되는지,
13 인간관계의 삶을 어찌 살아야 너희들
이 하늘에 오르며 나에게 올 수 있으
며, 하늘에 오르는 빛을 볼 수 있는지,
14 그 모든 내용이 나의 법전에 상세히
기록되어 있으니,
15 이 백과사전을 보지 아니하고는 구원
을 받을 수 없음을 너희들은 알아야
될 것이니라.
16 그리하여 내가 너희들에게 다시 전함
이니라.
17 새로운 성경이요, 나의 법전 160권의
이 책을 읽지 아니하고는 절대 너희들
이 나에게 오는 길조차도 볼 수 없으
니,
18 그를 읽고 깨우치는 자만이 거기에 모
두가 다 기록되어 있음을 알게 될 것
이며,
19 그대로 행하는 자만이 구원을 받을 수
있다는 것을 절대 잊지 말라, 사랑하
는 나의 아들딸들아!

8,422 번째 하나님 말씀

2003년 11월 14일 12시 34분

1 사랑하는 나의 아들아!
2 "네, 아버님! 말씀하옵소서."
3 지금의 종교 지도자 너희들이 단상에
서서 설교라 하여 강론하고 열변을 토
하나, 과연 나의 뜻을 위해 내 뜻을 전
하기 위해서 너희들이 그와 같은 길을

가고 있는가?
4 그리고 사랑하는 나의 백성들을 구원
하기 위하여 너희들이 그와 같은 위대
한 일을 하고 있다 생각하는가?
5 내가 보는 너희들은 그와 같은 자들이
아니니라.
6 저 자신의 성공의 잣대를 더 키우기
위하여 모두를 행하고 있는 자들이라
내가 그리 바라보며 그리 평가하고 있
음이니,
7 너희들 자신도 과연 너희 자신을 위하
여, 자신의 성공의 비결을 위해서, 제
가 성공의 그 단상에 오르기 위해서,
8 남으로부터 존경받는 자가 되기 위하
여, 남에게 지지 않는 자가 되기 위하
여,
9 너희들이 물리적으로 경제적으로 또
종교 집단으로써 가장 큰 교회요, 성
전을 갖기 위하여 지금 설교하고 단상
에서 강론하고 있는 것은 아닌가,
10 너 자신을 한 번 들여다보고 너 자신
을 생각해 보도록 그리하라.
11 지금의 모든 종교 집단 너희들이 인간
저 자신의 성공이라는 단어에 모든 목
표를 두고 있으며, 그 목표를 달성하
기 위하여 행하고 살아가는 것이라는
것을 나는 알고 있음이니라.
12 너희들이 아니라 말하나, 내가 보는
너희들의 그 속성의 마음은 그곳에 더
치우쳐 있는 것이니라.
13 그리하여 오죽하면 너희들이 말하기
를 '불공에는 관심이 없고, 거기에 차
려 놓은 잿밥에만 관심을 갖는다.' 하
니,
14 그 말이 바로 오늘 종교 집단 지도자
너희들에게 속하는 것이며, 너희들에
게 해당되는 말임을 알아야 될 것이니
라.
15 너희 신도들 앞에 네 명성을 더 높이
고자 너 자신이 설교를 하고 있는 모
습은 아니던가?
16 정녕 그와 같은 모습일 때, 너희들이
참진리를 깨우치고 연구하는 자들인
가?
17 그러니 너희 자신이 얼마나 초라하고
불쌍한 백성들이더냐?
18 나의 진리를 가르치는 것은 영원히 존
재하나, 네 명성을 드높이기 위하여
가르치는 것은 한갓 바람결에 지나가
는 소리만도 못하거늘,
19 그것을 가지고 지금 그를 말씀으로 팔
아 나의 백성들에게 각종 헌금이요,
재물을 거둬들이는 그와 같은 사악한
짓을 하고, 육의 향락을 위해 살아가
는 자들이 아닌가 생각해 보라.
20 너희가 강단에 서서 설교하는 것은 너
자신을 위하여, 네 머리로써 네가 짜
낸 것이며, 네 손으로 써 놓은 것이며,
네 머리와 손으로 꾸미고 연구하여 만
들어 놓은 연극 대본의 각본이 아닌가?
21 그리하여 너희들이 쓰고 연출하는 형
국을 하고 있는 것이 오늘의 너희들이
니라.
22 그러니 너희들이 각본을 써서 거기에
맞도록 네 취향에 맞도록 만들었음이
니, 너희들이 연출한 그것을 얼마나
잘 소화해 내겠는가?
23 그러니 너희들이 제일 똑똑한 자요,
가장 위대한 자라 말하는 자들이니라.
24 그리하여 자신의 오만과 교만을 모르

는 자요, 그 자신에 도취되어 있음이
니라.
25 제가 제 취향에 맞도록 각본을 썼으며
그리고 그 각본에 따라서 제가 연출함
이니, 얼마나 너희들이 연기와 연출을
잘하겠는가?
26 그러니 남들에게 너희들이 당당하게
보여 주는 모습이요, 당당하게 보이고
자 하는 것이 너희들이 아니던가?
27 그와 같은 것이 오늘의 종교 지도자들
이 하고 있는 형태요, 행위임을 너희
들은 알라 그리 전하느니라.

8,423 번째 하나님 말씀

2003년 12월 14일 12시 37분

1 사랑하는 나의 아들아!
2 "네, 아버님! 말씀하옵소서."
3 내가 표현할 수 없이 너희들이 잘못
가며 잘못되었다는 것을 나의 160권
의 법전에 수없이 기록하고 전함이니
라.
4 그러나 너희들은 아니라 하며, 나의
아들이 잘못된 자요, 가르치는 나 여
호와가 사탄의 왕이라 그리 말하고 있
음이니, 너희들은 알아야 될 것이니라.
5 오늘의 너희들이 진정한 믿음이요, 하
늘에 오르는 길을 가르치는 집단이요,
종교 지도자라 하여 수천 년 동안 네
인생을 다 바쳐, 네 생명을 다 바쳐 너
희들이 수많은 백성들을 가르치는 그
와 같은 역사의 전통이 흘러오지 않았
던가?
6 그리하여 너희들의 조상이 그리해 왔
고 너희도 몇십 년 동안 나의 피조물
만백성을 하늘에 오르는 길이라 하여
가르치고 있음이니,
7 너희들이 강단에서 설교하며 가르친
그 가르침을 듣고 과연 이 세상에 한
사람의 의인이라도 너희들이 만들어
냈는가?
8 수천 년 동안 믿음을 가져 오는 너희
들이 그 뿌리의 역사하는 속에서 의인
을 한 사람도 배출하지 못하였으며,
만들어 내지 못했음이니라.
9 지금의 종교 집단의 지도자 너희들이
평생을 바쳐 설교하고 강론을 하고 나
의 피조물 만백성을 가르쳐 전한다 하
나, 너희들이 과연 의인 한 명이라도
세상에 배출하고 만들었는가?
10 나 여호와는 이를 알고 있음이니라.
11 너희들이 한 명도 나에게 의인을 만들
어 전한 적이 없으며, 천사와 같은 백
성을 만들어 나에게 보낸 일이 없음이
니,
12 그러니 너희들이 잘못된 자들이요, 잘
못된 믿음이요, 나와는 관계없는 길을
가는 자들이라 그리 말하지 아니하였
던가?
13 너희들이 진정한 길이요, 아름다운 길
이요, 나의 참진리를 가르치고 가르쳤
더라면, 2천 년 전부터 물이 흐르듯이
왔더라면,
14 그 물이 흘러와 쌓이듯이 너희들의 아
름다운 모습은 쌓이고 쌓여 지금 2천
년 후에 나의 백성들은 단단한 반석
위에 참진리를 깨우쳐 의인으로서, 천
사와 같은 백성으로서 나에게 초청받
으며 나에게 올 수 있는 백성이 수없
이 있었을 것이니라.

15 그러나 기초부터 썩은 것이요, 기초부
터 잘못된 것이 그저 암흑의 세계에서
진흙탕에서 서로 물고 뜯는 그와 같은
형국이었음이니,
16 2천 년이 흘러와도 제대로 집을 짓기
위한 벽돌 하나를 놓지 못했으며, 그
터를 닦지 못하였으며, 기초를 다지지
못했으니,
17 거기서 어찌 의인이 나오며, 아름다운
건축물의 집이 나올 수 있다 하느냐?
18 아름다운 건축물이 나올 수 없듯이,
너희들이 한 사람의 의인이요, 천사가
나올 수 없음이니라.
19 오늘까지 2천 년 동안 흘러오면서 너
희들은 우리 부자의 이름을 팔아 장사
를 하는 것만 계속 유지됐으며, 그 장
삿속에 혈안이 된 백성이니,
20 이를 부인하고자 한다면, 너희들이 의
인의 명단을 나에게 제출해 보라.
21 만일 너희들이 의인이요, 천사와 같이
사는 백성을 내 앞에 한 사람도 제시
하지 못할 때, 바로 너희들은 잘못된
자들이요, 장사꾼으로서 장사하기 위
하여 너희들이 나의 아들의 보혈을 팔
았으며 나를 판 자들이라는 걸 알아야
될 것이니라.

8,424 번째 하나님 말씀

2003년 11월 14일 12시 41분

1 사랑하는 나의 아들아!
2 "네, 아버님! 말씀하옵소서."
3 나의 아들 예수는 2천 년 전에 나에게
무엇을 바쳤는가?
4 나 여호와의 뜻을 역사하기 위해 자신
의 생명을 바쳐 그 고통의 길을 갔음
이니라.
5 하나밖에 없는 생명을 바쳐 나의 뜻을
역사하고자 했던 것이 나의 아들 예수
이니라.
6 그러니 나의 아들 예수보다 더 높은
자리에 있는 자가 구원을 받았다 말하
는 종교 집단이요, 지도자들이요,
7 그리고 나의 백성들이 하늘에 오르는
황금의 열쇠를 다 가지고 있다 말하는
자, 그리하여 가르치는 나의 백성으로
부터 수많은 것을 거둬들이고 착취하
는 너희들,
8 과연 너희들은 무엇으로써 나에게 바
쳤으며 무엇을 나에게 던졌는가, 나는
너희들에게 물어보고자 함이니라.
9 너희 지도자 자신의 생명이 아니면,
너희들이 가지고 있는 그 재물이라도
아낌없이 나에게 바치는 그와 같은 역
사를 하였는가?
10 과연 종교 지도자 너희들이 봉사하는
마음으로써 그와 같은 행동으로 나에
게 무엇을 보여 주었는가?
11 너희가 나를 사랑하며 나에게 오고자
나에게 바치고자 한다면, 너희 이웃의
어려운 백성들에게 모두를 던져 주는
것이 나에게 바침이라 하였음이니라.
12 그러니 과연 종교 집단의 지도자 너희
들이, 나의 피조물 만백성을 하늘로
인도하는 자, 너희들이 나의 아들 예
수처럼 목숨을 바쳐 그 대명을 이루지
는 못했다 하더라도,
13 너희들이 재물을 가지고 있는 것을 만
백성을 위하여 던져 주었는가, 그리고
그를 위하여 너희들이 바쳤는가?

14 너희들이 그보다 더 사악한 방법으로
써 네 창고에 쌓아 놓으며, 그를 관리
하며, 너희 자식들까지도 대대손손 편
안히 살아가게 하고자 하여 거둬들이
고 모아 놓는 그와 같은 짓을 하고 있
는 것이 오늘의 종교 지도자라면,
15 나의 아들이 목숨을 바쳐 나의 역사
요, 내 뜻을 이루고자 한 거기에 비하
여 너희들은 과연 어떠한 자들인가?
16 그러니 내가 이 세상을 보기도 싫으
며, 쳐다보기도 싫으며, 너희들이 사
악하여 지금 병들어 가는 그 냄새를
맡기도 역겨움이라 함이니, 너희들은
알아야 될 것이니라.
17 그러면서 너희들은 감히 무어라 말하
느냐?
18 제 자신은 재물 하나도 베풀어 만백성
을 구원하지 못하며, 더 많은 금화요,
더 많은 생활비를 거둬들이면서, 무엇
으로 나의 피조물 만백성들에게 군림
하느냐?
19 너희들은 '바치라, 베풀라, 봉사하라,
그것이 나에게 오르는 것이라'며 말품
을 팔아먹고 말장난을 하고 있는 자들
이 너희들이 아니던가?
20 종교 지도자 너희들은 나에게 아무것
도 바치지 않고 역사하면서, 저 자신
의 희생을 하지도 못하는 자들이 나의
피조물 만백성들에게는 바치라 명하
니,
21 거짓된 기도요, 거짓된 설교요, 그와
같은 짓을 이제 너희들이 중단할 때가
되었음을 알라.
22 더 이상 내가 이를 보지 아니할 것이
며, 이를 용서하지 않을 것이니라.
23 나는 듣지도 아니하며 나와는 관계도
없는 허황된 거짓말의 기도로써 나의
피조물 만백성을 우롱하는 짓을 중단
할 때가 되었음을 이제 너희들은 알아
야 될 것이니라.

8,425 번째 하나님 말씀

2003년 11월 14일 23시 21분

1 사랑하는 나의 아들아!
2 "네, 아버님! 말씀하옵소서."
3 너희들이 어려서 성장하면서 공부를
열심히 하며 학업에 충실히 하여 남들
에게 뒤지지 않는 삶이요, 금의환향하
여 이름을 널리 알릴 수 있는 사람으
로 변하고자 그리 생각하느니라.
4 그러나 말로는 공부를 하겠다 하나 막
상 학업에 매진하지 아니하면, 결국
그에게 얻어지고 이루어지는 것은 무
엇이더냐?
5 제가 차곡차곡 노력하는 것, 한 계단
한 계단 올라가는 것, 그리하여 그 배
움의 시간을 충실히 활용하고 살아가
는 것만이 그가 원하고 이루고자 하는
그 모두가 이루어질 것이며,
6 꿈은 크게 그리나 노력하지 아니하는
자는 결국 아무것도 이룰 수 없는 것
이 아니더냐?
7 그러니 내가 너희들에게 십계명 다음
에 한 줄을 더 넣은 의미가 바로 거기
에 있음이니라.
8 '나 여호와가 존재함을 믿는 그 자체
가 구원의 길에 들어서는 기본이요,
근본이라' 하였음이니, 너희들이 과연
나를 믿는 마음의 자세가 어찌되었는

가?
9 너희들이 나 여호와가 존재함을 믿는
마음이 정녕 영원히 변하지 아니하며,
모두를 역사함에서 내가 존재한다 생
각하고 살아가는가?
10 어렵고 힘든 그 고비 때마다 너희들의
마음이 변화되지 아니하며 동요하지
않는 마음으로써 과연 그 길을 가고
있는가?
11 너희들은 공부하지 아니하며 학업에
매진하지 아니하면서, 꿈만 크게 꾸며
큰 그림만 그리고, 노력은 하지 않는
자의 결과처럼,
12 너희들이 내가 존재하는 것을 믿고 따
름으로 모두가 역사하는 기본이요, 근
본이며, 그 길이 너희들이 모두를 다
이룰 수 있는 것이거늘,
13 말로만 나를 믿는다 하나 행함에 있어
서는 믿지 아니한다면, 너희들은 아무
것도 이룰 수 없으며, 나를 볼 수도 없
으며, 내 음성을 들을 수도 없으며,
14 그리하여 그와 같은 백성은 이미 버려
질 자들이기 때문에 나와 관계없는 백
성이라는 그 의미를 너희들이 알아야
될 것이니라.
15 그러니 너희들이 말로써 그림을 그리
며 말로써 충성하며 말로써 모두를 역
사하는 것처럼 큰 계획을 세우는 자,
너희들이 정녕 믿음은 그와 같이 행하
지 아니하면 모두가 다 물거품과 같은
것이니,
16 너의 제자들은 이제 말로써 약속을 하
기 전에, 모든 살아가는 삶에서 나 여
호와가 존재함을 믿으며, 내가 항상
같이하고 있다는 그 마음으로써 굳어
질 때, 거기에 모두가 역사함을 알라.
17 너희들 인간 세상에 흘러가는 말에 그
런 말이 있지 않더냐?
18 '굳은 땅에 비가 내렸을 때 물이 고인
다.'는 말이 있듯이, 너희들이 나 여호
와가 존재함을 믿는 그 마음이 굳고
단단히 굳어졌을 때, 너희들이 모든
나의 진리요, 나의 뜻에 의해 살아갈
수 있는 그 바탕이 거기서 이루어짐이
니라.
19 그러니 단단하게 굳어진 자, 단단하게
믿는 자, 그리고 영원히 변하지 않고
가고자 하는 자, 어떠한 역경과 고통
속에서도, 죽음 앞에서도 변하지 않는
마음의 자세를 가지고 가는 백성만이
모두를 이룰 수 있다 함이니라.
20 내가 너희들에게 무어라 하였느냐?
21 뒤로 넘어져 코가 깨져도 그 모두가
나 여호와의 뜻이요, 내가 역사한다는
그 마음이 변하지 않는 마음으로 가라
한 그 의미를 깊이 깨우쳐야 될 것이
니 그리 알라.

8,426 번째 하나님 말씀

2003년 11월 14일 23시 25분

1 사랑하는 나의 아들아!
2 "네, 아버님! 말씀하옵소서."
3 내가 너에게 전한 뜻을 다시 한 번 너
의 제자들이요, 나의 법전을 읽는 백
성들에게 전하고자 함이니라.
4 내가 너희들에게 내리고자 하는 것은
나의 언약을 지켜 주며, 언약을 실행
하여 너희들에게 상을 내리는 것, 그
를 너희들에게 역사해 주는 것이 나

여호와의 가장 큰 기쁨이요, 즐거움이
니라.
5 그러나 너희들은 나의 즐거움이요, 기
쁨을 역사해 주는 백성이 하나도 없음
이니, 과연 수십억 인구의 나의 아들
딸 중에 그와 같은 자가 없다면, 내 마
음이 어떠하겠느냐?
6 내가 너희들에게 언약한 것, 그리고
약속한 것을 모두 나는 행하며 그를
너희들에게 주고자 하나,
7 너희들이 받을 자가 하나도 없으며 받
을 준비가 되어 있는 나의 백성이 하
나도 없다면, 그리하여 내가 너희들에
게 그 언약을 행하지 못한다면, 내 마
음이 과연 어떠하겠는가?
8 그러면서 너희들은 그리 말할 것이니
라.
9 나 여호와는 언약을 지키지 않는 하나
님이요, 욕심의 하나님이라 그리 말하
지 않겠는가?
10 정녕 나 여호와가 너희들에게 언약한
것을 충실히 행하고 지키고자, 이제는
너희들의 마음이 변했을 것이라 하여
내가 너희들에게 그 모든 상을 주고자
가지고 와 너희들을 내려다보니, 변한
자가 없어서 주지 못하는 나의 마음이
과연 어떠하겠는가?
11 그러면서 너희들은 나에게 언약을 지
키지 않는 하나님이요, 욕심의 하나님
이라고 불평불만 하며 떨어져 가고 떠
나가는 자가 과연 얼마나 많이 있는가?
12 그러니 그와 같은 것을 보는 내 마음
을 너희들은 이해해야 될 것이며, 그
마음이 어떨 것인가를 들여다보도록
그리해야 될 것이니라.
13 나의 언약을 믿고 기다리며 상을 받을
백성이 없다면, 내 마음이 네가 말하
듯이 이 세상에 어떠한 것과도 견줄
수 없는 아픈 마음임을 너희들은 알아
야 될 것이며,
14 내가 언약한 상을 내려 받을 수 있는
백성이 있을 때, 이 세상의 어떠한 것
보다도 나의 큰 기쁨임을 알라.
15 이제 너의 제자들은 그와 같은 내 약
속이요, 언약의 상을 받을 수 있는 백
성이 되도록 네가 그들에게 깨우쳐 주
어야 될 것이니라.
16 나의 법전을 읽는 백성이요, 나의 법
전을 가지고 연구하며 나의 아들에게
내리는 강론을 듣는 백성, 너희들이
내가 법전에 기록하여 언약한 그 모두
를 인내하고 기다리고 견디어 준다면
그 모두는 다 역사하고 이루어지는 것
이거늘,
17 그것을 너희들이 역사하지 못하며 기
다리지 못하는 자들이니라.
18 너는 너의 제자들에게 그리 말하느니
라.
19 지금의 구원의 길이요, 믿음의 전당이
요, 구원을 받았다는 자, 그리고 신앙
생활 하는 자, 너희들이 평생 죽을 때
까지 그 종교 집단이요, 지도자들이
육의 생활을 편안하게 살아갈 수 있으
며 그리하여 나에게 믿음을 매진하며
그와 같은 기틀이요, 만백성을 구할
수 있는 육의 세상에서의 상을 내려
주는 일이 있는가?
20 그러나 나의 법전을 읽고 깨우치는 자
는 나의 아들이 내가 역사하는 걸 대
신하여 너희들에게 육의 편안한 삶이

요, 그 모두까지 이루어 주는 역사를
너희들이 죽기 전에 볼 수 있다 그리
하였음이니,
21 그것이 바로 내 뜻이며, 내가 역사하
는 것이라는 것을 너희들은 모르겠는
가?
22 내 모든 언약은 그와 같이 지켜질 것
이니, 받을 수 있는 너희들이 되어야
될 것이며, 기다리고 인내하는 백성이
되어야 될 것이라는 것을 절대 잊지
말라.
23 내가 너희들에게 내리고자 하는 것을
내려 주고자 하나, 너희들이 그 자리
에 없다면 내 마음이 아픔을 다시 한
번 전하고자 기록함이니 그리 알라.

8,427 번째 하나님 말씀

2003년 11월 14일 23시 30분

1 사랑하는 나의 아들아!
2 "네, 아버님! 말씀하옵소서."
3 지금의 종교 지도자가 나의 백성과 나
여호와 사이에서 무슨 역할을 한 줄
알겠느냐?
4 종교 집단이요, 지도자라는 자들이 사
랑하는 나의 아들딸과 나 여호와 사이
에 끼어 물건을 사고파는 중간 거래상
의 짓만 하고 있었음이니라.
5 물건을 사고파는 거래상이 무엇이더
냐?
6 사는 사람으로부터 구전을 받으며 또
파는 사람으로부터 구전을 받는 그와
같은 자들이 아니던가?
7 그들이 나의 사랑하는 백성들과 나 여
호와 사이에서 그와 같은 행위를 하며
그 역사를 지금까지 해 온 것이 너희
들의 모든 신앙생활이었음이니라.
8 아래위로 너희들이 나의 이름을 팔고,
또 내가 역사하는 것을 아는 것처럼,
그리고 이 세상의 이치요, 하늘의 뜻
을 아는 것처럼,
9 아래로는 나의 백성들을 이용했으며,
위로는 나 여호와를 이용했으며,
10 나의 백성들을 부추겨 광분하여 정녕
사는 물건이 가치 있는 물건인지 쓸모
있는 물건인지 그것을 구분할 수 없도
록 하여 중간상인으로서 물건을 팔아
넘기는 데만 최선을 다한 자이니라.
11 병든 짐승이든 아니든 팔아넘겨 구전
만 챙기기 위하여 몸부림치는 중간상
인과 같은 자요,
12 그러니 구전을 챙기고 나선 책임이 없
으며 거기에 대한 어떤 의무나 사명감
도 갖지 못하며, 그저 구전만 받고 팔
아넘기면 되는 것처럼 살아가는 그들
과 똑같은 형국이 되어 있는 자들이니
그리 알라.
13 너희들이 구전을 챙기면서 병든 것을
팔아 그다음에 그게 죽어 가치가 없으
며 그 물건이 부서져서 쓸 수 없는 것
은 관계치 아니하며 그저 구전만 챙기
는 자, 그와 같은 자들이 오늘의 종교
집단이요, 지도자 너희들이 하고 있는
행위임을 알아야 될 것이니라.
14 이제는 너희들이 말장난으로써 중간
에서 구전을 챙기는 그와 같은 행위를
더 이상 해서는 아니 될 것이니라.
15 그와 같은 행위를 내가 더 이상 볼 수
없어, 이제 나의 법전을 내려 만백성
을 깨우치며 너희들을 심판하고자 하

는 것이 나 여호와의 뜻이니라.

16 그리하여 내가 제3의 시대라 하여 이 시대를 열어 가며, 나의 성령의 모두를 태워 사랑하는 나의 백성 너희들에게 한 번의 기회를 더 주기 위하여 오늘에 역사함이니,

17 이제 너희들이 겉치레요, 말로써 장난하며, 설교로써 나의 피조물 만백성을 유혹하는 자들에게 현혹되지 말라.

18 다 썩고 썩은 그 장식물에 겉치레만 하여 그저 세워 놓고 파는 것이니, 그 물건을 사 가지고 너희들이 이동하고 움직이기 전에 다 부서지는 썩고 낡은 것들을 그저 간신히 일부만 장식을 해서 팔아먹는 그와 같은 자들과 똑같은 것이 오늘의 종교 집단이요, 지도자들이요, 그들의 가르침이 그러하니라.

19 말로써 포장되었으나 그 속은 다 썩었으며, 그 냄새가 지상을 오염시키고 하늘까지도 오염시키는 지금의 형국이라는 것을 잊지 말라.

20 그들이야말로 다 썩은 것을 가지고 장식품에 무엇을 발라 놓은 것처럼 겉만 위장하여 팔아먹는 그 사악한 자들의 가르침이요, 설교는 나와 관계없으며,

21 거기에 가서 울고불고 손뼉치며 콧물 눈물 흘리며, '주여, 주여!' 부르는 자, 내가 성서에 나의 아들을 주라 부르는 것이 구원의 길이 아니라, 나 여호와의 뜻에 의하여 역사하는 것이 구원의 길이라 가르친 그 대목을 수천 번씩 읽은 그들이 지금도 그와 같은 행위를 하고 있음이니,

22 나는 그들을 모른다 하는 것이 나의 답이라 함을 잊지 말라.

23 그들이 얼마나 사악한 자들이더냐?

24 저희들의 손아귀에 나의 사랑하는 백성들이 한번 걸려들기만 하면 절대 빠져나갈 수 없도록 움켜쥐고 평생 그들에게 재물을 거둬들이고, 그들을 지옥으로 끌고 가는 그와 같은 행위를 함이니라.

25 나약한 날짐승이 거미줄에 걸렸음이니, 그것마저 운신하지 못하도록 하여 절대 벗어나지 못하며 그는 결국 몸부림치다 거미의 밥이 되고 죽는 것처럼,

26 지금 나의 사랑하는 백성들을 그와 같이 만들어 지옥으로 보내는 자들이 오늘의 종교 집단이요, 지도자들이 하고 있는 길임을 너희들은 알라.

27 그리고 재물을 바쳐 구원을 받겠다는 광적인 백성들, 너희들이 바로 무엇인 줄 아느냐?

28 거미줄에 걸려 퍼덕거리고 있는 그 날개 달린 미물이요, 나약한 날짐승과 똑같은 형국이니 그리 알라.

29 거미에게 먹혀 제 목숨을 잃듯이, 너희들이 지옥으로 가는 것이 바로 그 형국이니라.

8,428 번째 하나님 말씀

2003년 11월 14일 23시 35분

1 사랑하는 나의 아들아!

2 "네, 아버님! 말씀하옵소서."

3 작은 덩치를 가진 자가 큰 덩치를 가져 힘이 있는 자를 이기기는 어렵고 힘든 것이니, 이는 모두가 다 알고 있는 길이니라.

4 너희들이 오늘 나의 아들을 통하여 내

리는 나의 법전을 가지고 만백성을 구하는 그 역사의 길을 가는 것이 얼마나 무겁고 힘든 짐인가, 그리고 너희들이 넘어야 하는 그 장벽이 얼마나 가파른가?

5 인간으로서 정녕 넘을 수 없는 그와 같은 장벽이니,

6 지금의 모든 종교 집단이요, 지도자들이, 서로 물고 치고받고 싸우던 그들이 하나가 되어 나의 법전이요, 너를 통하여 내리는 나의 새로운 성경이 세상에 퍼지는 것을 모두 막을 것이니,

7 그들과 너희들의 덩치를 비교해 본다면, 누가 이기고 지는지는 당연한 것이 아니더냐?

8 그러나 그들을 이기고 가는 것이 너희들이 가야 할 길이며 역사할 길이니라.

9 그러나 너희들은 여기서 주저하지 말라.

10 너희들은 나 여호와가 내려 준 지혜가 있으며, 내가 너희들에게 깨달음의 지혜를 준 것을 너희들이 하나가 되어 뭉쳐 이루었을 때, 모두를 이루지 못할 것이 없음을 알아야 될 것이니라.

11 지금 나의 아들이 이와 같이 역사하는 것을 너희들은 보지 않느냐?

12 나의 아들은 성서를 배운 적이 없으며 성서를 가지고 공부한 역사가 없으며, 신앙의 길을 간 적이 없으며, 믿음의 길이라 하여 너희들처럼 울고불고하는 그 종교 집단이요, 교회라는 곳이요, 또는 성당이요, 회막을 찾아본 적이 없느니라.

13 그렇다 해서 인간을 통하여 믿음을 배운 것도 아니요, 목자의 설교를 들은 바도 없는 나의 아들이 나의 명령 한마디에 나의 뜻을 따라 그가 오늘의 이와 같은 역사를 하고 있지 않으냐?

14 내가 그에게 내리기를, '너는 내가 내리는 나의 뜻을 기록하여 책으로 만들어 만백성을 구하라.'는 그 한마디를 듣고 나의 아들은 주저 없이 불타는 가슴으로, 그 가슴의 불보다도 더 뜨거운 정열로써 160권의 법전을 만들어 내는 데 그 모두를 다 바치고 있는 것이 아니던가?

15 만백성을 구하는 역사를 이루고 있는 나의 아들이 그 길을 가는 것, 그를 따르는 제자 너희들은 과연 너희들의 가슴속에 얼마만큼 정열의 불꽃을 태우고 있으며 너 자신이 노력하고 있는지 이제는 들여다봐야 할 때가 되지 않았는가?

16 나의 아들은 너희들처럼 성서의 믿음의 생활을 한 것도 아니요, 설교를 들어 깨달은 자도 아니니라.

17 오로지 나의 한마디, '내가 내리는 것을 너는 기록하여 만백성을 구원하도록 하라.'는 그 말 한마디에 그 불타는 정열로 가슴에 불꽃을 피워 그 모두를 지금까지 이루고 있음이니,

18 그 제자들이 과연 얼마만큼 가슴속에 정열의 불꽃을 태워 모두를 다 이루고자 하는가?

19 모두를 다 버리고 역사하고자 하는 마음의 자세가 나의 아들보다 열배 백배 더해야 하는 것이 너희들이 가야 할 길이라는 것을 어찌 모르느냐?

20 너희들은 성서를 읽었으며 설교를 들었으며 그리고 신앙생활을 했으며 믿

음의 길을 갔으며, 너희들은 그 모두
를 알고 있는 자들이니라.
21 그러니 나의 아들보다 열배 백배 더
성서를 알고 있으며 신앙생활을 한 자
들이 나의 아들의 가슴속에 태우는 정
열의 그 불꽃만도 못하다면 거꾸로 된
것이 아니더냐?
22 나의 아들의 가슴에 타는 그 정열의
불꽃보다도 열배 백배 더 나 여호와의
뜻이요, 나의 법전을 가지고 세상에
전하는 것에 너희들 가슴속에 불꽃이
훨훨 타야 되거늘,
23 너희들 가슴의 불꽃은 꺼져 있음이니,
이를 어찌해야만 되겠는가?
24 이와 같이 반대의 현상이요, 반대급부
의 흐름이 있어서는 아니 될 것이니,
25 나의 아들이 나의 명령 한마디를 듣고
이와 같이 가듯이, 이제는 너희들이
모든 가슴을 태우는 정열의 불꽃이 활
활 역사하도록 가야 될 것이라는 것을
잊지 말라, 사랑하는 나의 아들딸들아!

8,429 번째 하나님 말씀

2003년 11월 14일 23시 39분

1 사랑하는 나의 아들아!
2 "네, 아버님! 말씀하옵소서."
3 나 여호와가 너희들에게 끝없이 전하
고 깨우쳤음이니라.
4 오늘의 육의 삶도 소중하며 그 모두의
역사하는 것도 귀하나, 너희들에게 더
소중하고 귀한 것은 무엇이라 말하였
느냐?
5 영원한 세상에 거듭나는 사후의 삶을
위하여 모두를 다 바치고 역사하는 삶
을 살라 그리하지 아니하였던가?
6 육의 삶도, 오늘의 그 세속의 삶도 소
중하고 귀하나, 사후의 세계에 거듭나
는 삶의 역사를 얻는 그것이 더 중하
고 귀한 것이니, 너희들이 그와 같은
것을 알고 살라 하여 내가 전하지 아
니하였더냐?
7 너희들이 영원히 사는 세상에 거듭나
는 것이 얼마나 귀하고 소중한 것인가
를 너희들이 아직도 모르고 있음이니
라.
8 그러나 그를 아는 나 여호와가 내가
너희들을 통하여 법전을 내려보내 만
백성을 구하고자 하는 그 역사를 이루
는 것이 무엇인 줄 알겠느냐?
9 육의 세상에서 너희들을 사랑하는 부
모의 마음보다도 백배 천배 더한 마음
으로써,
10 너무나 소중하고 귀하기에, 너희들이
한 점의 부끄럼이 없는 삶을 살다 사
후에 영원히 사는 거듭나는 은혜를 얻
으라 하는 것이 애절한 나 여호와의
뜻임이니라.
11 그러니 내가 너희들을 그만큼 사랑하
며, 너희들이 바로 살아 나에게 오는
역사를 하도록 전하는 애절한 그 뜻을
과연 모르겠느냐?
12 사랑하는 나의 아들딸 너희들이 나로
부터 세상에 태어날 때는 천사로서 태
어났음이니라.
13 그러니 세상에 천사로서 태어난 너희
들이 죽을 때도 천사가 되어 돌아오라
는 것이 나 여호와의 뜻이거늘, 어찌
하여 너희들이 원래의 그 형태로 돌아
오지 못한다 말이더냐?

14 너희들이 태어날 때 천사이듯이 죽을
때 천사가 되는 것이 가야 할 길이니,
15 이를 바로잡고 역사할 수 있는 것은
바로 십계명이요, 나의 율법이요, 지
금 내가 내리는 새로운 성경이요, 법
전을 지키고 행하는 길밖에 없기에,
내가 오늘의 이와 같은 역사를 이룸을
너희들은 알아야 될 것이니,
16 사랑하는 자식을 버리게 한 너희들을
내가 이마만큼 사랑하며, 마지막 한
번의 기회를 주어 다시 한 번 너희들
을 구원하여 나의 아들딸로 내 품에
올 수 있도록 애절히 기다리는 나의
마음을 진심으로 바라보고 느끼고 산
다면,
17 과연 너희들이 세상에서 오늘의 삶을
정녕 반대로 살아갈 수는 없겠는가?

8,430 번째 하나님 말씀

2003년 11월 14일 23시 46분

1 사랑하는 나의 아들아!
2 "네, 아버님! 말씀하옵소서."
3 너희들이 이 세상에 태어난 역사요,
인간 세상을 살아가는 것을 나 여호와
가 일찍이 너에게 뭐라 표현하여 말하
여 전했느냐?
4 "네, 아버님!
5 아버님께서 저희들의 인생이라는 것
은 굴러가는 굴렁쇠처럼 둥근 형태라
말씀하셨사옵나이다.
6 굴렁쇠가 둥근 것처럼, 출발하는 곳에
서 그 굴렁쇠처럼 저희들이 원의 상태
로 다시 돌아감이니,
7 그리하여 하나님으로부터 생명을 받
아 저희들이 육의 세상을 살며 사후의
세상에 사는 것, 그것은 출발한 점에
서 그 자리로 돌아오는 그 원과 같은
형태라 아버님께서 말씀을 주셨으며,
8 제자리로 돌아가는 것이 저희들이 가
야 할 길이라 그리 말씀을 주셨사옵나
이다."
9 내가 너에게 말하여 너희들이 굴렁쇠
와 같이 원의 행태로 제자리를 지켜야
만 제대로 구를 수 있듯이,
10 너희들이 출발선에서 나에게 와 다시
심판을 받는 그 과정이 하나의 원의
형태라 내가 그리하지 아니하였던가?
11 그 원이 제대로 이루어졌을 때 구를
수 있는 것이라 그리하였음이니라.
12 그러니 인간 세상의 삶은 무엇이라 내
가 너에게 깨우쳤던가?
13 "네, 아버님! 그리 말씀을 주셨사옵나
이다.
14 굴렁쇠가 원이 그려져 있으나, 거기서
몇 분의 일이 잘린 것을 놓고 보면 그
잘라진 부분이 바로 육의 세상에 사는
삶이요, 육의 세속에서 역사하는 것이
라 그리 말씀을 주셨습니다."
15 그리하여 내가 너에게 어찌 살아야 된
다 그리 전하였던가?
16 "네. 아버님께서 원에서 잘려 나간 그
인생의 삶의 부분이 녹슬고 변질되어
쓰지 못하게 되면 제자리에 돌아올
수 없다 그리 말씀을 주셨사옵나이다.
17 그리하여 인간 세상의 삶이요, 지금
육을 가진 세상은 굴렁쇠의 잘린 일
부분이기 때문에,
18 저희가 썩지 아니하며 변질되지 아니
하며 녹슬지 않는 상태로 되어야만 제

자리에 맞춰 그 굴렁쇠가 굴러갈 수 있는 이치를 아버님께서 일찍이 저에게 깨우침을 주셨사옵나이다."
19 그러니라, 사랑하는 나의 아들아!
20 지금 떨어져 나온 굴렁쇠의 일부분인 육의 삶이 과연 썩고 녹슬지 않은 삶을 살고 있다 너희들이 생각하느냐?
21 "아버님! 결코 그리 대답할 수가 없사옵나이다.
22 너무나 변질되었고 너무 썩어 있으며, 너무 녹슬어서 다 부서지는 그와 같은 형국이 되었사옵나이다.
23 그리하여 제자리를 지킬 수 없는 것을 지키라 하여 아버님께서 지금 160권의 법전의 말씀을 내려 주시는 것을 저는 알고 있사옵나이다.
24 이 세상에 살아가는 백성들이요, 종교 지도자들이 하는 그 말이 너무나도 무섭고 두려워, 아버님 앞에 저희와 같은 형제로서 고개를 들 길이 없사옵나이다.
25 그들이 말하기를, 인간은 한계가 있으며 인간의 능력에는 한계가 있기에, 이 세상에 살아가면서 저희들은 죄를 짓지 아니하고 살 수 없다 그리 말하고 있사옵나이다.
26 그러니 그를 뒤집어서 말하면, 도둑질하고 살인하고 강도질하고 강간하며 그와 같은 행위로 사는 것도 인간이기에 육을 가진 자이기 때문에 어쩔 수 없으며,
27 그와 같은 것을 하는 것으로써 아버님께 구원을 받고 못 받는 심판의 기준이 되는 것이 아니요,
28 오로지 아버님을 찾으며 예수님을 찾으며 울고불고 구세주를 찾기만 하면 구원을 받는다 그리 가르치는 것이 지금의 세상이니,
29 그러니 죄를 짓고도 그 모두가 타당하다는 억지를 부리며, 말도 안 되는 궤변으로 단상에 서서 저희 형제들을 지옥으로 이끌어 가는 그와 같은 그들의 모습을 볼 때, 제 가슴이 찢어짐을 이루 말할 수 없으며,
30 아버님 앞에 고개를 들 수 없으며, 부끄러워 과연 어찌해야 될 것인지 몸 둘 바를 모르겠사옵나이다.
31 인생의 삶이 녹슬고 변질되어 제자리로 돌아가지 못하는 오늘의 이와 같은 삶이 저희들의 형제요, 모든 백성들이 사는 모습이니,
32 그러면서 지금의 종교 집단의 지도자들이 제자리에 갈 수 있다 하며, 아무리 녹슬어서 바람에 날리는 쇳가루가 된다 해도 제자리를 간다 그리하니,
33 과연 그들이 그 이치를 알고 그리 가르치는 것인지 모르고 가르치는 것인지, 아버님, 저 자신이 모르겠사옵나이다."
34 사랑하는 나의 아들아!
35 "네, 아버님! 말씀하옵소서."
36 그들이 정녕 모르고 그리 가르치며 모르고 그리 간다면 내가 어찌 벌로써 다스리겠느냐?
37 그들은 네가 지금 묻는 것보다, 네가 아는 것보다, 네가 깨우치는 것보다도 더 잘 알고 있으며, 그 원리를 알고 있는 자들이니라.
38 그러나 저희들의 육의 삶이요, 저 자신을 위하여, 제 명성을 위하여, 저희

신도들 앞에 제가 박수 받는 그 영광
을 위하여,
39 제왕적인 자리를 지키고자 하며 군림
하고자 하는 그 욕심 때문에 눈이 가
려져 보지 못하며, 그들이 귀를 막으
니 듣지 못하는 것이 어리석은 백성들
이요, 지도자들이 하고 있는 형태임을
알라, 사랑하는 나의 아들아!

8,431 번째 하나님 말씀

2003년 11월 14일 23시 49분

1 사랑하는 나의 아들아!
2 "네, 아버님! 말씀하옵소서."
3 너희들이 나로부터 구원을 받으며 하
늘에 오르는 그 이치가 얼마나 간단하
더냐?
4 아주 간단하고 쉬운 것을, 그들이 행
하지 아니하고 지키지 않으려 하는 것
이니라.
5 너는 과연 나에게 오를 수 있는 그 마
음의 자세가 무엇이라 생각하는가?
6 "네, 아버님! 그렇사옵나이다.
7 저의 제자들 또한 그러하며, 제 주변
에 있는 사람들이 그러하며, 저희 형
제들이 다 그러하옵나이다.
8 사랑을 받을 수 있는 짓을 하는 자는
사랑을 하며, 칭찬을 받을 수 있는 자
는 칭찬해 주며, 귀여움을 받을 수 있
는 짓을 하는 자는 귀여움의 사랑을
표시하는 것이 오늘의 모든 백성들이
가고 있는 것이라 저는 그리 깨달았사
옵나이다.
9 그러나 그와 같은 것으로써는 만백성
을 구하고 아버님께 갈 수 있는 그 길
이 아니라는 것을 저는 알고 있으며,
그를 전해야 되는 것이 저의 대명인
줄 알고 있사옵나이다.
10 제가 느끼고 알기로는, 사랑을 받을
수 없는 짓을 하는 자를 사랑해 주며,
용서받을 수 없는 짓을 하는 자를 용
서해 주며, 귀여움을 받을 수 없는 자
를 귀엽게 사랑해 주는 것,
11 이것이 아버님의 뜻이며 하늘에 오르
는 간단한 이치요, 길이라는 것을 저
는 깨닫고 있사옵나이다."
12 그러니라, 나의 아들아! 그와 같이 간
단한 것이니라.
13 그 원리를 적용하며 그 뜻을 깨우쳤다
면 너희들은 이 세상에서 스스로 구원
을 받을 수 있음을 알라.
14 내가 성서에도 너희들에게 깨우쳐 전
하지 아니하였더냐?
15 너희들이 나에게 사랑을 받으려면 나
의 피조물 만백성을 그리 사랑하며,
너희들이 나로부터 상을 받으려면 그
들에게 베풀라 하였으며,
16 너희들이 구원을 받고자 하면 나에게
하는 것만큼 그들에게 너희들이 하는
것이 하늘에 오르는 길이라 성서에 그
리 기록하여 전하지 아니하였더냐?
17 그러니 용서할 수 없는 자, 사랑을 할
수 없는 자, 칭찬받는 짓을 하지 않는
자, 귀여움을 받을 수 있는 행위를 하
지 않는 자,
18 그들을 너희들이 다 용서하고 칭찬하
고 사랑하는 마음, 그 마음으로 변하
는 것이 나의 마음이요,
19 곧 이는 너희들이 구원의 길에 들어설
수 있으며, 구원을 받을 수 있는 기본

이요, 근본이라는 것을 알고 행하고
살아가면 되는 것을,
20 그것 하나를 행하지도 못하며 구원을
받는다 울고불고하는 백성들이니,
21 얼마나 너희들이 구원이란 목적에만
매달려 있으며, 과정은 생각지 아니하
는 어리석은 백성인지를 다시 한 번
내가 나의 아들을 통하여 너희들에게
전함이니,
22 이를 만백성에게 전하여 깨우쳐 주도
록 그리하라, 사랑하는 나의 아들아!

8,432 번째 하나님 말씀

2003년 11월 14일 23시 55분

1 사랑하는 나의 아들아!
2 "네, 아버님! 말씀하옵소서."
3 내가 나의 법전에 기록하여 너희들에
게 일찍이 전하기를, 사람의 생명을
구할 수 있는 그와 같은 여건에 있는
자가 그 생명을 구제하지 아니하며 구
원하지 않는 것은, 그것이 무엇이라
하였느냐?
4 너희들이 직접 살인을 하지 아니하여
도 살인을 하는 자와 똑같으며, 그 죄
와 같다 내가 너희들에게 일찍이 깨우
쳐 전하지 아니하였던가?
5 사람을 구할 수 있는 처방의 약을 가
지고 있는 그와 같은 자가 그를 나눠
주지 아니하며 그 생명을 구하는 데
최선을 다하지 아니하는 자,
6 물에 빠져 죽음에 허덕이는 자에게 밧
줄을 던져 구하는 데 너희 모두를 다
아끼지 아니하며 최선의 노력을 다하
지 아니하는 그와 같은 백성이 바로
무엇이더냐?
7 살인하는 자와 같다 내가 그리 가르치
고 전하였음이니라.
8 이제 나의 아들을 따르는 제자 너희들
은 들어야 될 것이니라.
9 이 지상에 수십억 인구 중에서 너희들
이 선택된 자들이요, 이 수십억 인구
중에 너희들이 나로부터 부름을 받은
자들이니라.
10 내가 나의 아들을 통하여 마지막 시대
에 법전이라는 것을 내리며, 새로운
성경으로써 심판하는 기본이요, 근본
인 나의 법전을 받아서 나의 아들이
너희들에게 내림이니,
11 이를 가지고 너희들이 그를 책으로 만
들어 만백성을 구하는 그 길에 들어선
자,
12 이것이 만백성을 구하는 길이요, 나
여호와의 참진리요, 나 여호와의 참길
이라는 것을 알면서, 이를 만들고 역
사하는 자들이 태만하며 게으름을 피
운다 하면, 과연 너희들은 어떠한 백
성이라 할 수 있는가?
13 곧 너희들이 살인자가 아니고 무엇이
란 말이더냐?
14 너희들이 나의 법전을 만드는 데 최선
을 다하여 이를 세상에 전했을 때, 많
은 백성들을 구할 수 있으며,
15 지금 지옥으로 수없이 낙엽처럼 떨어
져 가는 그 백성들에게 너희들이 초를
다투어 법전을 만들어 세상에 전해 주
는 데 최선을 다한다면, 그를 받고 구
원하는 백성들이 있지 않겠는가?
16 그러니 바로 너희들이 태만한 자, 게
으른 자세로 가는 자, 나의 법전을 만

드는 데 모두를 다 바쳐 역사하지 않
는 자는 곧 살인자와 무엇이 다르단
말이던가?
17 이와 같이 무서운 사실을 너희들은 알
아야 될 것이니라.
18 그러니 너희들은 모든 열과 성의를 다
하여 나의 아들을 통하여 내리는 나의
강론을 들어 너희 것으로 만들어야 될
것이며,
19 나의 법전을 읽고 또 읽어 정독하여
그 의미요, 그 속에 있는 내가 원하는
것을 깨우쳐, 만백성을 구하는 데 너
희들이 온갖 힘을 다 바쳐야 된다는
것을 잊지 말라.
20 이 세상에 헤아릴 수 없는 그 많은 백
성 중에서, 수억의 백성 중에서 선택
된 너희들이 아니더냐?
21 그러니 너희들의 그 자리가 얼마나
소중하고 귀한 자리인가를 안다면, 너
희들이 그 자리를 유지하여 역사하다
나에게 올 수 있는 백성이 된다면, 과
연 너희들은 얼마나 갈 수 있느냐?
22 수십억의 인구보다도, 밤하늘에 반짝
이는 그 별들처럼 그 많은 별 중에서
선택된 별이라 생각하는 그와 같은
마음을 갖고 살도록 그리하라, 사랑하
는 나의 아들딸들아!
23 수없는 별 속에서 선택된 자라는 것을
절대 잊지 말라.
24 내가 너희들을 사랑함이니라.

8,433 번째 하나님 말씀

2003년 11월 15일 0시

1 사랑하는 나의 아들아!
2 "네, 아버님! 말씀하옵소서."
3 나의 성령의 가르침을 직접 받으며 나
의 법전을 읽고 깨우친 백성, 너희들
은 어찌 살아가야 하며 어찌 행해야
하는가를 생각해 봤는가?
4 나 여호와의 성령의 가르침이요, 나의
법전을 직접 접하고 강론을 직접 듣는
백성 너희들이야말로 어떠한 영광의
축복보다도 더 위대한 백성이라 생각
하지 않는가?
5 직접 듣고 직접 가르침을 받고 직접
깨달음의 길을 가는 너희들이 과연 그
은혜만큼 행동과 삶을 바르고 곧은 자
세로 가고 있는가?
6 정도의 길을 살아가며, 하늘을 향하여
한 점의 부끄럼이 없는 삶을 살아가는
백성들인가?
7 너희 가슴에 안고 너 자신을 들여다봐
야 될 것이니라.
8 너희들은 정녕 만백성을 구하는 자들
이요, 나로부터 선택된 백성들이요,
내가 나의 아들을 통하여 밤하늘에 그
많은 별 속에서 선택한 백성이라 그리
이야기했거늘,
9 과연 그와 같은 영광을 얻은 백성이
예수의 삶을 쫓아가는 삶을 사는가,
너 자신의 마음을 비우고 욕심을 버렸
는가, 너희들 자신을 한번 돌이켜 보
라.
10 그러면서 너희 자신에게 항상 가죽채
를 들고, 너희들이 잘못됐을 때, 그를
씻으려고 하는 준비되고 긴장된 상태
에서, 그 마음의 자세에서 살아가야
할 것이니라.
11 이제 사랑하는 나의 아들을 따르는 너

희들은 무서운 가죽채를 들고, 항상
잘못됐을 때 너 스스로 휘두르는 그와
같은 각오와 마음 자세로써 살아가지
아니하면 아니 됨을 알아야 될 것이니
라.
12 지금 너희가 깨우치고 변화돼야 하는
것은, 이 시간은 한 번 지나가면 두 번
다시 돌아오지 않는다는 그 엄연한 사
실 속에서, 너희들이 오늘의 이 시간
에서 변화되고 깨우침을 얻는 것이 얼
마나 소중하고 귀한 것인가를 알겠는
가?
13 한 번 흘러간 오늘의 그 시간은 다시
너희들에게 돌아오지 않는다는 것을
알라.
14 흘러간 그 시간은 과거로 지나가 버림
이니, 과거의 잘잘못을 시시비비할 때
잘못은 죄가 될 것이며, 너희들이 지
나간 그 시간을 바로 살고자 해도 그
순간은 너희들에게 돌아오지 아니함
을 알아야 될 것이니라.
15 그러니 지금의 이 순간에 최선을 다하
여 변하는 데 모두를 다 바치는 역사
함을 갖지 아니하고는 절대 너희들이
살아갈 수 없으며, 나에게 오를 수 없
는 삶이라는 것을 알아야 될 것이니라.
16 너희들이 변화되고 깨우치는 데 후회
가 있어서도 아니 되며, 한탄하는 삶
을 오늘에 살아서도 절대 아니 됨이니
라.
17 그러니 오늘의 이 시간이 얼마나 귀하
고 소중한 것인가를 잠시도 잊어서는
아니 됨을 너희들은 알아야 될 것이니
라.
18 너희들은 밤하늘의 별처럼 그 많은 속
에서 선택됐으며, 나에게 부름을 받았
음이니라.
19 그와 같이 부름을 받은 너희들이 나의
강론을 직접 들으며, 나의 법전을 읽
고 깨우치며, 나의 아들로부터 배움을
얻고 있으며, 지금 스스로 변해가는
삶을 살고 있지 아니한가?
20 너희들 스스로 오늘의 변화되는 네 마
음의 변화를 과연 모른단 말이던가?
21 너희들이 몇십 년 동안 신앙생활을 했
다 해도 그 변해지는 그것을 거기서
찾을 수 있었던가?
22 너희들이 오늘에 나의 법전을 읽으며,
나의 강론을 들으며, 나의 아들을 따
라 공부하는 오늘의 그 변화만큼은 결
코 얻지 못하였을 것이니라.
23 너희가 하나가 변해짐으로써 지옥 불
에 들어가는 그 문 앞에서 들어가지
아니하려고 몸부림치는 것은 면할 수
있다 하였거늘,
24 너희들이 나의 법전을 통하여, 나의
아들의 강론을 통하여 얻고 이루는 역
사가 얼마나 많고 많은가?
25 그러니 너희들이 그 은혜에 감사함을
안다면, 오늘의 1초, 1분의 그 시간을
얼마나 아껴 쓰며 그 속에서 변화되는
삶을 살고자 노력해야 되는 것인가를
잠시도 버리고 잊어서는 아니 되는 것
이 너희들이라는 것을 알라.
26 내가 너희들을 사랑함이니, 오늘의 이
시간이요, 이 순간이 얼마나 소중한
것인가?
27 한 점의 부끄럼 없이 최선을 다하는
삶을 살도록 그리하라, 사랑하는 나의
아들딸들아!

8,434 번째 하나님 말씀

2003년 11월 15일 06시 15분

1 사랑하는 나의 아들아!
2 "네, 아버님! 말씀하옵소서."
3 나의 법전을 만들며 나의 법전을 만백성에게 전하고자 노력하는 너의 제자들, 그들이 과연 나 여호와로부터 상을 받을 수 있는 자인가, 상을 받지 못할 자인가 그것은 그들이 잘 알고 있음이니라.
4 스스로 노력하는 자는 노력하는 데 끝이 없으며 한계가 없다 하지 아니하였는가?
5 그러니 저희들이 노력하고 노력하다 보면, 오늘의 저희들이 과연 나로부터 상을 받을 자격이 없다는 것, 그리고 나로부터 무엇인가 은혜를 받을 수 없는 삶을 살았다는 것을 알게 될 것이니라.
6 그리하여 내가 나의 법전에 기록하여 너에게 전하기를, 오늘의 삶을 1년 후에 돌아다볼 때, 1년 전의 삶이 어리석고 단순하여 후회하는 삶을 살지 말며,
7 앞으로 1년이요, 10년 후에도, 또 죽음 직전에도 후회하지 않는 오늘의 삶을 사는 데 최선을 다하며 아름답게 살라 하였음이니라.
8 너의 제자들이 나의 법전을 만들고 기록하여 정돈하는 자, 그들이 오늘의 노력이 힘들고 어려운 것 같으나,
9 너희들이 1년, 10년 후에 변화되고 노력하는 것에 숙달되고 훈련되어 진정한 나의 뜻을 믿으며 진심으로 노력할 때, 오늘의 태만함을 너희 스스로 알게 될 것이며,
10 그와 같은 것으로써는 은혜를 받을 수 없다는 것을 너희들이 알게 될 것이니라.
11 그래서 내가 오늘에 최선을 다하라 함이니라.
12 지금 나의 아들은 나의 성령을 받아 160권의 법전을 세상에 냄이니, 너희들은 과연 어떠하던가?
13 나의 아들이 160권의 법전을 세상에 내 만백성을 구하는 역사를 한다면, 그 제자는 1,600권의 법전을 만드는 노력을 해야 될 것이니,
14 그와 같이 노력하지 아니하는 자는 나의 아들의 뜻을 알 수 없으며, 내가 역사하는 것을 정녕 알 수 없음이니라.
15 선생에게서 배우는 제자가 선생의 상식이요, 지식을 제 것으로 만들고자 한다면, 선생보다 열배 백배 더 피나는 노력을 해야만 그것을 얻을 수 있으며 가질 수 있는 것이니라.
16 인간 세상에 학업을 연구하는 길도 그러하거늘, 어찌하여 나의 법전을 만드는 제자들이 나의 아들보다도 태만하며 게으른 자로서 그 모두를 역사하면서 은혜와 상을 받을 수 있는 자라 생각하는가?
17 선생의 가르침을 얻고자 하면 너희들이 그 가르침에 귀를 기울이며 열배 백배 더 노력하는 마음으로 갔을 때, 선생의 모두를 얻을 수 있으며 그를 들여다볼 수 있으며, 제 것으로 만들 수 있는 기회가 생기는 것이거늘,
18 어찌하여 나의 아들이 나의 성령을 받

아 160권의 법전을 세상에 만들어 내
는 데, 그 제자들이 열여섯 권을 만드
는 만큼도 노력하지 아니하면서 무엇
인가를 이룰 수 있으며 내가 기억해
줄 수 있는 백성이라 생각하는가?
19 나의 아들이 160권의 법전을 만들 때,
너희들이 깨우쳐 만드는 것은 1,600
권의 법전을 만들고자 몸부림을 쳐도
나의 아들의 뜻을 알까 말까 한 것이
너희들이며, 더욱이 하늘에 내가 역사
하는 뜻을 알 수도 없는 것이 너희들
이거늘,
20 어찌하여 너희들이 후회스러운 삶을
살며, 후회스러운 시간을 갖고, 오늘
의 나의 법전을 만들고 역사하는 자들
이 그리 가는가?
21 이 대목을 읽고 깨우친 제자, 너 스스
로 한번 돌이켜 보도록 그리하지 아니
하면 아니 될 것이니라.
22 내가 너희들을 사랑하기에, 너희들이
스스로 나로부터 멀어지는 길이요, 나
에게 오르지 못하는 슬픈 너희들의 미
래를 사전에 막아주며 미연에 방지하
기 위하여, 내가 나의 아들을 통하여
이와 같은 뜻을 전한다는 것을 너희들
이 잊어서는 아니 될 것이니 그리 알
라.

8,435 번째 하나님 말씀

2003년 11월 15일 06시 20분

1 사랑하는 나의 아들아!
2 "네, 아버님! 말씀하옵소서."
3 신약시대에 그 모두를 접한 백성들이
무어라 말하며, 오늘의 믿음의 길을
가는 집단이요, 지도자들이 과연 무어
라 말하느냐?
4 구약시대는 지나간 것이니 다시 돌아
올 수 없는 것이라 그리 말함이니라.
5 그러니 너희들은 여기서 깨달아야 될
것이니라.
6 나 여호와가 제3의 시대를 열어 역사
하는 이 시대가 지금 열리고 있음이니,
7 구약은 흘러간 시대요, 구약은 지나가
다시 돌아올 수 없는 시대라 말하는
너희들 자신이, 신약시대도 흘러간 시
대요, 지나간 시대라는 것을, 되돌아
올 수 없는 그와 같은 시대라는 것을
알아야 될 것이니라.
8 그러니 누가 무어라 하든, 너를 따르
는 제자들이요, 나의 법전을 읽고 깨
우친 만백성, 너희들은 예수의 시대
요, 신약시대는 흘러간 것이며 지나간
것이라는 것을 알라.
9 흘러가고 지나간 그것은 다시 돌아올
수 없으며 돌이킬 수 없는 것임을 너
희들은 알아야 될 것이니라.
10 그리하여 지금 제3의 시대요, 새로운
시대를 열어 가는 것에 너희들이 주역
이요, 나로부터 부름을 받은 백성 너
희들이 과연 어떠한 자세로 살아가야
되는가?
11 내가 너희들에게 명함이니라.
12 너희들이 스스로 자신을 태워 작아지
면서 비추는 촛불처럼 너희 자신을 태
워서 세상을 비추는 빛이 되지 아니하
면 아니 됨을 너희들은 알라.
13 자신을 태워서 비추는 그 촛불처럼,
너희들은 너 자신을 태우고 버려 만백
성을 구하는 세상의 빛이 되어야 될

것이니라.
14 너희들은 어두운 암흑만이 어둡다 그리 생각하느냐?
15 지금 내가 만든 이 아름다운 지상이 광명 천지같이 밝게 비추나,
16 이 세상이 어둡고 어두움으로 다 덮여 있으며, 그 빛을 찾아볼 길이 없으며, 그 길을 찾을 수가 없음이니라.
17 나의 백성들이 나에게 오르는 그 길을 찾지 못하며 헤매고 있음이니, 바로 암흑과 같은 세상이요, 암흑과 같이 덮인 세상이 아니고 무엇이더냐?
18 여기에서 너희들이 그 백성들을 구원하는 것은, 자신을 태워서 빛이 되어 비추는 빛처럼, 너희들 자신을 태우고 태워서 너희들이 빛이 되어 만백성을 구하는 역사의 길을 가지 아니하면 아니 되는 것이니라.
19 내가 나의 아들을 통하여 너희들을 태워 촛불이 되어 만백성을 비추라 함이니, 너희들이 그와 같은 역사를 이루고 못 이루는 것 또한 어디에 있는 줄 알겠느냐?
20 너희들의 의지요, 각오에 달렸음이니라.
21 너희들이 어떠한 마음을 갖고 어떠한 의지를 가지고 행하느냐에 따라서 너희들 자신을 태워서 암흑의 세상에서 만백성을 구할 수 있는 촛불의 역할을 할 수 있는 것이요,
22 의지가 약한 자는 그 모두를 이룰 수 없음이니라.
23 나의 법전을 만드는 선택된 제자 너희들은 만백성을 구하는 대업을 이루며 나의 법전을 세상에 내보내는 것도 너희들이 얼마만큼 역사하겠다는 각오와 의지의 자세가 중요함이니라.
24 굳건하고 변하지 않는 그 의지를 갖고 역사하는 제자들이 있을 때, 나의 법전은 빠른 시간 내에 세상에 비추어 만백성을 구하는 촛불의 역할을 하게 될 것이니,
25 너희들의 의지의 마음을 들여다보며 다짐을 바로 가지라 그리 전하라, 사랑하는 나의 아들아!

8,436 번째 하나님 말씀

2003년 11월 15일 06시 27분

1 사랑하는 나의 아들아!
2 "네, 아버님! 말씀하옵소서."
3 나비가 되어 이 세상을 자유롭게 마음대로 날아다닐 수 있으며 그 모두를 보고 즐길 수 있는 것은 무엇이더냐?
4 애벌레의 어렵고 힘든 고통의 과정을 지나며 변화되어 나비가 되어 세상의 모두를 다 얻고 날며 살지 않더냐?
5 이제 나의 아들을 따르는 제자들이요, 그리고 나의 법전을 읽고 깨우친 백성, 너희들은 지금 애벌레의 길을 가고 있으며 그 과정을 가고 있는 것이니라.
6 그러니 나의 법전을 접하고 지금 나의 법전을 읽고 깨우쳐 가는 백성 너희들은 바로 무엇이더냐?
7 이는 너희들이 천사가 되기 위한 그 길에 들어섰으며, 천사가 되기 위하여 지금 변화되는 과정을 가고 있는 것이 너희들이라는 것을 어찌하여 그리도 모르더냐?

8 천사가 되는 자만이 나의 나라에 올
수 있으며 하늘에 오를 수 있다 하지
아니하였던가?
9 애벌레가 진통의 과정을 거쳐 나비가
되어 날듯이, 너희들은 지금 애벌레의
과정을 가고 있으며, 반드시 나비가
되어 날 것이니,
10 바로 너희들은 법전을 읽고 깨우쳐 너
자신이 하나하나 변하는 그 역사 속에
네 삶을 보지 아니하는가?
11 그리하여 곧 나비가 되는 것처럼, 너
희들이 나에게 오를 수 있는 정해진
길을 가고 있는 것이거늘,
12 그 은혜와 축복의 영광을 받은 것이
바로 너희들이라는 것을 전해 주라.
13 너희들은 그 과정을 자연히 가게 되어
있으며, 가면 나비가 되듯이,
14 너희들이 나의 법전을 읽고 하나하나
깨우쳐 갈 때, 그 모두는 너희들이 나
에게 오를 수 있는 천사가 되는 그 길
이라는 것을 알며,
15 정해진 길을 가는 것이며, 정해진 운
명 속에서 영광된 그 길을 가는 것이
라 함을 내가 너희들에게 전해 줌이니,
16 너의 제자들에게 좌절하지 말며 힘과
용기를 가지라 그리 이르라.
17 애벌레의 과정을 거쳐서 나비가 되어
반드시 날듯이, 너희들이 지금 나의
법전을 가지고 정독하며 가슴에 안고
가는 자, 묵묵히 애벌레의 과정을 감
이니,
18 세월이 지나면 너희들이 나비가 되듯
이, 세월이 지나면서 하나하나 가슴에
있는 것을 씻어 내고 닦아 냄으로 인
하여 너희들은 천사가 될 수 있는 자
들이라 함이니,
19 그것이 곧 너희들이 그리 갈망하는 나
에게 오르는 길이니라.
20 그러니 너희들이 세상 것을 봐도 보지
않은 자요, 들었어도 듣지 아니한 자
요,
21 그리고 너희들은 세상에 아무것도 모
르는 바보 같은 삶으로, 너희들에게
무엇을 물을 때, '나는 모른다.' 대답하
라 하였음이니,
22 너희들이 천사가 되기까지 그 모두를
모른다 그리하라 함은 너희들 자신을
보호하고 지켜 나가게 하고자 함이니
라.
23 애벌레가 나는 체하며 애벌레가 살아
서 움직이는 체하면, 이 세상에 그를
노리는 수많은 적들이 있거늘,
24 제가 나는 체하며 꿈틀거리며, 아직
날지도 못하는 자가 나는 것처럼 한다
면, 그는 누군가에게 먹혀 그 자신이
목숨을 잃게 될는지 모르지 아니하더
냐?
25 그러니 아직 애벌레의 과정을 가는 너
희들이 너무 설치며, 너희들이 들은
것이 많으며 아는 것이 많으며 세상을
다 지배하는 것처럼 그리 생각해서는
적으로부터 무너지며, 사회의 환경과
여건으로부터 무너지며 죽게 됨이니
라.
26 그리하여 너희들은 들은 것도 없으며
본 것도 없으며 아는 것도 없는 자라
함이니, 그와 같은 것으로써 너희들이
천사의 경지에 오를 때까지 그리 가라
함이니,
27 이 모두는 너희들을 사랑하며 보호하

기 위함이며, 너희들을 보호하고 지켜
주는 것은 나 여호와의 가르침이요,
나의 성령의 뜻이기 때문이니 그리 알
라.
28 나 여호와는 너희들에게 파리 떼가 몰
려드는 것을 쫓아 주지 아니함이니라.
29 다만 너희들이 파리 떼를 쫓을 수 있
는 방법을 가르쳐 주며,
30 네가 노력해서 썩은 것에 모여드는 파
리 떼를 쫓고 몰 수 있는 그 능력을 내
가 가르쳐 줌이니,
31 내가 직접 쫓아 주는 것은 아님을 알
라, 사랑하는 나의 아들아!
32 이것이 육의 세상에서 너희들이 살아
가는 인간관계와 하늘의 법도와의 차
이임을 여기서 알라, 사랑하는 나의
아들딸들아!
33 그래서 너희들이 기초의 학문이요, 기
초의 믿음의 길을 가지고 몸부림치면
하늘에 오를 수 없다 함이니 그리 알
라.
34 어린 아이들이 잠이 올 때는 그 부모
가 벌레를 쫓아 주지만, 너희들이 성
장했을 때는 너희 쇠진한 부모가 쫓아
주지 아니하지 않더냐?
35 자력으로 쫓는 역할을 해야 되는 것이
인간 세상의 삶이듯이,
36 믿음이요, 하늘에 오르는 길도 성장하
면 성장할수록 강하며, 또한 너희들이
역사하는 그 범위가 넓으며, 너희들이
해야 하는 일이 수천수만 가지로 늘어
난다는 것,
37 너희들처럼 성장한 백성들이 지금 해
야 할 일이 말할 수 없이 쌓여 있다는
것을 너희들은 알아야 될 것이니,
38 하나부터 만 가지를 다 모범적인 삶이
요, 모범적인 행동으로 보여 주고 살
아가기 위하여 너희들이 피나는 노력
을 하지 아니하면 아니 됨을 알라.

8,437 번째 하나님 말씀

2003년 11월 15일 06시 32분

1 사랑하는 나의 아들아!
2 "네, 아버님! 말씀하옵소서."
3 나의 법전 한 줄을 읽고 깨우친 자요,
한 장을 읽고 깨우친 자가 세상의 모
두를 다 얻으며 세상의 모두를 통달한
것같이 행위를 하는 것이 인간 너희들
이라 그리하였음이니라.
4 또한 그러하니라, 나의 법전 한 줄을
읽고 깨우친 자요, 한 장의 법전을 읽
고 깨우친 자도 그 누가 시시비비를
하고 반박을 한다 해도 대답할 수 있
는 깨달음이 거기에 있다 하였음이니
라.
5 그와 같이 나의 법전이 두렵고 무서움
을 너희들은 알고 있어야 될 것이니라.
6 그러니 지금 나의 아들을 따르는 제자
들이요, 너희들은 160권의 법전을 모
두 다 읽고 깨우치니, 과연 너희들이
어떠한 자세로써 세상을 살아가야 되
겠느냐?
7 너희들이야말로 모든 백성들의 근본
이 되어야 될 것이며, 모범이 되는 삶
을 살지 아니해서는 아니 될 것이니라.
8 한 장의 법전을 읽고서 너희들에게 누
가 시시비비해도 묻는 말에 대답하지
못할 자가 없으며, 그와 같이 깨달음
의 변화가 넓다 내가 너희들에게 그리

말함이니,
9 160권의 법전을 읽고 깨우친 너희들
이 어떠한 백성들이더냐?
10 그러니 너희들이 그대로 행하고 살아
가고자 할 때, 너희들 자신도 모르게
나에게 오를 수 있는 천사가 되어 변
해져 있다는 것을 너희들이 어느 날
알게 된다 함을 여기서 알아야 될 것
이니라.
11 그러니 160권을 읽고 깨우친 백성 너
희들이 한 장의 법전이요, 한 권의 법
전을 읽고 세상을 통달한 것처럼 하는
그들에게 어떠한 모범된 자세로써 살
아가야 되며, 너희들이 어떠한 행동으
로써 살아가야 되는 것인가를 스스로
깨우쳐 행하도록 그리하며, 그 과제는
너희들 것이니,
12 너의 제자들과 나의 법전을 읽고 깨우
친 만백성 너희들은 한 장의 법전을
읽은 자와 160권의 법전을 읽은 너희
들과 똑같은 행위를 하고 살아간다면
너희들이 얼마나 잘못된 자요, 나를
욕되게 하는 자요, 나를 능멸하는 자
인가를 깊이 생각하고 깨우쳐야 됨을
그리 알라.
13 한 장의 법전을 읽어도 세상에 누가
물을 때 대답하지 못할 것이 없으며,
세상 것을 다 얻은 것처럼 말해도 그
밑에 많은 백성들이 구름 떼처럼 모여
들 수 있는 것이거늘,
14 160권의 법전을 읽은 너희들이 과연
어떠한 삶이요, 어떠한 행동으로써 살
아가야 되는 것인가, 이것은 너희들의
과제임을 그리 알라, 사랑하는 나의
아들딸들아!

8,438 번째 하나님 말씀

2003년 11월 16일 0시 34분

1 사랑하는 나의 아들아!
2 "네, 아버님! 말씀하옵소서."
3 너희들이 인간 세상에 살아가면서 가
정의 문단속이요, 집의 문단속이요,
도둑으로부터 그를 지키기 위하여 모
든 애를 다 씀이니라.
4 너희들은 평소에 365일이라는 그 날
짜 속에 도둑을 잘 지키며 자신을 잘
방어하는 그와 같은 삶을 살고 있음이
니라.
5 그러나 너희들이 어느 날 갑자기 문단
속을 하지 아니하며 그 방어를 소홀히
함으로 도둑이 들어 그 모두를 낭패를
본다면, 365일 중에 그 하루를 못 지
키면 과연 그것이 무엇이더냐?
6 다 허사가 되고 다 무너지는 것이 아
니더냐?
7 너희들이 평소에 잘 지키던 것을 어느
날 갑자기 하루를 잘못 지킴으로 도둑
이 그를 틈타 모든 피해를 입힌다 하
면, 정녕 너희들은 365일 중에 364일
은 허사가 아니더냐?
8 너희들이 지금의 믿음의 길을 가는 것
이 그러하니라, 나의 아들아!
9 너희들이 변화되고 또 깨우쳐 오는
것, 너의 제자들 또한 나의 법전을 읽
으며 너를 통하여 내리는 나의 강론을
들어 그들이 365일 곧고 바른 자세로
써 변해 가는 것을 긴장을 풀어서는
절대로 아니 되는 것이 너희들임을 알
아야 될 것이니라.
10 긴장을 풀지 말아야 될 것이니라.

11 긴장을 푸는 순간에 너희들이 무너짐
이니라.
12 일순간에 도둑을 맞는 것처럼, 일순간
에 사탄의 유혹에 의하여 무너지는 것
이 바로 너희들이니라.
13 너희들이 365일 동안을 아름답게 변
화되는 삶 속에 살다, 잠깐 '아차' 하
는 순간에 사탄의 유혹에 의하여 넘어
지는 것이 믿음의 길을 가는 백성들의
길임을 너희들은 알아야 될 것이니라.
14 그리고 여기서 너희들이 한번 무너지
며 좌절하기 시작하면 다시 원상태로
돌아오기가 힘든 것이니,
15 한순간에 무너지는 것을 예방하며, 그
리 무너지는 일이 있어서는 아니 되는
것이 너희들이 믿음의 가는 길임을 알
라, 사랑하는 나의 아들아!
16 잠시도 멈추며 잠시도 다른 생각을 해
서는 아니 될 것이니라.
17 너희들이 말하는 눈 깜짝하는 사이에
세상이 변하듯이, 너희들이 눈 깜짝하
는 사이에 미끄러지고 쓰러지며 흐트
러지게 되어 있음이니,
18 스물 네 시간 동안 365일 긴장한 자세
로써 살아가지 아니하면 너희들이 나
에게 오를 수 없으며, 진정한 믿음의
길을 지킬 수 없으며,
19 하늘에 오르는 경지에 한 발짝 한 발
짝 나에게 다가올 수 있는 것이 못 됨
이니라.
20 다가왔다 무너지는 그와 같은 형국으
로써 너희들이 평생 그리 살아가는 백
성들이기 때문에 구원을 받지 못하며
나에게 오르지 못하는 것임을 알라.
21 365일 중에 364일을 도둑을 잘 지켰
으나 하루 방심하여 모든 재산을 털리
듯이, 믿음도 그와 같이 하루아침에
무너진다는 것을 너희들은 절대 잊지
말라, 사랑하는 나의 아들딸들아!

8,439 번째 하나님 말씀

2003년 11월 16일 0시 38분

1 사랑하는 나의 아들아!
2 "네, 아버님! 말씀하옵소서."
3 인간 세상에서 사람들을 통제하며 오
는 자를 통제하기 위하여 인간의 법도
에 의하여 검문소라는 걸 만들어 놓고
모든 사람들을 통제하는 구역이 있지
않으냐?
4 그러한 인간이 통제하는 거기에는 가
짜 신분증이요, 거짓 증명서요, 때로
는 거짓 직함을 가지고 으름장을 놓으
며,
5 수단과 방법을 가리지 아니하고 검문
하는 자를 속이고 통과하고 지나가는
그와 같은 길을 인간 세상에서는 이룰
수 있으며, 순간적으로 가능한 것이
너희들의 삶이 아니더냐?
6 하늘에 오르는 길이요, 나의 관문을
통과하는 것은, 설마 하며 너희들이
그 잔머리로써 가짜 신분증이요, 거짓
증명서를 내밀어 통과될 수 있다는 그
와 같은 생각을 해서는 아니 된다는
것을 나의 백성들에게 전하여 깨우쳐
주도록 그리하라.
7 너희들은 절대 통과될 수 없으며, 아
무리 어떠한 방법으로써 그곳을 통과
하고자 한다 해도 나 여호와는 속일
수 없으며, 나를 속이고 너희들이 천

국의 문에 들어설 수 없으며,
8 그 길에 끼어들어서 올 수 없는 것이
하늘의 법도임을 너희들은 알라.
9 내가 나의 아들을 통하여 너희들에게
무어라 말하였느냐?
10 번갯불보다도 빨리 지나가는 속에서
너희들이 잘못했던 것도 하나도 놓치
는 것이 없으며 버려지는 것이 없으며,
11 너희들이 심판대에 섰을 때 그 모두를
다 하나도 빠짐없이 그 결과에 따라서
너희들이 벌과 상을 받는 그와 같은
결과가 이루어진다 하지 아니하였느
냐?
12 인간 세상에서 너희들이 거짓 증명서
요, 가짜 신분증이요, 또는 거짓된 계
급으로써 으름장을 놓고 그 검문소요,
검문하는 자를 속이고 갈 수 있으나,
13 하늘의 문을 통과하는 것은 절대 그와
같은 것이 통하지 않는다는 것을 명심
하고 또 명심하라.
14 나의 계명대로 살고자 노력하는 자,
그리고 지금 내가 내린 나의 법전대로
살아가는 자, 너희들 자신이 아름답게
하늘을 향하여 한 점의 부끄럼이 없는
삶을 사는 자,
15 그와 같은 삶을 살지 아니한 자는 어
떠한 형국이든지 너희들이 남들이 천
국을 오는 그 대열에 낄 수도 없으며,
그들에게 가려져 들어올 수도 없다는
무서운 사실을 알도록 그리하라.

8,440 번째 하나님 말씀

2003년 11월 16일 0시 42분

1 사랑하는 나의 아들아!
2 "네, 아버님! 말씀하옵소서."
3 멀고도 먼 길을 네가 잘 참고 인내해
왔음이니라.
4 네가 남들처럼 성서를 공부한 것도 아
니요, 믿음의 길을 몇십 년 동안 간 것
도 아니요, 울고불고 광란하며 신앙의
길을 간 네가 아니니라.
5 그러나 네가 오늘에 160권의 법전 중
에 100권이 넘게 세상에 편찬하는 노
력을 해 왔음이니,
6 내가 너를 사랑하며 너의 노고에 상을
내리고자 하며, 내가 너를 높이 칭찬
함을 알아야 될 것이니라.
7 이제 네가 역사한 것만큼 내가 너에게
상을 내려, 너의 제자들 또한 너와 더
불어 역사하는 데 어려움이 없을 것이
니 그리 알라, 사랑하는 나의 아들아!
8 이제는 또한 사람도 올 것이니라.
9 내가 이미 터치해 놓은 자들이 있으며
내가 다스려 놓은 그 백성들이 너를
찾아 모여들 것이며 그들이 너를 도울
것이며,
10 그들과 더불어 모두를 역사할 수 있는
것이 이루어질 것이니 너는 그리 알라.
11 이제는 내가 터치해 놓은 백성들이 너
희들을 찾아왔을 때, 그를 다스리며
그들과 더불어 이끄는 것은,
12 너의 제자들은 아무것도 알지 못하며,
아무것도 보지도 못했으며, 듣지도 못
했으며,
13 이 성전에 돌아가는 것도 내가 역사하
는 그 모두도 그들보다 더 잘 아는 체,
너희들이 더 높은 것처럼, 더 깨달은
것처럼 그와 같은 행동을 해서는 아니
되는 것이 너를 따르는 제자들이 해야

할 길임을 그들에게 명심하도록 가르
치도록 하라, 사랑하는 나의 아들아!
14 너를 따르는 제자들은 아무것도 본 것
이 없으며, 들은 것도 없으며, 그저 아
는 것도 없다는 낮은 자세로써, 그들
이 와서 너희들에게 거부감을 갖지 아
니하게 하며,
15 그들로 하여금 저희들이 설 자리가 없
다 생각하여 떠나는 일이 있어서는 아
니 될 것이니라.
16 너희들은 그들보다 못한 자요, 낮은
자요, 깨달음이 없다는 겸손한 자세로
써 그들을 대할 때, 그들이 더불어 너
희들과 같이 역사한다는 것을 알라.
17 너희들은 주인이요, 그들은 지금 주인
을 찾아와 너희들과 더불어 가고자 하
는 자들이니,
18 너희들이 주인으로서 포근한 마음으
로 모두를 감싸는 그와 같은 자세로써
행하지 아니하면 아니 될 것이니, 이
를 너의 제자들에게 깨우쳐 줘야 될
것이니, 이를 명심하라 그리 전하라.
19 너희들이 인간 세상에 살아가는 것이
무엇인 줄 알겠느냐?
20 너희들이 백 가지의 일을 가지고 있을
때, 아흔아홉 가지를 잘하고 한 가지
를 잘못했다면, 그는 100분의 1밖에
안 되지 않더냐?
21 그러나 백 가지 중에 아흔아홉 가지
잘한 것은 모두를 다 감춰 버리며 칭
찬하기를 싫어하며, 또 남에게 그를
본보기로 깨우치고 전하는 것까지도
싫어하느니라.
22 다만 너희들이 하나 잘못한 것, 그것
이 전부인 것처럼 너희들을 가지고 선
전 선동하는 자들이 또한 있을 것이니,
23 그들의 말에 귀를 기울이고 흔들려 떠
나는 백성들이 있기 마련이니라.
24 그러니 너희들은 그 하나를 위해 최선
을 다하도록 그리하라.
25 너희들을 찾아오는 백성들이요, 나의
성전을 찾아오는 그 백성들 중에 너희
들이 백 가지 중에 하나가 잘못되어도
너희들을 모두 그와 같은 백성들이라
며 뒤에서 선전 선동하며 방해하는 자
들이 있으며, 너희들과 더불어 역사하
지 못하도록 하는 자들이 있으니,
26 그들에게 걸려든다면 너희들은 모두
가 다 실패하는 나의 아들딸이 됨을
잊지 말라.
27 너희들이 거기에 걸려들어 실패하는
자가 되면, 선택되어 왔던 백성들도
등을 돌리고 떠날 것이니, 이를 너희
들이 명심하고 또 명심해야 됨을 절대
잊지 말라 전하라, 사랑하는 나의 아
들아!

8,441 번째 하나님 말씀

2003년 11월 16일 0시 45분

1 사랑하는 나의 아들아!
2 "네, 아버님! 말씀하옵소서."
3 나의 사랑하는 백성들이 이 세상에 살
아가면서 너희들로 하여금 만들어진
쓰레기는 잘도 묻어 버리며, 그를 잘
도 태워서 때로는 재를 만드는 재주가
있으며,
4 쓰레기를 치우는 데에는 최선을 다하
며 거기에 게을리하지 아니하며, 또한
그 방법조차도 깨끗하게 치우는 재능

이 있으면서도,
5 어찌하여 너희들은 너희 자신의 마음
속에 도사리고 있는 그 쓰레기를 태워
버리지 못하고, 치워 버리는 삶을 살
지 못하는가?
6 너희들이 인간 세상의 쓰레기는 태워
재를 만들어 그를 다 날려 보내면서
도, 가장 소중한 네 마음속에 도사리
고 있는 욕심의 쓰레기를 어찌하여 태
워 버리지도 못하며 버리지도 못하며
뽑아내지 못한단 말이더냐?
7 너희들은 이제 그 모두를 다 태워야만
거듭난다는 것을 알아야 될 것이니라.
8 이제 나의 아들을 따르는 사랑하는 백
성 너희들은 자신에게 있는 모든 쓰레
기를 태움으로써 나에게 올 수 있으
며, 새로운 생명의 영광을 얻는 그와
같은 축복을 받는다는 것을 절대 잊어
서는 아니 될 것이니라.
9 이제는 이 세상의 모든 끈을 놓고 너
희들이 나 여호와에게 보답하는 삶을
살겠다는 그와 같은 각오와 자세로써
살아가지 아니하면 아니 됨을 알라.
10 너희들이 인간 세상에 살아가는 삶에
찌들어 있는 너희들의 가슴속에 있는
그 욕심의 쓰레기를 모두 다 태워 버
리며 그를 쓸어 내고, 나 여호와의 은
혜에 역사하고자 감사하는 마음으로
살아가는 오늘의 삶으로써 변하지 아
니하면 절대 너희들은 나에게 오를 수
없다는 것을 잊지 말라, 사랑하는 나
의 아들딸들아!
11 내가 너희들을 깨우치기가 오죽 답답
하면 쓰레기를 비유하여 너희들을 가
르치겠는가?
12 쓰레기는 잘도 치우며 잘도 태워 없애
기도 하는 너희들이니, 네 마음속에
있는 그 모두를 태워 버리도록 그리하
라, 사랑하는 나의 아들딸들아!
13 그것만이 너희들이 거듭나는 길이요,
거듭남이 나에게 오를 수 있기 때문임
이니라.

8,442 번째 하나님 말씀

2003년 11월 16일 0시 50분

1 사랑하는 나의 아들아!
2 "네, 아버님! 말씀하옵소서."
3 성령으로 충만한 백성이요, 나의 아들
을 따르는 제자 너희들이 나의 법전을
읽고 강론을 들어 천사와 같은 마음으
로 변하고자 노력하는 그와 같은 너희
들이 전하는 것은 나 여호와의 복음이
요, 나 여호와의 참진리요, 하늘에 오
르는 그 길을 안내하는 가르침임을 알
아야 될 것이니라.
4 그러나 지금의 모든 종교 집단의 지도
자, 성령으로 충만하지 못한 백성, 그
리고 나의 법전을 읽고 깨우쳐 그대로
행하고자 가르치지 못하는 백성, 그들
이 설교하고 가르치는 것은 바로 나
여호와의 뜻이 아니요, 인간의 생각이
요, 인간의 교육이라는 것을 너희들은
알아야 될 것이니라.
5 그러니 너희들이 나에게 오른다 하면
서 나의 성령이 충만한 지도자의 가르
침을 받지 못하며 안내를 받지 못하
고, 인간의 생각이요, 욕심이 그득히
차 있는 그와 같은 백성들로부터 교육
을 받으며 깨우쳐 온다면, 과연 어떠

한 결과가 이루어지겠는가?

6 정녕 너희들이 나에게 오르고자 하는 그 모두는 허황된 꿈이요, 무산된다는 것을 너희들은 알아야 될 것이니라.

7 모든 종교 집단들이 인간적인 생각이요, 인간적인 그 삶에 연연하는 것, 더 갖고자 더 쌓아 놓고자 하는 것, 그리고 버리지 못하며 남들에게 도움을 주지 못하며 베풀지 못하는 것, 그와 같은 욕심의 뿌리를 버리지 못한 불쌍한 백성이라는 것을 너희들은 알아야 될 것이니라.

8 그 불쌍한 백성들의 결과는 어떠한 것이던가?

9 나 여호와가 재산이요, 버는 능력을 주었으며, 너희들이 쌓아 놓을 수 있는 능력이 있다 하면,

10 그 모두를 쌓아 놓고 재물을 벌 수 있도록 그와 같은 능력을 준 것을 감사히 생각하는 자는 그 모두를 네 이웃에게 나누어 주며 베풀어 주는 것이 너희들이 가야 하는 길이라는 그 깨우침을 과연 알고 있는가?

11 과연 너희들은 얼마나 그를 행하고 지키고 있는지 알겠느냐?

12 아직도 종교 집단이요, 지도자들은 욕심을 버리지 못한 자들이요, 그들이 지금 이 세상을 다 덮고 있으며 이 세상을 지배하고 있는 그와 같은 형국임을 너희들은 알아야 될 것이니라.

13 그러니 욕심으로 가득 찬 자요, 인간의 교리를 가지고 가르치는 자들이 나의 피조물 만백성을 하늘에 오르는 길로 인도한다 함이니,

14 이 세상이 암흑의 세상이요, 암흑의 시대라는 것을 너희들은 알아야 될 것이니라.

15 이 광명 천지에 아름다운 자연이요, 아름다운 세상 속에서 암흑의 세상의 삶을 사는 그 백성들, 그들을 거기에서 구원해 줄 자는 바로 선택된 백성 너희들이요,

16 그들을 또 깨우쳐 인도하는 그 길잡이는 나의 법전밖에 없음을 너희들은 전하여 그들을 깨우쳐 주는 데 최선을 다하도록 그리하라, 사랑하는 나의 아들딸들아!

8,443 번째 하나님 말씀

2003년 11월 16일 0시 56분

1 사랑하는 나의 아들아!

2 "네, 아버님! 말씀하옵소서."

3 지금의 나의 성경이요, 그리고 나의 율법이요, 이 모두가 참진리를 깨우치는 그 자체의 역할을 다하지 못하고 있음이니라.

4 내가 친필로 써 내린 그 십계명 자체도 나의 피조물 만백성을 깨우치고 인도하는 것, 그리고 지도자들이 그 백성들을 구원의 길로 인도하는 것에 사용되지 못하고 있으며,

5 그 자체의 역할을 다하지 못하고 있는 것이 오늘의 종교 집단이요, 지도자들이 가고 있는 행위임을 너희들은 알아야 될 것이니라.

6 나 여호와의 참진리요, 복음을 전하는 역사가 이루어지는 것이 아니요, 비진리로 나 여호와의 뜻을 거역하는 행위만 하고 있는 것이 오늘의 종교 집단

이요, 지도자들이니라.
7 그들은 내 뜻을 거역하면서, 말로써는 나의 사랑하는 만백성의 생명을 구원하는 신앙이요, 믿음의 길을 안내하는 것이요, 저희들의 성전에 옴으로 모두가 이루어지고 변화될 수 있다 그리 가르치는 자들이니라.
8 그러나 그들이 가르치고 있는 것이 나 여호와의 뜻이 아니요, 하늘의 뜻이 아니라면, 과연 그들이 가르치고 있는 오늘의 설교의 방법은 무엇이더냐?
9 인간 세상의 학문으로 변질되어 버렸음이니라.
10 그러니 나의 성경이 인간의 학문으로 변질되어, 교회를 성장시키는 경영학 교본으로 전락되었으며, 오늘의 구약과 신약이 가련한 처지가 되었음을 너희들은 알겠느냐?
11 나 여호와가 너희들에게 다시 한 번 가르침이니라.
12 나의 성경이요, 나의 율법이 만백성을 구하는, 새로운 생명으로써 거듭나는 역사를 이루는 것이 아니요,
13 교회의 성장을 위하여 경영에 필요한 그 경영학의 교본으로 전락되었으며, 인간의 책으로 전락된 것이 그 위대한 구약과 신약의 가련하고 처참한 모습이니,
14 그들이 불쌍하다는 생각은 과연 너희들이 해 보고 있는가?
15 이제 나의 법전을 읽고 깨우친 백성들이요, 나의 아들을 따르는 너희들은, 지금의 위대하다는 구약과 신약의 성서가 종교 집단이 성장하고 역사하는 경영학의 책으로 전락되어, 인간 세상의 교육으로 떨어졌음을 알라.
16 그러니 그를 바로 세우고 그와 같은 것을 역사하는 것은 바로 나의 아들을 따르는 제자 너희들만이 이룰 수 있으며, 나의 법전만이 너희들에게 역사한다는 것을 잊어서는 아니 될 것이니라.
17 나의 법전을 가지고 만백성을 구하는 백성 너희들이 나의 법전을 너희들이 살아가는 생계 수단의 경영학 교본으로 전락시키는 역사를 이루어서는 절대 아니 됨이니라.
18 그러니 너희들은 욕심을 채우고자 하는 마음을 비우며, 천사와 같은 마음으로 삶을 살아야 될 것이니라.
19 구약과 신약이 이 세상에 나왔을 때, 얼마나 위대하고 소중한 글이었던가?
20 그때 받은 것을 보며 감사해서 울고불고한 백성들이 수없이 있었음이니라.
21 그러나 그들은 세월이 흐르는 속에서 자신의 의지는 무너졌으며, 자신의 그 용기는 없어지며,
22 그리하여 종교 집단이요, 지도자들이 나의 성경을 가지고 그저 살아가는 경영학의 근본이요, 원리로 전락시켰고, 그를 '맞습니다, 믿습니다.' 하고 따라오는 것이 너희들이니라.
23 또한 지금에 와서 나의 아들을 따르는 제자 너희들도 그들처럼 나의 법전을 가지고 너희들이 살아가는 생계 수단의 책으로 전락시켜서는 절대 아니 되는 것이 너희들이 가야 할 길이라는 것을 명심하고 또 명심하도록 그리하라.
24 구약과 신약을 가르치는 모든 종교 지도자들이 인간의 삶의 교본이요, 인간

이 살아가기 위한 경영학 교본으로 나
의 성경을 다 전락시켰음이니,
25 너희들이 그를 읽고 가르치고 설교하
는 것이 나와 관계없으며 내 귀에 들
리지 않는 인간의 교육이라 함을 너희
들은 알라.

8,444 번째 하나님 말씀

2003년 11월 16일 01시 03분

1 사랑하는 나의 아들아!
2 "네, 아버님! 말씀하옵소서."
3 나 여호와가 오죽이나 가슴이 아프고
답답하면, 구약과 신약이 너희 인간의
교회를 육성하는 데 경영학의 책자로
전락되어 인간 세속에 떨어졌다 그리
말하느냐?
4 너희들이 타 종교를 핍박하며 그리고
예수가 재림한다는 것, 그것만을 부르
짖고 있는 것이 오늘의 믿음을 가는
길이 아니던가?
5 너희들은 지금까지 흘러오는 그 속에
서 구약과 신약의 성서를 하늘의 뜻이
요, 구원의 길을 가는 교본으로 삼고
가르친 것이 아니라, 인간 세상에 살
아가는 방법으로 전락시켜 놓았기에,
6 그 속에서 배우고 깨우친 백성들이 오
늘까지 역사한 것이 무엇이더냐?
7 지도자나 그 신도가 똑같이 타 종교를
핍박하고 인정하지 아니하며, 아무리
참진리가 내려온다 해도 그는 사악한
것이라 너희들이 그리 가르치느니라.
8 그러면서 너희들이 예수의 재림을 부
르짖으며, 예수가 재림으로써 역사한
다 하며, 그리하여 죽은 자 가운데 다
시 살아나는 축복과 영광이 있을 것이
라 너희들이 그리 행하고 있지 않은가?
9 심지어 무어라 말하며 너희들 자신이
지금 살아왔느냐?
10 하늘에 들림을 받는다 하여 휴거니 뭐
니 하는 그와 같은 소리를 부르짖으며,
11 너희 자신들 각자가 망신을 당하는 것
은 고사하고, 너희들의 가족 간에 패
가망신을 당하며, 이웃으로부터 제정
신이 박힌 자로 인정받지 못하는 타락
되고 타락된 행위로,
12 지금까지 나의 피조물 만백성을 깨우
친다는 결과가 그와 같이 되었음을 알
아야 될 것이니라.
13 너희들이 구약과 신약의 그 모두를 정
상적으로 삼아 모든 내 뜻을 역사하는
것으로 가르치고 그대로 인도했다면,
14 오늘과 같이 수많은 교파가 생기지 아
니하였으며, 수많은 종교 지도자가 생
기지 아니하였을 것이니라.
15 너희들로 하여금 그 모두가 실패의 결
과요, 오늘의 너희들은 재기 불능의
형국에까지 치달은 것이 나의 백성이
라 하면 과연 믿겠느냐?
16 그러니 나 여호와가 너희들을 구원하
고자 오늘의 이 역사를 이루고 있음을
너희들은 알아야 될 것이니라.
17 모든 종교 집단과 지도자들이 이리 될
것이며 이와 같이 한다 하여, 그를 믿
고 따르는 자들이 얼마나 타락되었으
며, 얼마나 패가망신 되었으며, 저 자
신도 재기 불능의 구렁으로 몰고 갔는
가?
18 그를 너희들이 한 번 깨우쳐 보도록
그리 전하라, 사랑하는 나의 아들딸들

아!
19 이제 구약과 신약을 더 욕되게 하지
말며, 그를 더 타락시키지 말며, 그를
함부로 짓밟는 그와 같은 사악한 행위
를 하지 말라.
20 그리고 인간 경영학의 교본으로 쓰지
말며,
21 너희들이 육의 세상에 재물을 모으며
재물을 거둬들이는 그와 같은 도구로
구약과 신약의 성서요, 나의 아들 예
수가 역사했던 그 모두를 오도하지 말
라.
22 내가 이를 너희들에게 명함이니, 이를
거역하고 너희들 마음대로 이와 같이
살아온 자, 그 죄가 얼마나 무섭고 두
려운 것인가를 알 날이 머지않았음을
내가 여기 법전에 기록하여 전함이니,
23 이를 너희들이 소홀히 들어 한쪽 귀로
듣고 한쪽 귀로 흘리는 그와 같은 어
리석은 나의 백성이 되지 말라.

8,445 번째 하나님 말씀

2003년 11월 16일 01시 08분

1 사랑하는 나의 아들아!
2 "네, 아버님! 말씀하옵소서."
3 사랑의 종교 집단이요, 그리고 사랑을
실천하는 지도자요, 믿음의 신앙의 길
을 가고 있는 모든 신도들이요, 성도
라는 백성들,
4 그곳에서는 사랑이 이루어지며, 따스
함이 있으며, 온유하고 부드러움이 있
는 집단이 되어야 되거늘,
5 지금 그 종교 집단이요, 지도자들이
어떠한 형국으로 끌고 가고 있는가?
6 적과 싸우기 위해서 너희들이 지휘부
를 만들어 놓은 것처럼, 적과 싸우는
본부와 같이 오늘의 교회가 바로 그
형국으로 되어 있으며,
7 모든 성당이요, 법당이요, 또는 회당
이 그와 같이 전락되어 있음을 너희들
은 알아야 될 것이니라.
8 항상 너희들이 남의 영역을 노리며,
남의 백성의 영토를 뺏으며, 그들을
정적으로 하여 그 모두를 예속시키고
자 하여 전쟁을 불사하는 총지휘부와
같은 것이 오늘의 교회요, 성당이요,
회막이라면,
9 너희들은 정녕 나의 아들이 잘못된 자
요, 이와 같은 것을 가르치는 나 여호
와가 사탄이요, 잘못된 자라 그리 말
할 것이니라.
10 그러나 너희들은 그보다 더 사악한 집
단으로 전락되었으며, 그보다도 더 무
섭게 지금 저 자신을 들여다보지 못
하는 어리석은 집단으로 전락되었음
을 알라.
11 그러니 그와 같은 속에서 너희들이 자
신을 지키며 자신을 보호하는 그 능력
까지도 이제는 상실되어,
12 너희들이 무엇인가 제 판단으로써 할
수 없는 무능력한 나의 백성들로 세뇌
되어 전락되었음이니라.
13 그러니 종교 집단이요, 지도자들이 남
의 것을 더 이루고자, 제 영역으로 만
들고자 하는 전투 부대가 교회라 하였
으니,
14 너희들이 배타적이요, 신뢰할 수 없는
오늘의 삶을 사는가 하면, 인간 세상
에서 이루어질 수 없는 간교한 방법과

수단을 가리지 아니하고 모든 것을 너희 것으로써 만들고 지키고자 하는 그와 같은 형국으로써 오늘에 왔음이니,

15 거기에 무슨 사랑이 있으며, 거기에 무슨 참진리가 있으며, 거기에 무슨 아름다움이 있겠는가?

16 모든 종교 집단의 지도자 너희들이 가장 성스러우며 위대한 백성이라 그리 말하나,

17 나 여호와가 너희들을 내려다보며 너희가 설교하며 울고불고하는 그와 같은 광경을 볼 때, 너희들은 경박해질 대로 경박해져 있으며, 추할 대로 추해진 것이 오늘의 종교 집단이요, 지도자요,

18 구원을 받았다며 지옥으로 달려가는 자들이 울고불고하는 그 모습을 나는 더 이상 보지 못할 정도로 비참하고 처량한 모습임을 너희들은 과연 알겠느냐?

8,446 번째 하나님 말씀

2003년 11월 16일 01시 12분

1 사랑하는 나의 아들아!

2 "네, 아버님! 말씀하옵소서."

3 사랑하는 나의 피조물 만백성 너희들이 인간 세상에 살아가는 그 속에서 부귀와 영화를 누리며 재물을 증식시키는 데는 천 번 만 번 생각하고 연구하고 또 연구하여, 그 결정이 승산이 있다 할 때 투자하는 그와 같은 행위로써 살아가느니라.

4 육의 세상에 살아가는 것은 너희들이 천 번 만 번 생각하고 재고 따져서 모두를 투자하고 경영하면서,

5 어찌하여 너희들이 영원히 살고 죽는 다음 세상의 삶에 대해서는 그렇게도 그 모두를 쉽게 결정하며, 너희 자신을 그렇게 쉽게 던질 수가 있단 말이더냐?

6 너희들이 한번 결정하여 그 교회라는 곳에 가며, 또한 성당이요, 법당에 가서 거기에서 네 몸을 바쳐 구원을 받겠다 생각하고 결정한 자, 그리고 거기에 발을 들여놓은 자들은 뒤를 돌아다보려 하지도 아니하니,

7 너희들 스스로 가고 있는 길을 잣대로 재어 보며, 너희들 스스로 과연 정도의 길인가 비정도의 길인가를 연구하고 조사해 보며 따져 보려고도 하지 아니하는 것이 너희들이니라.

8 그러면서 너희들이 그곳에서 떠나온 자, 거기에서 변질되는 자, 그와 같은 자는 죄인이요, 구원을 받지 못하고 지옥으로 간다 그리 가르치고, 또 그리 배워 세뇌되어 버린 것이 나의 피조물 만백성 너희들임을 알아야 될 것이니라.

9 이제 내가 너희들에게 전함이니라.

10 너희들이 인간 세상의 세속에서 사업이요, 무엇을 역사하고자 그 길을 선택할 때, 그리고 투자할 때,

11 얼마나 심사숙고하며, 주변의 모든 사람들의 조언을 들으며 그들로부터 깨우침을 얻어 너희들이 투자하는 그 역사요, 또 경영하는 곳에 모두를 시작하고 행하더냐?

12 그러면서 너희들이 거듭나는 것, 영원히 사는 그 세상의 삶을 위해서는 한

번 결정하면 타협이 없으며, 생각이
없으며, 좌우를 보지 아니하고 그저
그 길만 달려가니,
13 어찌하여 너희들은 그리 가장 중요한
것을 소홀히 하고 산단 말이더냐?
14 이제 너희들이 육의 세상에서 살아가
는 데 투자하고 경영하는 준비 단계를
하는 것보다도 열배 백배 천배 더 중
요하게 심사숙고하여 따지고 또 따져
봐 선택해야 하는 것이 오늘의 믿음의
길이라는 것을 잊지 말라, 사랑하는
나의 아들딸들아!

8,447 번째 하나님 말씀

2003년 11월 16일 06시 09분

1 사랑하는 나의 아들아!
2 "네, 아버님! 말씀하옵소서."
3 너희 백성들이 모두를 생각하지 아니
하려는 그와 같은 삶 속에서 이 지구
는 둥글다 말한 자가 있지 아니하였느
냐?
4 그러니 그것을 이해하는 사람들이 어
디 있으며, 그것을 아는 백성이 과연
얼마나 있겠느냐?
5 그보다도 더한 것이 오늘의 너희들이
역사를 이루는 것임을 알아야 될 것이
니라.
6 이 세상에 수천 년 동안 헤아릴 수 없
는 그 많은 세월 속에서 나의 피조물
만백성이 오로지 오늘의 가는 믿음이
요, 오늘의 그 형태만이 하늘에 오르
는 길이요, 구원의 길이라 믿고 살아
왔으며 그리하여 다져지고 굳어졌느
니라.
7 그와 같은 그들에게 지금까지 왔던 구
약과 신약의 성서를 이제는 덮을 때가
되었으며, 새로운 성경이 세상에 내려
와 새로운 획을 긋는 역사가 이루어진
다 함이니,
8 그저 평범하게 살아가고, 제가 걸을
때 평편하기 때문에 걸을 수 있는 이
지구를 둥글다 하며 거꾸로 매달려 있
다 하면 과연 그것을 이해할 수 있는
자들이 있겠느냐?
9 그게 바로 무엇이냐?
10 천지가 개벽하는 소리보다도 더 감당
키 어려운 그 소리를 한 자이니라.
11 그러니 지금 나의 법전이요, 나의 새
로운 성경이 모두를 덮어 이를 보고
깨우치지 아니하면 하늘에 오를 수 없
다 그리 말함이니,
12 그 성서를 놓고 모두가 지배하며 통제
하는 이와 같은 오늘의 이 세상에 네
가 그와 같은 말을 하며 그를 전함이
니,
13 이게 바로 너희들이 말하는 천지개벽
같은 소리라 그들은 그리 말할 것이니
라.
14 그러나 이는 엄연한 사실이며, 그와
같은 역사가 진실이며, 그리고 그것이
나 여호와의 뜻이요, 하늘의 뜻임을
너희들은 알아야 될 것이니라.
15 지구가 둥글다 하는 자를 미친 자라
하였으나, 결국 어찌하였는가?
16 지금에 와서 너희들은 지구가 둥글지
않다는 자, 그를 보고 뭐라 하겠는가?
17 지구는 스스로 돌고 있다면, 그를 누
가 돌지 않는다 말할 수가 있느냐?
18 바로 이와 같은 시대가 열리는 것이

나의 법전이요, 너희들이 오늘의 역사
하는 것이라는 것을 알아야 될 것이니
라.
19 그리하여 이제 너희들이 모두를 다 나
의 피조물 만백성들을 일깨워 주며,
그들을 구원의 길로 인도하는 그와 같
은 역사를 시작하고 있음이니,
20 그 모두를 다 받아들이며 그 모두를
다 요소에 따라 쓰는 그와 같은 역사
를 해야 되는 것이 너희들임을 알아야
될 것이니라.
21 지금 너를 따르는 제자들 또한 그와
같으니라.
22 다 쓸 필요가 있으며 쓸 자리가 있기
때문에 내가 그들을 다 찾았으며 그들
을 불러 쓰고 있음이니, 그들이 자신
의 직분에 최선을 다하는 그와 같은
삶을 살아야 될 것이니라.
23 사랑하는 나의 아들아!
24 내가 음식으로써 너희들을 비유한다
면, 너희들은 '비빔밥'이라 하여 모두
를 넣고 하나로 만들어 그 음식을 취
하지 않더냐?
25 그러니 거기는 들어갈 것들이 들어가
야 되며 또 첨가해야 될 것들을 첨가
해서 그 모두가 다 직분을 다하도록
만들었을 때, 그 음식의 맛은 몇 배 더
할 것이며, 진정한 음식의 맛을 발휘
할 수 있는 것이 아니더냐?
26 그러니 너는 모두를 다 그와 같이 하
나로 엮어, 이 세상의 모두가 불평이
없이 자기 직분을 다하며 모두를 다
이해할 수 있으며,
27 그리고 자신이 살아 있고 존재하고 쓰
이는 것이 얼마나 영광되고 기쁜 것인
가를 알 수 있도록 모두를 다 흡수해
야 될 것이니라.
28 넣을 것을 넣어야 될 것이며, 반죽할
것은 잘 반죽을 하며, 거기에 필요한
것들을 첨가할 것을 양에 맞추어 첨가
하는 그 역사를 하고 살아가야 되는
것이며,
29 그와 같은 것을 만드는 것이 오늘 너
희들이 천지를 개벽하는 소리보다도
더 무서운 소리를 전하는 너희들이 해
야 할 일이라는 것을 알라.
30 그리고 내가 이 세상의 모두를 다 그
리 반죽하듯이 골고루 잘 만들어서,
만백성이 즐길 수 있는, 완벽하고 기
호에 맞으며 가장 먹기 좋은 음식을
지금서부터 만들어 내야 되며 창조해
나가야 되는 것이 너희들이라는 것을
알라.
31 음식에 비유해 내가 너희들에게 전하
는 그 뜻을 깊이 깨우쳐 그와 같이 살
아가야 될 것이며, 그와 같은 역사를
해야 될 것이며,
32 만백성을 그와 같이 다 골고루 섞어,
누구든지 다 즐길 수 있는 백성이요,
33 아픈 마음, 슬픈 마음, 괴로운 마음,
그리고 지금까지 온 믿음의 그 모두를
버려야 되는 마음,
34 나무에 기도하고 절하며 서낭당에 매
달려 기도하고 절하는 자, 그리고 산
을 보고 절하는 자, 물을 보고 절하는
자까지도 그 모두를 다 하나로 만드는
역사를 하는 것이 너희들의 대명이라
는 것을 잊지 말라, 사랑하는 나의 아
들아!

8,448 번째 하나님 말씀

2003년 11월 16일 06시 12분

1 사랑하는 나의 아들아!
2 "네, 아버님! 말씀하옵소서."
3 너희들이 나로부터 생명을 받아 나가
세상에 존재함이니, 곧 이 세상과의
인연은 죽음이니라.
4 그러니 죽음이라는 것은 무엇이더냐?
5 한 번 죽으면 두 번 죽을 수 없는 것이
죽음이라는 것을 알고 있느냐?
6 그러니 너희들이 죽음의 명분이요, 스
스로 그 죽음에 대하여 얼마나 값지게
역사하는 것인가를 돌이켜 볼 수 있는
마음의 자세를 갖도록 그리하라.
7 그러니 인간의 삶도 한 번 죽으면 두
번 죽지 못함이니, 한 번의 죽음을 얼
마나 귀하게 선택하며 명분 있는 길을
선택해야 되겠는가?
8 그러니 지금 나의 법전은 무엇이더냐?
9 지금 나의 법전을 만드는 나의 아들을
따르는 제자 너희들이 네 생각으로써
마음을 잘못 먹어 나의 법전을 임의대
로 고치고 수정하여 내 뜻이 아닌 것
을 거기에 삽입했을 때, 바로 그것이
무엇이더냐?
10 나의 성령이요, 마지막 심판의 기본인
이 법전이 죽게 되는 것이며 죽음이니
라.
11 나의 법전이 한 번 죽음으로써 어떠한
결과가 나온다 생각하느냐?
12 사탄들이 이를 지배할 것이며, 사탄들
에게 너희들이 넘어지게 되어 있음이
니,
13 수천수만의 나의 백성들을 지옥으로
이끌어 가며 그들이 다 죽음으로 갈
수 있게 그와 같이 무섭게 변질된다는
것을 알아야 될 것이니라.
14 그러니 너희들이 나의 법전을 만듦에
있어서 네 생각이요, 너의 제자들의
생각으로 그와 같이 하여 나의 법전이
죽음으로 가는 행위를 해서는 절대 아
니 됨이니라.
15 인간 세상의 죽음도 한 번 죽으면 두
번 다시 죽고자 하며 더 큰 명분이 있
어도 너희들은 이미 죽어진 자이니,
16 나의 법전을 만드는 너희들은, 내가
성서에 기록했듯이, 네 임의로 한 자
도 더해서도 안 되며 한 줄을 더 넣어
서도 아니 됨이니라.
17 그러면 영영 명분 없이 죽음이 되는
나의 법전이라는 것을 명심하고 또 명
심하도록 그리하라, 사랑하는 나의 아
들딸들아!
18 그 의미와 이치를 안다면, 너희들이
나의 법전을 만드는 데 얼마나 열과
성의를 다해야 되는 것인가를 알아야
될 것이니라.

8,449 번째 하나님 말씀

2003년 11월 16일 11시 53분

1 사랑하는 나의 아들아!
2 "네, 아버님! 말씀하옵소서."
3 인간 세속에 살아가면서 너희들이 기
업이요, 사업이요, 어떠한 목적을 이
루기 위하여 투자할 때는 그를 두드려
보고 또 두드려 보고 분석하며 각고의
노력을 다하여 그 결론을 얻어 거기에
투자하며 역사하지 않느냐?

4 그리하여 인간 세상에 너희들이 말하
기를, '돌다리도 두드려 보고 건너간
다.'는 말이 있으니,
5 인간 세상의 백 년도 살지 못하는 육
의 삶에서 너희들이 목표요, 목적을
이루기 위하여 또 투자하기 위해서는
수십 번 두드려 보고 연구하고 검토해
서 그를 투자하고 역사하는 그와 같은
삶을 살아가면서도,
6 너희들이 영원히 사는 나에게 오르는
길이요, 구원의 길이라는 그 길을 오
는 데는 어찌 그리도 쉽게 결정하며,
그리 너희들의 마음을 정하는가?
7 너희들은 육의 세상에서 기업에 투자
하는 것보다도 믿음을 선택하는 그것
이 더 소중하며 더 신중해야 되며, 따
지고 따져 봐 참진리의 길을 선택해야
되는 것이거늘,
8 어찌하여 너희들이 그 소중한 것은 그
리 쉽게 정하며 그와 같이 결정하는가?
9 남이 가는 길이라 하여 그저 따라가는
자가 있는가 하면, 남이 역사하기 때
문에 제가 남에게 뒤지고 싶지 않다는
그와 같은 마음에서 경쟁의 심리로,
옳고 그름을 따지기 전에 너희들이 시
기하는 마음이요, 질투하는 마음이요,
욕심이요, 남들에게 제가 무엇인가를
보이고자 하는 그와 같은 마음으로써
오늘의 믿음의 길을 가며 너희들이 행
하는 것은 아닌가, 너희 스스로 깨우
쳐 봐야 될 것이니라.
10 이제 나의 아들을 따르는 제자요, 나
의 법전을 읽고 깨우친 만백성 너희들
은 알아야 될 것이니라.
11 너희들은 백 년도 못 되는 그 인생의
삶에서 사업에 투자할 때는 따지고 계
산하고 수없이 들여다보고 또 연구하
며, 많은 사람에게 조언을 들으며 가
르침을 받아 투자하나,
12 어찌하여 그보다 더 소중한 영원히 살
수 있는 구원이요, 새로운 생명으로
태어나는 것은 그리 쉽게 결정하는가?
13 그를 정하고 결정하는 데 심사숙고하
는 마음으로써 선택하도록 그들에게
지혜를 주어야 됨을 너희들은 알아야
될 것이며, 그를 전하도록 그리하라,
사랑하는 나의 아들딸들아!

8,450 번째 하나님 말씀

2003년 11월 17일 07시 41분

1 사랑하는 나의 아들아!
2 "네, 아버님! 말씀하옵소서."
3 너희들이 살아가면서 하는 말이 있느
니라.
4 '시위를 떠난 화살'이라 하여, 이미 화
살은 시위를 떠났으며 지금 목표를 향
하여 날아가고 있으니 되돌릴 수 없다
는 의미로써 그 말을 하지 않는가?
5 그러나 여기서 너희들은 다시 한 번
생각해 봐야 될 것이니라.
6 과녁을 향하여 날아간 그 화살이 과녁
을 맞추고 맞추지 못하는 것으로써 차
이점은 어떠하던가?
7 인간 세상의 삶으로 말하면 죽고 사는
것과 같은 것이 아니더냐?
8 산 자와 죽은 자와 같이, 과녁을 맞추
는 것과 맞추지 못하는 것은 그 차이
가 있음이니라.
9 과녁을 향해서 날아간 화살은 목적을

이루며 그 뜻을 반드시 이루어야 된다
는 의미로 또한 그와 같은 말을 하고
있음이니라.
10 이제 나의 법전을 세상에 너희들이 내
놓았음이니라.
11 이는 구약과 신약의 성경을 덮으며,
새로운 성서로써 그 모든 역사를 이룬
다 하였음이니,
12 이 세상에 파장은 이루어졌으며 너희
들은 이미 던져졌음이니라.
13 그러니 이와 같이 던져진 너희들을 그
들은 과연 어찌 보겠는가?
14 여기서 너희들의 자세를 다듬지 아니
하면 절대 아니 됨을 알아야 될 것이
니라.
15 너희들끼리는 서로 알기 때문에 용서
할 수 있고 이해할 수 있는 것이니라.
16 서로 실수를 한다 해도, 또한 잘못한
다 해도, 넘어진다 해도, 너희들은 같
은 형제요, 같은 제자이기에 서로 일
으켜 주고 잡아 줄 수 있으며 손을 내
밀어 세워 줄 수 있는 아량이 있으며
사랑이 있음이니라.
17 그러나 다른 백성들은 절대 그렇지 아
니함이니라.
18 저희들의 밥그릇을 뺏으며 저희들을
잘못되었다 말하는 자, 너희들이 넘어
졌을 때 그들이 절대로 손을 내밀지
아니하는 것은 당연한 것을 알 것이며,
19 또한 그들이 이 법전을 세상에 전하지
못하도록 그리고 역사하지 못하도록
너희들을 방해하는 것은 이루 말할 것
이 없으며,
20 너희들의 작은 약점이요, 작은 실수도
절대 그들은 용서하지 아니함이니라.
21 그것은 너희들의 바늘구멍만 한 작은
실수라 해도 세상을 덮는 풍선과 같이
그리 늘어나고 또 늘어나 끝없이 부푸
는 형국으로써 모두를 다 전할 것이며
그들은 너희들을 공격할 것이니라.
22 이 점을 네가 명심하지 아니하면 아니
되며, 너의 제자들도 그를 명심해야
됨을 절대 잊지 말라.
23 과녁을 향하여 날아가는 화살은 어떻
든 그 결과가 나오며 돌이킬 수 없는
것이라 하지 않느냐?
24 이미 성경은 새로 나왔으며 새로운 나
의 뜻으로써 모두가 역사한다 하였음
이니,
25 너희들은 이미 과녁을 향하여 날아가
는 화살과 같은 그 일을 저질렀거늘,
너희들이 어제의 삶과 오늘의 삶이 마
음의 각오가 똑같다 하면, 그 자세가
같다면, 과연 너희들이 과녁을 향해
화살을 날린 자들이더냐?
26 그리고 너희들은 이미 주사위를 던졌
음이니, 그 결과에 따라서 승패의 길
에 들어섰거늘, 그와 같은 준비 자세
를 지금 과연 하고 있는가?
27 너의 제자들과 나의 법전을 읽고 깨우
친 모든 백성들은 마음의 자세를 단단
히 세우지 아니하면 아니 됨을 알아야
될 것이니라.
28 너희들은 이제 만백성들에게 주사위
를 던졌으며, 시위를 떠난 그 화살의
결과가 어찌 되느냐에 따라서 너희들
의 존폐 여부가 달렸으며,
29 존폐가 달려 있는 것은 나의 백성들이
구원을 받느냐 못 받느냐 하는 그와
같은 결과가 거기에 있음을 너희들은

알아야 될 것이니라.
30 나의 법전을 읽지 않는 자 구원을 받
을 수 없으며, 정독해 접하지 않는 자
구원의 길을 볼 수 없기 때문이니라.
31 그러니 너희들이 오늘과 내일의 마음
자세와, 그리고 너희들의 행동과, 가
는 그 모든 길을 정도가 아니면 발을
떼서도 아니 되는 것이 너희들의 운명
임을 알아야 될 것이니라, 사랑하는
나의 아들아!
32 이제 그들에게 그를 강조하고 전하도
록 하라.
33 너희들이 과녁을 향해 날려 보낸 그
화살에 대하여 박수를 치고 있으나,
정녕 그 목적을 이루며 그 결과를 거
둬들이는 데 모두를 다 바쳐야 된다는
것을 알라.
34 그리하기 위해서는 너희들이 하나의
작은 오점도 보여서는 아니 되며, 그
와 같은 바른 자세로써 삶을 살아가지
아니하면 아니 된다는 것을 깊이 교육
시키며,
35 네가 그들에게 그 마음을 다스리도록
그리하지 아니하면 아니 됨을 알아야
될 것이니라.

8,451 번째 하나님 말씀

2003년 11월 17일 07시 45분

1 사랑하는 나의 아들아!
2 "네, 아버님! 말씀하옵소서."
3 몇천 년 동안 너희들이 살아오면서 울
고불고하며 '구세주요, 내 영혼을 구
할 분이요, 그리고 당신의 그 보혈로
써 내 죄가 속죄되어 나는 하얀 눈과
같이 깨끗한 사람이 되어 천국이요,
하늘나라에 갈 수 있다.' 하며 너희들
이 울고불고 찾는 나의 아들 예수,
4 그 믿음의 길을 가는 종파의 지도자
요, 그 신도들이 과연 나의 아들 예수
의 삶이 무엇이었는가 생각해 보는 자
있으며, 그를 들여다보며 그를 연구하
고 깨우치고자 하는 자들이 있는가?
5 그러니 너의 제자들은 알아야 될 것이
니라.
6 나의 아들의 삶이 무엇이었더냐?
7 나의 아들의 삶이 무엇인가를 돌이켜
보고 너희들이 생각해 봐야 될 것이
니, 이는 무엇이더냐?
8 남을 위한 삶을 산 것이 나의 아들 예
수의 삶이었음을 너희들은 알라.
9 그 보혈로써 너희들이 죄 사함을 받으
며, 그를 찾기만 하면 구원을 받으며,
그를 믿기만 하면 구원을 받는다는 생
각을 하기 전에,
10 너의 제자들이요, 나의 법전을 읽고
깨우친 백성 너희들은 예수의 삶이 어
떠한 삶이었는가 그것부터 생각하라.
11 예수의 삶은 남을 위한 삶이요, 자기
자신을 위한 삶을 산 것이 아니니라.
12 이제 나의 아들을 따르는 그 제자들이
요, 법전을 읽고 깨우친 만백성 너희
들은 너희들 자신을 위해서 사는 삶을
살아서는 아니 되는 것이니라.
13 너희들 또한 나로부터 구원을 받으며
나에게 올 수 있는 백성이라 함은, 너
희들이 남을 위한 삶을 사는 그 길밖
에 다른 길을 선택해서는 아니 되며,
다른 생각을 해서도 아니 되는 것이
너희들임을 알라.

14 너희들은 인간이요, 인간 생각의 욕심
이 있으며 인간의 고리가 있어 그 모
두를 놓을 수가 없으며, 과연 남을 위
한 삶을 살 수 있겠느냐 하는 것이 너
희들의 오늘의 마음이나,
15 정녕 나의 아들 예수가 구세주라 생각
하며, 나의 아들 예수의 보혈로써 구
원을 받았으며, 그를 찾기만 하면 너
희들이 구원을 받는다 그리 말한다면,
16 그가 어떠한 삶을 살았는가를 봐 그의
삶을 그대로 따르는 것만이 너희들이
나에게 오를 수 있는 길이요,
17 지금까지 너희들이 울고불고 기도하
고 매달리는 그것으로써는 나에게 오
를 수 없다는 것을 만백성에게 전해
주라.
18 나의 아들 예수의 삶은 남을 위한 삶
이었으니,
19 누가 무어라 해도 나의 아들을 따르는
제자 너희들은, 놓기 힘들며 끊기 어
려운 인간의 고리요, '나'를 놓고 '남'
을 먼저 생각한다는 것은 인간으로서
감히 상상할 수 없으나,
20 그러나 너희들은 그것이 나에게 오르
는 길이라는 것을 절대 잊지 말라.
21 나의 아들 예수는 그와 같은 삶을 살
았으며, 그 길만이 너희들이 나에게
오를 수 있는 그 길에 발을 들여놓는
다는 것을 절대 잊지 말라.
22 놓을 수 없는 것, 역사할 수 없는 것을
놓는 것이 사랑이요, 너희들이 행하는
길이라 하지 아니하였더냐?
23 그러니 너희들이 남을 위한 삶을 살도
록 그리하라.
24 그것만이 너희들이 가야 할 길이요,
행해야 할 길이라는 것을 절대 잊지
말도록 그리 깨우쳐 주라.

8,452 번째 하나님 말씀

2003년 11월 17일 07시 51분

1 사랑하는 나의 아들아!
2 "네, 아버님! 말씀하옵소서."
3 지금 너를 따르는 너의 제자들이 선택
된 자요, 나로부터 부름을 받은 자요,
명을 받은 자라 그리 말하나,
4 그들이 정녕 그 은혜요, 영광이 어떠
한 것인가를 생각하며, 부름을 받은
자가 어찌 역사해야 되는 것인가를 그
마음도 정하지 못하는 자가 있음을 알
아야 될 것이니,
5 그들에게 너는 깨우쳐 주며 그와 같은
마음을 정하여, 오로지 나의 법전을
만드는 데 선택된 것을 영광이요, 그
모두를 위하여 봉사하고 헌신할 수 있
도록 그리하며,
6 자신을 태워서 만백성을 구하는 비치
는 불빛이 되라 그리 전해야 될 것이
니라.
7 너희들은 세상 속의 많은 사람들 중에
수십억의 그 인구 중에서 네가 어찌
선택되었으며 오늘의 이 길을 가게 되
었는가 생각할 것이니라.
8 하늘의 이치요, 하늘의 뜻이 무엇인
줄 알겠느냐?
9 길거리에 주먹만 한 황금 덩어리가 떨
어졌음이니, 수많은 사람들이 그곳을
지나가면서도 그들이 어찌 그를 보지
못하며 어찌 줍지 못하느냐?
10 그를 주울 자요, 그를 볼 자만 그 눈에

보이며 그래서 그가 그를 주움이니,
과연 너희들은 그를 믿고 이해할 수가
있겠는가?
11 이 넓은 천지에 모든 사람들이 지나가
고 달리는 속에서, 지금 말하는 너희
들이 목숨보다 더 귀하고 소중히 생각
하는 금화요, 은화요, 또한 지폐라는
것이 있음이니,
12 한 곳에 떨어져 있는 그 지폐를 많은
사람들이 밟고 지나가면서 그를 보지
못하며 줍지 못함이니라.
13 그러나 그곳을 수없이 지나갔으나 지
나가는 자가 그를 보고 줍는 자가 있
으며 그를 찾아내는 자가 있다 하면,
너희들은 그와 같은 이치를 알겠느냐?
14 그와 같이 가질 자, 또 볼 자가 정해져
있는 것이 하늘의 이치요, 하늘의 섬
세함임을 너희들은 알겠는가?
15 그와 같은 이치를 생각해 본다 하면,
너희들이 오늘 나로부터 부름을 받으
며 명받은 백성의 그 영광을 얻은 것,
은혜를 받은 것은 너희들이 그와 같은
역사를 이룰 수 있으며 나의 뜻을 감
내할 수 있는 자들이기 때문에 부름을
받은 것이며,
16 그 모두는 나의 계획이라는 것을 너희
들이 알 때,
17 '나는 나약한 자요, 나는 능력이 없는
자요, 부름을 받을 자격이 없는 자'라
는 그와 같은 나약한 생각으로써 임해
서는 아니 될 것이니라.
18 너희는 나 여호와로부터 부름을 받은
자요, 너희가 역사하는 것은 나 여호
와 아버지가 같이함을 굳건히 믿고 살
아가는 그 마음으로써 행할 때, 너희
들은 거기에서 믿음이니,
19 그 믿음이야말로 나로부터 모든 은혜
와 영광과 상을 받을 수 있는 길이라
는 것을 알라.
20 그 믿음이 굳어진 기초에서 할 때만이
너희들이 내 뜻을 역사하는 것이며,
나에게 오를 수 있는 아들딸이 됨을
알라.
21 나는 사랑의 아버지라 하였음이니, 그
리고 사랑의 창조주 아버지라 너희들
이 그리 부르고 있지 않더냐?
22 너희들에게 그저 상을 내려 주는 것이
요, 너희들이 어떠한 역사를 했을 때,
내가 그 대가를 주는 것이 나 여호와
의 사랑이 아니니라.
23 너희들이 지금 나의 뜻을 따라 하늘에
오르는 그 길을 가는 백성, 그리고 나
여호와가 원하는 것을 따라 그대로 행
하는 자, 그리하여 구원을 받을 수 있
는 길을 오는 너희들을 내가 사랑하
며, 그것이 나에게 가장 큰 기쁨이니,
24 그게 내가 너희들에게 사랑으로써 역
사하는 창조주 아버지라 하는 의미가
거기 있음을 알라, 사랑하는 나의 아
들딸들아!

8,453 번째 하나님 말씀

2003년 11월 17일 11시 43분

1 "너는 나 외에는 다른 신들을 네게 있
게 말지니라.
2 너를 위하여 새긴 우상을 만들지 말
고, 또 위로 하늘에 있는 것이나 아래
로 땅에 있는 것이나 땅 아래 물속에
있는 것의 아무 형상이든지 만들지 말

며, 그것들에게 절하지 말며 그것들을
섬기지 말라.
3 너는 너의 하나님 여호와의 이름을 망
령되이 일컫지 말라.
4 안식일을 기억하여 거룩히 지키라.
5 네 부모를 공경하라.
6 살인하지 말지니라.
7 간음하지 말지니라.
8 도적질하지 말지니라.
9 네 이웃에 대하여 거짓 증거하지 말지
니라.
10 네 이웃의 집을 탐내지 말지니라.
11 나 여호와가 존재함을 믿는 그 자체가
구원의 길에 들어서는 기본이요 근본
이며, 나의 법전을 가슴에 안고 정독
하는 자, 반석 위에 서서 하늘에 오르
는 찬란한 빛을 보게 되는 영광을 얻
게 됨이니라."
12 사랑하는 나의 아들아!
13 "네, 아버님! 말씀하옵소서."
14 너희들이 이 세상에 살아가면서 공인
이라는 말이 있느니라.
15 공인은 공인으로서 그 자리를 지키며
만백성의 본보기가 되어야 되며 기본
이 되어야 되는 것이니라.
16 그러니 나의 법전을 만들며 지금 기록
하는 백성, 그리고 나의 아들을 따르
는 제자, 너희들은 하늘의 공인임을
알아야 될 것이니라.
17 지금 나의 법전이 이제는 백 권이 넘
어 세상에 전해지는 역사가 시작되며,
내가 뭐라 말하였더냐?
18 활시위를 떠난 화살처럼 이제는 너희
들이 모두 역사하기 시작하며 그 변화
는 시작되었음이니, 너희들이 바르고
바른 자세로써 살아가야 되는 것이 도
리라 하였음이니라.
19 어떠한 역경과 고난이 있어도 흔들려
서는 아니 된다 하였음이니,
20 오늘부터 이 법전이 세상에 내려와 만
백성을 구하는 그 역사가 시작되면 너
희들은 하늘의 공인이라는 것을 잊지
말라.
21 육의 세상에, 지상에 사는 백성의 공
인도 아니요, 창조주 나 여호와를 대
신하여 하늘의 공인이 된 너희들이 어
떠한 자세로 살아야 될 것인가, 한 점
의 부끄럼이 있는 그와 같은 삶을 살
아도 과연 되는 것인가?
22 내가 너에게 일찍이 이르지 아니하였
더냐?
23 모든 사람들은 그대로 넘어갈 수 있으
나, 너희들이 잘못하는 것은 갈기갈기
헤쳐지며, 바람 불면 늘어나는 풍선처
럼 너희들이 잘못하는 것은 그와 같이
늘어나고 펴져 가는 것이니,
24 작은 하나의 실수도 있어서도 아니 된
다 내가 그리 말하였음을 너희들은 명
심하고 또 명심해서 행동하지 아니하
면 아니 됨을 알라.
25 이제 나의 모든 법전이 역사하기 시작
하였음이니, 너희들은 오늘 이 순간부
터 하늘나라의 공인으로서 역사한다
는 것을 가슴 깊이 새겨,
26 너희들이 하나의 오차요, 하나의 부끄
럼도 없는 삶을 살아가도록 그리해야
됨을 잊지 말라, 사랑하는 나의 아들
아!

8,454 번째 하나님 말씀

2003년 12월 17일 11시 50분

1 사랑하는 나의 아들아!
2 "네, 아버님! 말씀하옵소서."
3 지금의 믿음의 길을 가는 그 백성들이
어떠한 길을 가고 있는지 알겠느냐?
4 그들이 참진리요, 진정한 나 여호와의
뜻에 따라 행하고 간다면 오늘의 이와
같은 제3의 시대는 정녕 열리지 아니
하였을 것이니라.
5 내가 성서에 기록하여 전하기를, 내가
인간을 세상에 창조함이니, 그들에게
모두를 다 주었으나 욕심에 의하여 그
들이 무너졌으며, 그들이 무너짐으로
써 구약시대라는 것이 이루어졌다 하
지 아니하였더냐?
6 구약시대도 또 너희들이 역사하지 못
하여 신약시대가 이루어졌다는 것을
너희들은 깊이 깨달음이 있어야 될 것
이니라.
7 모든 종교 집단이요, 지도자들이요,
지금 그 백성들, 믿는 자까지 저희들
의 허물이요, 잘못 가는 것은 들여다
보지 못하며,
8 오로지 저희들이 가는 길이 곧은 길이
요, 정의로운 길이라 하여 거기에 목
숨을 다 걸고 가는 그와 같은 형국이
되어 있음이니, 이를 어찌해야 된단
말이더냐?
9 그와 같이 정녕 하늘에 오르는 길이라
가는 그 백성들이 지금 이 세상을 이
와 같이 만들었음이니, 이를 어찌 바
로잡아야 될 것인지, 나 여호와도 정
녕 어느 곳에서부터 손을 대야 될지
모르는 그와 같은 형국에 있어,
10 내가 지금 이와 같은 제3의 시대를 열
어 감을 너희들은 알아야 될 것이니라.
11 이 세상에 나 여호와의 뜻을 연구하는
진정한 목자가 없으며 지도자가 없으
며 선지자가 없음이니라.
12 그리하여 너희들이 지금 수없이 만들
어 놓은 그 교회가 나에게 오르는 길
이요, 진정한 길이라 하나,
13 가을에 떨어진 낙엽이 강 위를 흘러감
과 같이 완벽한 지표가 없으며, 확고
한 신념이 없으며, 제자리를 지킬 줄
모르는 그와 같은 자들이니라.
14 그저 물 위에 떨어지는 낙엽이 물의
능력에 의하여 거역하지 못하며 표류
하는 형국으로써 지금 흘러가고 있는
것이 오늘의 종교 집단이요, 지도자들
이라는 것을 내가 말하고자 함이니,
그리 알아야 될 것이니라.
15 그러니 재물을 모으며 인간 세상의 삶
을 위하여 그저 거기만 맹종해서 달려
가는 너희들이기에, 낙엽이 떨어져서
강물에 흘러가듯이 오늘의 종교 집단
너희들이 지조가 없으며, 진리가 없으
며 깨달음이 없는 그와 같은 형국이라
함을 너희들은 믿겠느냐?
16 그러니 그 흘러가는 낙엽이 결국 어디
로 가겠는가?
17 그는 그저 세월이 지난 다음에 남는
것이 없으며 제자리가 없이 흩어져 흘
러갈 것이니라.
18 수많은 종교 집단이요, 교회라는 것이
지금 우후죽순처럼 생기나, 뿌리가 없
으며 근거가 없으며 어디로 가는지도
모르고 표류하고 있는 것이 그들의 형

국이니라.
19 그러니 그들에게 무슨 진리가 있겠는
가?
20 진리가 없으며 진정한 믿음이 없기에
나와 관계없다는 것을 너희들은 알아
야 될 것이니라.
21 지금 많은 종교 집단이요, 지도자들이
뿌리 자체를 모르며, 나 여호와가 이
루고자 하는 그 역사도 모르고 그저
가고 있는 것이니, 그들 속에서 무엇
을 이루어 가고자 할 수 있겠더냐?
22 그러니 그 뿌리도 없으며 근거도 없으
면서 나 여호와를 위하여 저희들이 살
아간다 하며, 나에게 오르겠다 하며,
나의 역사 위에서 모두 존재한다는
자들이 이 세상을 다 지배하고 있음이
니라.
23 말로써 지배하는 것이요, 깨달음이 없
으며 행동이 없는 지배자들이니라.
24 내가 너에게 무어라 말하였느냐?
25 인간의 육을 가졌으나 너희들이 생각
이 없고 지혜가 없으면 무엇이라 하였
더냐?
26 그러나 바로 그들이 지혜가 없으며 생
각이 없는 자들이요, 회개함이 없으며
세상을 바라보는 안목이 없는 오늘의
집단의 지도자요,
27 거기에 맹종하는 백성들이 이 세상을
다 덮고 지배하고 가니, 이를 어찌해
야 된단 말이더냐?
28 하늘에 오르는 그 길을 지금 내가 나
의 아들을 통하여 모든 백성들에게 방
향을 잡아 주고자 하며, 그들을 바로
인도하고자 하는 것이 지금 내가 나의
아들을 통하여 내리는 새로운 성경이
요, 법전이 그리하여 내려감이니, 너
희들은 그를 알라.
29 이 법전이요, 새로운 성경이 세상에
나가 수습하지 아니하며, 이를 거두지
아니하면 정녕 바로 설 수 없다는 것
을 그들에게 알려 주어야 되는 것이
너희들의 대명임을 알라.
30 지금의 굳어진 그 믿음의 길을 가는
백성들이 제정신이 아니며, 제가 어디
에 서 있는 줄 모르며 제가 무엇을 하
는 줄 모르며,
31 그저 저희들과 같은 집단이 아니면 색
이 다른 날짐승들이 그걸 쪼아서 죽
이고 같이하지 않도록 하는 것과 마
찬가지로 너희들이 그와 같은 형국에
있음을 알아야 될 것이니라.
32 그것이 너희들의 오늘의 형태이니라.
33 동물들이 제 종족이 아니요, 같지 아
니한 자를 쪼아 죽이며 그 생명을 앗
아 가며 그가 존재하지 못하도록 하
듯이,
34 그 배타적인 것이 그들보다도 더 굳어
져 있는 것이 오늘의 종교 집단이요,
지도자요, 그 신도들이 가고 있는 길
이니, 거기에서 무엇을 부어 어찌 그
를 구원할 수 있겠느냐?
35 오로지 새로운 나의 성경이요, 나의
법전밖에 없음을 너희들은 알아야 될
것이니,
36 그리하여 그들이 거듭날 수 있는 길
을 인도해 주고, 불쌍하고 가련한 그
들을 너희들이 손을 내밀어 구원해 주
도록 그리하라, 사랑하는 나의 아들딸
들아!

8,455 번째 하나님 말씀

2003년 11월 17일 11시 54분

1 사랑하는 나의 아들아!
2 "네, 아버님! 말씀하옵소서."
3 지금의 종교 집단이요, 지도자들이 단
상에서 설교하며 그들이 무엇을 말하
느냐?
4 누구누구는 재물을 얼마나 바쳤으며,
그리고 주의 종을 얼마나 잘 모셨으
며, 그리고 저희들의 손으로 지은 죄
의 온상인 교회를 지을 때 그는 무엇
을 역사했으며,
5 그와 같이 많은 것을 역사한 백성들은
바로 그와 같이 역사하는 순간에 은혜
를 받았다 그리 말하느니라.
6 그리하여 너희들이 교회를 짓는 곳에
재물을 많이 내는 자, 주의 종을 신처
럼 받드는 자, 그리고 재물을 그저 하
늘에 올려 바치고 구원을 받고자 하여
하늘의 창고에 많이 쌓아 놓는 자,
7 그들은 무슨 무슨 은혜를 받았으며,
무슨 무슨 은사를 받았다 그리 말하고
지금 가르치는 것이 아니더냐?
8 재물의 은사요, 병 고침의 은사요, 그
와 같은 소원 성취를 이루었다, 그러
니 너희들도 많이 바치며 많이 역사하
여 그와 같은 은혜를 받으라 하는 것
이 오늘의 종교 집단이요, 지도자 너
희들이 가르치고 끌고 온 그것이 아니
고 무엇이던가?
9 너희들은 교회를 세우는 데 무엇을 했
으며, 어려운 교회를 위해 무엇을 더
역사했으며,
10 종교 지도자를 그저 신처럼 받들며 잘
모셨으며, 그를 즐겁게 하며, 그가 잘
못 갔을 때 그를 다스리지 아니하며,
그 모든 것이 나 여호와의 뜻이라 그
리 밀어붙여 그 범죄를 다 덮어 주며
용서하는 자, 그 은혜를 받아 병 고침
이요, 재물의 은혜요, 건강의 은혜요,
그 모두를 얻었다 가르치고,
11 그 말을 듣고 '맞습니다, 옳습니다.' 하
며 손뼉 치고 소리 지르는 것이 오늘
의 너희들의 믿음이 아니냐?
12 그러니 죽어 나에게 와 심판을 받을
때, 너희들은 그 추하고 더러운 소리
만을 듣고 나에게 왔으니, 심판대에
설 자격이 없으며, 너희들은 심판을
받을 아무런 존재 가치가 없는 백성이
라는 것을 내가 말함이니, 이 무서움
과 두려움을 너희들은 알아야 될 것이
니라.
13 너희들은 재물을 바침으로써 무슨 무
슨 은혜를 받았으며, 어디에 사는 누
구는 축복을 받았다는 그와 같은 이야
기를 들으며,
14 서로가 재물을 바치며 너희들에게 그
저 나의 종이라 하여 그를 잘 받들고
모시는 것, 그 경쟁 심리를 이루었으
며, 경쟁을 붙여 즐기고 거둬들이는
거기에 너희들이 우롱당하고 이용당
했다는 것을 심판대에 섰을 때 알게
될 것이니,
15 지금 너희들이 살아 있을 때 그를 보
고 깨우쳐, 바른 믿음이요, 바로 갈 수
있는 길을 가라는 것이 내가 법전을
내려보내어 너희들을 깨우치고 다스
리고자 하는 뜻이라는 것을 거듭 전함
이니 그리 알라.

8,456 번째 하나님 말씀

2003년 11월 17일 12시

1 사랑하는 나의 아들아!
2 "네, 아버님! 말씀하옵소서."
3 너희들은 어찌 태어났느냐가 중요한
것이 아니요, 너희들이 어찌 살아가느
냐가 중요한 것이라 그리 말하지 아니
하였더냐?
4 그러니 너희들은 어찌 살아가느냐에
따라서 모든 은혜를 받고 못 받음이
니, 오늘의 삶을 바로 살라 내가 너희
들에게 그리 가르치지 아니하였던가?
5 내가 나의 아들을 통하여 너희들에게
그리 강론했느니라.
6 아브라함과 다윗이요, 그 후세인 나의
아들 예수가 요셉과 마리아를 통하여
세상에 났음이니, 너희들은 그 족보를
따지며 그를 읽고 깨우치며 그를 암송
하라 하며, 그와 같은 것을 굳건히 믿
고 따르니,
7 거기에 너희들은 모든 시간을 바치는
어리석은 백성이라, 그리 가지 말라
내가 그리하지 아니하였던가?
8 그리하여 결국은 그 후손으로서 마리
아에게서 너희들이 말하는 나의 아들
예수가 태어났음이라 그리 말하느니
라.
9 이것이 바로 내가 너희들에게 무어라
말하였느냐?
10 너희들이 잘못되었다 하였음이니라.
11 인간은 부모로부터 자식이 세상에 태
어나 그 대를 이어 감이니, 그게 너희
들에게 족보이나,
12 나의 아들 예수는 너희들 말로 성령으
로 태어났으며, 성령으로 잉태해 세상
에 태어났음이니, 너희들이 따지는 인
간의 족보와 나의 아들 예수는 관계없
음을 어찌하여 모른단 말이던가?
13 성령으로 태어난 나의 아들이라 하면
서 인간의 족보 속에 나의 아들을 끼
워 넣어 그를 암송하며, 그를 갖다 혈
통이며 정통의 자식이라 그리 가르침
이니,
14 이게 얼마나 어리석고 불쌍한 너희들
이며, 너희들이 하고 있는 것이 우매
한지 알겠느냐?
15 이제 나의 아들을 통하여 내가 법전에
기록하여 전함이니, 너희들은 그 혈통
에 나의 아들 예수를 대입시키지 말라.
16 너희들이 말하는 대로 둘 중의 하나를
선택해야 하는 것이 너희들이라 하였
음이니,
17 나의 아들이 성령으로 태어나 그게 바
로 1세대의 나의 아들로 너희들이 인
정을 하든지,
18 그렇지 않으면 성령으로 태어난 나의
아들 예수가 아니요, 인간의 부모에
의하여 세상에 태어난 나의 아들 예수
라 생각하든지,
19 둘 중의 하나를 선택해서 어떤 것인가
를 확실히 그 길을 믿고 가야 하는 것
이 너희들이 대해야 할 자세며 해야
할 위치라 내가 그리하지 아니하였던
가?
20 너희들은 아브라함과 다윗까지 14대
가 흘렀으며, 또한 다윗부터 바벨론까
지 14대가 흘렀으며, 바벨론부터 예
수가 태어날 때까지가 또 14대라 하
여 14대요, 14대요, 14대라며 그와 같

이 신기하게 생각하며, 그와 같은 역
사 속에서 나의 아들 예수가 태어났다
그리 말함이니,
21 너희들이 14로 나누는 것이 무엇이더
냐?
22 그저 너희들이 아브라함에서부터 예
수가 태어날 때까지 그것을 40대요,
50대라 하면 될 것을, 그를 잘라서 14
요, 14라 하며 그것도 신기한 것처럼
만들어 내는 것이니,
23 이것이 바로 너희들이 성서를 가지고
장난치는 것이요, 인간의 생각으로 했
음이니, 이것이 바로 너희들이 우매한
것이니라.
24 너희들이 현명한 것처럼 이게 도움이
될 것이며 예수를 믿게 하는 것이라
하여 그리 말하였으나, 이 모두는 다
너희들의 장난이요, 어리석음에서 그
리되었으니,
25 무슨 14대요, 14대라며 세어 보라 하
니,
26 바로 42세대니 아브라함과 예수가 태
어날 때까지 42대 후손이라 그리 말
하면 될 것을, 어찌 그리 묘하게 만들
어 그것까지도 중요시하는 그와 같은
것으로써 나의 피조물 만백성들을 우
롱하며 깨우쳐 가고자 하는가?
27 너희들은 여기서 결정을 지으라.
28 지금의 믿음의 길을 가는 종교 집단의
지도자, 너희들이 그와 같은 후손이
나의 아들 예수라 말한다면, 성령으로
써 잉태한 나의 아들이라는 말을 하지
말 것이며,
29 성령으로써 잉태한 나의 아들이라면
지난 것을 말하지 말며,
30 둘 중의 하나만 선택해서 가도록 그리
하라.
31 사람의 자식으로서 사람에게서 잉태
한 나의 아들이라면 그리 갈 것이며,
32 성령으로 잉태한 나의 아들이라면 성
령으로 태어난 그 1세대로 보라.
33 나는 여기서 나의 아들을 통하여 너희
에게 명하여 전함이니라.
34 모든 나의 피조물 만백성 너희들은 나
로부터 다 1세대이니라.
35 나로부터 너희들이 구원을 받을 수 있
으며 나에게 오를 수 있는 나의 아들
딸이요, 모두는 바로 나를 아버지라
직접 부름이니 1세대이니,
36 나의 아들 예수도 그와 같이 1세대였
음을 잊지 말며 그리 전하라.
37 인간의 족보요, 인간의 역사에 어찌하
여 너희들이 하늘의 나 여호와의 아들
이라 하며 성령으로 잉태한 그것을 거
기에 견주어 그리 따지는가?
38 그리 따지고 계산하는 것이 얼마나 잘
못된 것인가를 모르면서 그를 강조하
고 울고불고 '옳소, 맞습니다.' 하며 손
뼉 치는 것이 너희들의 어리석음이니
그리 알라.

8,457 번째 하나님 말씀

2003년 11월 17일 12시 07분

1 사랑하는 나의 아들아!
2 "네, 아버님! 말씀하옵소서."
3 수천 년 동안 흘러오는 나의 성경을
가지고 한 획도 고쳐서도 안 되며 한
줄을 더 넣어도 안 된다 그리 가르치
며 그리 세뇌되었으니,

4 오로지 너희들의 생각은 그와 같은 것
에 사로잡혀 맹신하고 맹종하는 신도
들이 되어 지금까지 흘러왔음을 너희
들은 알아야 될 것이니라.
5 그러면서 또한 너희들은 무어라 말하
느냐?
6 성경은 나 여호와의 계시요, 나의 뜻
으로 쓰여진 것이라 말하며, 그러하기
에 인간의 능력으로써는 이해할 수 없
으며, 인간의 능력으로써는 그 깊이를
알 수 없으며 그 의미를 절대 파악할
수 없다 그리 말하느니라.
7 그와 같이 말을 하면서 너희들이 한
획도 고치지 말며 한 뜻도 넣어서도
안 된다 하니,
8 그렇다면 너희들이 가르치는 것이 너
희들 말대로 나의 계시로 쓴 것이기에
그 능력의 한계를 모르는 위대한 성서
라 하면서, 너희들은 과연 그 한계를
알고 그 내용을 알아서 가르치는가?
9 너희들이 성서의 내용을 모르는 자가
있다 말하는가?
10 그리고 '나는 성서의 깊이를 모르는
자라' 하며 너희들의 종교 지도자요,
집단에서 가르치는 자 있는가?
11 너희들이 말하기를 인간의 능력으로
써 이해하기 어려우며 인간의 능력으
로써는 그 깊이요, 비유의 뜻을 알 수
없는 것이 위대한 성서라 하면서,
12 지금 너희들은 나 여호와의 뜻을 아는
것처럼, 너희들이 절대적인 것처럼,
모든 비사요, 비유를 아는 것처럼,
13 모른다 하는 자, 어렵다 하는 자 없이
그대로 설교하고 가르치는 것이 오늘
의 너희들의 가르침이 아니더냐?
14 그러면서 너희들은 무어라 하느냐?
15 나의 피조물 만백성을 바로잡기 위하
여, 너희들이 제대로 알지 못하며 그
비유의 뜻을 알지 못하는 너희 자신을
시인해야 될 것을,
16 너희들은 앞에서는 어떠한 능력을 가
진 인간도 창조주 내 뜻을 그대로 알
고 이해할 수 없다고 하면서, 너희들
은 완전히 이해하며 그대로 가르치는
자들이라 그리 말하느니라.
17 그리하여 너희들은 성경을 불신하는
것은 나 여호와에 대한 모독이요, 대
역죄를 짓는 것이라 그리 가르치고 있
는 것이 오늘의 너희들의 믿음이 아니
더냐?
18 인간의 능력으로 알 수 없다면, 너희
들은 과연 인간이 아니기에 그 뜻을
안단 말이던가?
19 그러면 너희들도 그 깊이를 모르니,
같이 연구하고 깨우쳐 가는 것이 나
여호와의 진리를 이해하고 배우는 길
이라 그리 말하는 것은 내가 너희들을
용서할 수 있으며 이해할 수 있으나,
20 인간의 능력으로써 알 수 없다면서,
인간인 종교 집단의 지도자들이 완벽
하게 비유요, 비사의 뜻을 아는 것처
럼, 내 깊이요, 내 의미를 완벽하게 아
는 것처럼 말하며, 모른다 말하는 자
가 없는 것이 너희들의 오늘의 그 가
르침이니라.
21 그러면서 내가 너희들에게 말했듯이
그리 말하느니라.
22 성경은 제대로 알지 못하며 제대로 깨
닫지 못하기 때문에 성경을 불신하는
자, 그를 부정하는 자, 그를 믿지 않는

자는 창조주 나 여호와의 은혜를 모르
며 나를 욕되게 하며 나를 모독하는
죄요, 대역죄를 짓는 것이라 그리하며,
23 또한 성경에 대한 그 모두는 너희들이
욕된 짓을 하는 것이라 그리하여, 그
와 같이 말하는 자를 너희들은 이단이
요, 사탄이라 그리 말하며,
24 시시비비하려 하지 아니하며, 대화도
하지 않으려 하며, 인간으로 취급도
하지 아니하려는 것이요, 상대도 하지
아니하고 가는 것이 너희들이 아니던
가?
25 너희들이 그와 같은 행위를 하는 것이
무엇인 줄 알겠느냐?
26 인간의 능력으로써 알 수 없다면서 저
는 완벽히 깨달았다고 말하며 가르치
는 자들,
27 성서를 가지고 너희들 자신의 권위를
주장하는 것, 저 자신의 위치를 지키
는 것, 그리고 교회라는 그 권위 앞에
나의 피조물 만백성들이 감히 고개 들
지 못하며 도전하지 못하며 대항하지
못하도록 그를 묶어 놓고 억압하기 위
한 방법으로써 그와 같은 행위를 하고
있다는 것을 나는 알고 있음이니라.
28 그러나 너희들은 그와 같은 것을 부정
하며 그것이 잘못된 자요, 사악한 자
가 말한다 그리 말하나,
29 너희들은 교회의 권위요, 그리고 자신
의 권위를 위하여 나의 성경을 변질시
켰으며 손질하여 너희들에게 필요한
내용으로 만들어서 지금 가고 있다면
과연 믿겠는가?
30 너희들은 엄연히 그와 같이 험악하고
무서운 짓을 했음을 알라.
31 그러니 이를 바로잡는 것은 이를 내려
보내는 나 여호와가 역사하는 길이며
내가 다스려야 할 것이며,
32 그리고 또한 비사의 뜻을 아는 자가
없으니, 나만이 그걸 바로잡을 수 있
기에 지금 내가 나의 아들을 통하여
직접 내가 내리며,
33 그리고 내가 새로운 성경이요, 새로운
법전이라 하여 이 모두를 내려보내 잘
못된 인간의 교리요, 변질된 부분을
내가 도려내며 그를 너희들에게 깨우
쳐 주며,
34 거기에 내가 검은 칠을 하여 그 글귀
를 없애고자 하며, 그 내용을 너희들
이 바로 보게 하고자 하여 내가 지금
오늘에 역사함을 너희들은 알아야 될
것이니 그리 알라, 사랑하는 나의 아
들딸들아!

8,458 번째 하나님 말씀

2003년 11월 17일 12시 12분

1 사랑하는 나의 아들아!
2 "네, 아버님! 말씀하옵소서."
3 성부, 성자, 성신이라 하여 삼위일체
라 말하는 자들, 너희들이 얼마나 어
리석고 가련한 백성인 줄 알겠느냐?
4 나 여호와의 사랑은 하나며 오로지 존
재하는 창조주는 나 여호와뿐이니라.
5 나 여호와에 의해 이 세상이 다 존재
하며 이 세상을 나의 사랑으로 다 덮
고 있음이니, 거기에 무슨 성자가 필
요하며 성신이 필요하다 말할 수 있겠
느냐?
6 이 세상의 모두를 창조한 것은 나의

아들이 아니요, 나 여호와가 창조했음
이니,
7 나의 아들 또한 나의 뜻에 의하여 창
조되어 흘러가는 세상 속에서 세상에
탄생하게 되었음이니라.
8 이 세상의 모두를 덮고 있는 것은 오
로지 나 여호와의 사랑이요, 나의 은
혜요, 그 모두가 세상을 다 덮고 다스
리고 있거늘,
9 어찌하여 거기에 성부와 성자라는 것
이 또 있으며, 다른 것이 있다 하는가?
10 나 여호와의 사랑으로 덮고 있으며 내
품으로 모두를 다 덮고 있으며,
11 그 누구도 그 어떠한 것으로도 거기에
내가 분할해 준 것이 없으며 나눠 준
것이 없음이니,
12 오로지 내가 너희들을 사랑하는 그 사
랑이요, 은혜보다 더 위대한 것이 없
으니,
13 그것 하나로써 이 세상을 다 덮고 지
배하고 있음을 너희들이 안다면, 성부
와 성자라는 말을 할 필요도 없으며
찾을 이유도 없음이니라.
14 너희들이 또한 그것을 잘못 가고 있음
을 알라.
15 이 세상에 살면서 너희들의 마음의 욕
심이요, 사악함 때문에 내가 이 세상
을 덮고 있는 그 하나의 사랑을 너희
들이 보지 못함이니라.
16 공기와 같이, 흘러가는 바람처럼 가지
아니하는 곳이 없듯이, 내 사랑으로써
내 은혜로써 이 세상을 다 덮고 있음
이니,
17 거기에는 아무것도 필요한 것이 없으
며, 감히 어떤 것도 근접하지 못하는
것이 이 세상에 이루어진 조화임을 알
라.
18 다만 너희들이 욕심이 있기에 나를 보
지 못함이니, 내 사랑을 보지 못하며
내가 내리는 은혜를 보지 못하며,
19 오로지 눈으로 보이는 것만, 너희들이
보고 느끼는 것만 인정하며, 그것만
너희들이 시인하고자 하는 그와 같은
인간의 삶이기 때문에,
20 나 여호와가 이 세상을 하나의 아름다
운 마음으로 다 덮어, 너희들이 내 마
음같이 아름답게 변하기를 바라는 그
마음을 너희들이 모르며 그를 보지 못
함이니라.
21 이제 내가 너희들에게 말하느니라.
22 모든 것이 내 마음으로 하나로 덮여
있으니, 삼위일체 등등 나를 능멸하며
욕되게 하는 말을 하지 말라.
23 내가 나의 아들을 통하여 너희들에게
삼위일체의 그 의미를 가르쳐 주었음
이니라.
24 나 여호와는 성부요, 성자요, 성신으
로 이렇게 나누어지는 것이 아니라 하
였음이니라.
25 큰 저수지에 물이 그득히 담겨 있음이
니 그것이 무어라 말하였느냐?
26 곧 성부라 말하였느니라.
27 하늘에 나의 진리를 그득히 담아 놓고
있는 나 여호와가 성부라 하였음이니
라.
28 그러니 너희들은 내 뜻을 세상에 내려
보내어 너희들에게 보여 주며, 그 물
이 흘러가서 만백성을 구할 수 있도록
그곳을 찾아가 흘러가는 것이 성자요,
29 바로 내 뜻이 하늘에서 내려오는 것이

성자와 같은 이치라 내가 그리 설명하지 아니하였더냐?

30 그리하여 저수지의 물이 흘러내리는 것을 보이는 것이 성자요, 그가 만백성을 구원하며 그를 먹고 살아간 동식물은 모두 성령을 먹고 사는 것이라 내가 그리 말하였음이니,

31 저수지에서 흘러간 물은 다 하나가 되듯이, 하늘에서 내려온 나의 진리는 다 하나이니라.

32 그리하여 내가 그 진리를 세상에 내려 보냄이니 그게 성자요, 그를 보고 깨우쳐 오늘같이 너희들이 변하고자 하는 삶을 사는 것이 성자 자체요,

33 그러니 성부와 성자는 나 여호와요, 다른 것이 존재해서 셋이 되지 아니함을 알도록 그리하라, 사랑하는 나의 아들딸들아!

34 내가 강론한 그 의미를 만백성에게 깨우쳐 주도록 그리하라.

35 그러면 그들이 알 수 있을 것이니라.

36 하나님 나 여호와가 있으며, 그 아들이 있으며, 성령이 있다 하지 말라.

37 모두는 나 여호와라는 것을 알라.

38 그리 행하는 것이 너희들이 성경을 바로 보며 깨달음의 근거를 알 수 있으며, 이 세상은 오로지 창조주 나 여호와의 은혜와 사랑으로써 모두를 덮고 다스려 역사한다는 것에 그나마 눈이라도 뜰 수 있을 것이니 그리 알라.

8,459 번째 하나님 말씀

2003년 11월 17일 12시 17분

1 사랑하는 나의 아들아!

2 "네, 아버님! 말씀하옵소서."

3 너의 제자들이요, 나의 법전을 읽고 깨우친 만백성 그들이 과연 나의 아들, 네가 어찌 살아가는지 아는가?

4 그들은 네가 네 자유 의사로 따라가는 것이 아니라, 나 여호와의 뜻과 의사대로 살아간다는 것을 모르며, 그 행동이 그와 같이 비추어지는 것을 그들은 정녕 모르고 있음이니라.

5 나 여호와의 명령에 의하여 움직임을 그 제자들이 알아야 될 것이며, 나의 법전을 읽고 깨우친 만백성은 나의 아들이 움직이며 행하는 것이 나의 명에 의한 것이라는 것을 알아야 될 것이거늘,

6 어찌하여 그 제자들이 그를 모르며 그를 알려 하지 않으며 그를 믿지 못하고 간단 말이던가?

7 이제 너희가 소리 없이 웃는 그 꽃의 소리를 들을 수 있을 때까지 변화되라 하였음이니, 너희들의 마음이 그와 같이 변화되는 것에 삶을 다해야 될 것이며 우선 최선을 다해야 될 것이니라.

8 나 여호와는 만백성을 구하고자 빛을 내리니, 그 빛 속에 있는 나의 백성 너희가 선택된 위대함을 지금 모르는 것과 마찬가지니라.

9 그리고 너희들이 선택된 백성으로서 나에게 와 얼마나 큰 은혜와 영광을 얻는지 그를 안다면,

10 너희들은 나의 아들이 역사하는 것, 나의 아들이 가고자 하는 것을 알 수 있을 것이니라.

11 너희들 자신이 은혜요, 영광이 무엇인지도 모르기 때문에, 그것 하나만이라

도 깨닫는 백성이 이 세상에 있다 해
도 내가 이와 같이 법전을 만드는 시
간을 소모하며 너희들을 깨우치는 이
와 같은 역사는 하지 아니하였을 것이
니라.
12 나의 아들이 사람을 미워하며 무엇을
미워한다 해도, 그것은 내 아들이 미
워하는 것이며 그가 미워하는 마음이
니라.
13 그러나 내가 그를 사랑하며 내가 그를
아낀다면, 나의 아들은 인간인 제가
미워하고 싫어하는 그 마음을 돌려서
내 뜻을 따라가는 것이 나의 아들임이
니,
14 그가 그리 살아간다는 것을 어찌하여
너희들은 모르며, 한 길밖에는 모르
며, 너희들이 하늘에 오르는 그 이치
요, 뜻을 모르는가?
15 나의 아들에게 돌팔매질을 하며 나의
아들의 멱살을 잡고 울고불고한다 해
도,
16 나의 아들은 돌아서서 나 여호와의 뜻
이 무엇인가를 앎이니, 그 멱살 잡은
자에게 용서를 빌며, 울고불고 싸운
자에게 용서를 비는 것이 나의 아들이
지금 살아가는 길이요, 삶의 길이라는
것을 알라.
17 제 뜻대로 살아가는 것이 아니요, 하
시라도 내 뜻에 의하여 내가 원하는
것이 무엇인가를 알아, 그는 남을 사
랑하고 버리며 지키는 것도 또한 그
임의대로 하지 못하거늘,
18 어찌하여 그 제자들이 그것 하나도 모
르는 어리석은 제자들만 나의 성전에
와 그를 따른다 하며, 나의 법전을 읽
고 깨우쳐 만백성을 구하는 대열에 섰
다 그리 말하는가?
19 너희들이 모든 말을 하는 것, 너희들
이 모두 역사하는 것이 너 자신의 육
이요, 네 감정이요, 네 기분에 의하여
치우치는 것인가, 나 여호와의 뜻에
움직이는 것인가 너희들은 보라.
20 너희들은 나 여호와의 뜻에 움직이는
것을 모르며 내가 원하는 것을 모름이
니, 너희들의 행동함과 나의 아들이
움직이는 행동이 거기에 차이가 있음
이니라.
21 너희들은 감정에 북받쳐 그대로 말하
고 그대로 흘러가며 감정대로 살아가
며, 나 여호와의 뜻이 무엇인지 모르
기에 바로 돌아설 수 없으나,
22 나의 아들은 너희들과 같이 감정이 있
으며 너희들과 같이 어떠한 역사를 이
룬다 해도,
23 바로 내 뜻이 무엇인가를 내가 명했을
때, 제 뜻을 접어 두고 나 여호와의 뜻
에 순종하며 순응하는 것이 나의 아들
의 삶이요, 그가 가는 길이라는 것을
그 제자들이 어찌 그 하나도 모르는
어리석은 백성이란 말이더냐?

8,460 번째 하나님 말씀

2003년 11월 17일 23시 25분

1 사랑하는 나의 아들아!
2 "네, 아버님! 말씀하옵소서."
3 '나의 법전을 가슴에 안고 정독하는
자, 반석 위에 서서 하늘에 오르는 찬
란한 빛을 보게 되는 영광을 얻는다.'
하였음이니라.

4 그러니 너희들이 나의 법전을 가슴에
안고 정독하면 하늘에 오르는 그 영광
된 길을 본다 하였음이니, 너희들이
그것보다 더 크고 큰 영광과 은혜가
과연 어디 있겠는가?
5 그러니 너희들이 나를 믿고 나 여호와
가 존재하는 것을 믿는 백성으로서,
하늘에 오르는 그 영광의 길을 내가
보여 주고 너희들이 그 길에 들어선다
하였음이니,
6 너희들이 진정으로 나 여호와를 믿으
며 진정한 믿음의 길을 간다면 내가
어찌하여 고통과 시련의 길을 너희들
에게 주겠는가?
7 너희들은 나의 길을 오는 것이 고통과
시련을 겪으며 그 훈련 속에 연마한다
함이니라.
8 그러니 너희들이 그와 같은 훈련이 필
요한 것은 무엇이더냐?
9 완벽한 저격수로서 육성되어 완벽한
기능을 할 수 있는 군인이라면, 그리
고 또 그와 같이 쓸 수 있는 병사라면,
그가 혹독한 훈련을 마쳤다면, 그에게
그와 같은 훈련을 계속할 이유가 어디
에 있겠는가?
10 그러니 그가 경지에 오르며 병사로서
능력을 다 갖추었을 때 그 소정의 교
육을 마칠 것이니라.
11 모든 병사들이 기초 교육이요, 기본을
배우면 그것으로써 끝나지 않더냐?
12 그리고 수시로 연마해 그를 잊지 않도
록 하는 것이 인간 세상의 교육 방법
이니라.
13 그러니 너희들이 정녕 나의 뜻을 믿으
며 진정한 진리의 길을 가는 백성으로
변화된다면, 어찌하여 고통과 시련이
요, 연단이라는 게 있겠는가?
14 너희들이 변화되지 아니하였으며 깨
닫지 못하기 때문에, 그를 기준에 올
려놓기 위하여 시련과 고통을 당하는
것이니라.
15 그러니 내가 나의 아들을 통하여 너희
들에게 무어라 하였느냐?
16 진정 나를 믿는 백성 너희들이 구원의
길에 들어서는 백성이라 하였거늘, 내
가 너희들에게 정녕 고통과 시련을 주
겠느냐?
17 그러니 너희들은 나의 십계명에 마지
막 한 구절의 그 의미를 깊이 깨달아
야 될 것이니라.
18 내가 십계명 다음에 한 줄을 넣어 '나
여호와가 존재함을 믿는 것으로써, 그
리고 나의 법전을 가슴에 안고 정독하
는 것으로써 너희들이 반석 위에 서서
하늘에 오르는 찬란한 빛을 보며 그
길을 따라온다.' 하였음이니, 그보다
더 큰 은혜와 영광을 내가 너희들에게
내려 주었거늘,
19 육의 세상에서 너희들이 정녕 반석 위
에 설 수 있는 마음이 되어 있다면, 내
가 어찌 너희들에게 그 모든 고통과
시련을 주겠는가?
20 그러니 바로 너희들이 받지 못하며 역
사하지 못하는 것은 자격이 안 되어
있으며, 갖추어지지 아니하였기 때문
임을 알아야 될 것이니라.
21 나의 아들 예수요, 그를 따르던 그들
도 마찬가지니라.
22 너희들이 그들을 봐 말하기를, 그와
같이 고통과 시련 속에서 간 것이 나

의 아들 예수를 따른 제자들이요,
23 그리하여 나의 아들을 따르며 나의 법
전을 향하며, 하늘에 오르는 그 길을
오는 자들은 고통과 시련의 길이 당연
한 것이며 그리 온다 생각하나,
24 그것은 너희들이 갖추어지지 아니하
였으며 다스려지지 아니하였기 때문
에 너희들이 기준에 오를 때까지 시련
과 고통의 훈련을 주는 것이니, 너희
들이 일찍이 갖추어지면 그와 같은 것
은 너희들에게 없음을 알라.
25 그러니 이제 너를 따르는 제자들이요,
나의 법전을 읽고 깨우친 만백성 너희
들은 알아야 될 것이니라.
26 너희들이 그와 같이 먼저 변하는 것,
그리고 일찍이 변하는 그 길만이 너희
들이 그 모두에서 벗어날 수 있는 것
이며,
27 육의 세상에 너희들이 모든 은혜를 받
을 것이며, 또한 너희들이 나에게 오
를 수 있는 반석 위에 일어서는 그 영
광도 너희가 변화되지 아니하면 아니
됨을 알라.
28 그러니 그 모두는 너희들이 다스려지
지 아니하고 갖춰지지 아니하였기에
훈련과 시련이요, 그 고통의 어려운
길을 오는 것이요,
29 모두 마음을 비우고 다스린 자는 그와
같은 것도 또한 없음을 알라.
30 절대 내가 바로 오는 백성에게는 고통
과 시련의 그 역사를 주지 아니할 것
이니라.
31 어린아이처럼 착하고 아름답고 고운
마음을 가지고 있는 자, 너희들이 그
들을 얼마나 사랑하며 귀여워하며 예
뻐하는가?
32 네 자식이든 아니든 어리고 어린 그
착한 아이들, 세상사에 계산이 없으며
그저 보고 듣는 대로 웃고 즐기는 그
아이들을 미워하는 자가 없지 않더냐?
33 그와 같은 심성으로 돌아왔을 때 그를
미워할 자 없으며 고통을 줄 자가 없
는 것이 하늘의 법도이며 나 여호와의
뜻임을 너희들은 알라.
34 어린아이 같은 모습으로써 너희들이
변하여 살아가는 그와 같은 길로 갈
때, 너희들은 상상할 수 없는 나로부
터 은혜와 축복이 있다는 것을 절대
잊지 말라.
35 너희들이 나 여호와가 존재함을 진심
으로 믿고 나의 법전을 가슴에 안고
정독하고 깨우치는 그것으로써 너희
들이 이 세상에 무엇과도 바꿀 수 없
는 하늘에 오르는 그 길이요, 반석 위
에 서서 그날부터 구원을 받는 그 길
을 걸어올 수 있는 은혜와 영광을 내
가 너희들에게 주거늘,
36 세상 것 무엇을 내가 너희들에게 못
주겠느냐?
37 그와 같은 마음 자세요, 한계에 들어
섰을 때, 너희들은 나로부터 받는 은
혜의 기쁨을 알게 될 것이니라.

8,461 번째 하나님 말씀

2003년 11월 17일 23시 29분

1 사랑하는 나의 아들아!
2 "네, 아버님! 말씀하옵소서."
3 너의 제자들에게 깨우쳐 주도록 그리
할 것이며, 나의 법전을 읽고 깨우친

사랑하는 백성 너희들은 들어야 될 것
이니라.
4 나 여호와가 역사하는 것은 너희들이
단순히 하나의 그 좁은 길이요, 인간
세상에 너희들의 생각이요, 너희 마음
으로써 모두를 보는 것이 아니니라.
5 나 여호와가 하는 것은 끝이 없고 넓
고 깊은 방법으로써 그 모두를 역사하
는 것이 내가 이루는 것이니라.
6 지금의 모든 종교 집단이요, 지도자
너희들이 어떠한 줄 알겠는가?
7 너희들은 인간의 생각으로 마음을 열
지 못하며, 너희 마음을 꽉꽉 묶어 놓
는 그와 같은 것으로써 믿음의 길을
간다 함이니,
8 나 여호와가 역사하고 이루는 것은 넓
고 깊은 의미가 있으며, 그 모두가 전
해지지 아니하는 것이 없으며, 세상에
덮이지 아니하는 것이 없는 그와 같은
속에서 나 여호와가 이루고자 하는 것
을 이루는 것이거늘,
9 너희들이 그 마음을 열지 못하여 너희
자신을 동여매어 숨을 쉴 수 없는 그
와 같은 형국으로 깨달음이요, 하늘에
오르는 길을 온다 함이니, 그리하여
너희들이 아무것도 볼 수 없는 자들이
니라.
10 스스로 가슴을 열지 못하며 너희들이
눈을 감으며 귀를 막는 그와 같은 형
국이니 그 모두가 이루어지는 것이 없
음이니라.
11 그러니 오늘 내가 나의 아들을 통하여
새로운 성경이요, 2천 년 동안 흘러온
너희들의 그 모두를 다 버리고 놓아야
만 되며, 새로운 성경이요, 새로운 시
대가 역사한다는, 내가 나의 아들을
통하여 너희들에게 이리 전하는 것,
12 그러기에 너희들이 묶인 마음이요, 닫
힌 마음으로 보면 이 세상이 뒤집힐
일이며, 경악할 이와 같은 개혁의 변
화라 그리 생각할 것이니라.
13 그러나 너희들이 마음을 열고 세상을
들여다보면 아무것도 아니며, 이건 자
연의 순리에 의해 이루어지는 것이니
라.
14 오늘의 너희들이 살아가는 모습이요,
삶의 형태를 보라.
15 오늘의 그와 같은 속에서 너희들이 바
로 설 수 있으며 나에게 오를 수 있는
백성이 있는가?
16 그렇다면 창조주 나 여호와가 가장 아
름답게 그리고 소중한 모습이요, 소중
한 형태로 만들어 놓은 너희들이 도저
히 구원의 길이 없다면,
17 내가 다른 길을 역사하고 선택하여 너
희들을 구하는 것이 나 여호와가 할
수 있는 길이 아니더냐?
18 그리하여 그와 같은 것은 자연적으로
이루어지는 현상임을 너희들은 알게
될 것이니라.
19 너희들이 마음을 동여매 놓고 밖을 보
지 못하며 세상을 보지 못하기 때문에,
20 성경이 다시 내려오며 나 여호와의 뜻
이 다시 내려온다는 나의 아들이 전하
는 그 강론을 듣고, 지금 모두가 뒤집
히고 당혹스러우며, 있을 수 없는 일
이며, 그리고 이와 같은 천지개벽할
일이 이 세상에 있을 수 없다 너희들
이 그리 말하나,
21 그러나 이것은 나 여호와의 뜻이요,

내가 역사하는 것임을 너희들은 알아야 될 것이니라.

8,462 번째 하나님 말씀

2003년 11월 17일 23시 32분

1 사랑하는 나의 아들아!
2 "네, 아버님! 말씀하옵소서."
3 동양의 이 작은 땅덩어리의 백성들이 선택된 백성이라 내가 그리하였음이니라.
4 그리고 이 동양의 언어가 세상을 다 지배한다 하였거늘, 같은 동양의 백성들도 뭐라 말하는가?
5 '이것은 사기극이요, 있을 수 없는 것이며, 어찌 작은 이 나라의 언어가 세상을 통제하며 세상의 공통어가 된다 말하는가?' 너희들이 그리 말하느니라.
6 그러니 그들 자신이 얼마나 어리석고 불쌍한 백성들이더냐?
7 내가 만들어 내린 것이 세계 공통어요, 미래를 준비하여 내가 내린 것이라는 것을 너희들은 믿어야 될 것이니라.
8 세상에 너희들의 말처럼 표현할 수 있는 것이 어디 있더냐?
9 한 가지 색상을 가지고도 그리 말할 수 있는 것이니라.
10 그저 노라면 노랗고 파라면 파랗다는 것이 이 세상 백성들이 전하는 말이나, 동양의 작은 이 나라의 말은 어떠하더냐?
11 노란색이라 해도 노랑이 짙고 옅음으로 해서 그것을 그대로 표현하며 그것을 전달할 수 있는 특성이 이 동양의 내가 내린 언어요, 문자라는 것을 너희들은 알겠는가?
12 그저 노랗다는 것이 아니라 그저 노람이 짙고 옅음에 따라 그를 표현할 수 있는 것이 아니더냐?
13 색상이 가지고 있는 그 원천의 그 모두를 그대로 표현할 수 있는 인간의 말은 없음이니라.
14 말로써는 약하고 흐린 그 색이 가지고 있는 것을 그대로 표현할 수 없는 것이 너희들의 말이니라.
15 그래도 그중에서 동양의 작은 나라 너희들이 쓰는 단어만큼 정확하게 근사치에 갈 수 있도록 표현하는 것이 있더냐?
16 아주 노라면 샛노란 것이요, 조금 덜 노라면 연노란 것이요, 그리고 누런색이요, 또는 옅게 노랑이 깔린 누리끼리한 색이요,
17 그와 같은 모두를 표현하여 그 색이 가지고 있는 원천의 근본까지 근접해 갈 수 있는 것은 바로 너희들이 가지고 있는 동양의 작은 나라의 언어이니,
18 모든 사물을 그대로 표현할 수 있는 것이 바로 그 말의 뜻이요, 그 위대함이 거기 있지 않더냐?
19 검으면 검다는 것 한 가지만 표현하는 것이 아니요, 약간 검은 거뭇함이요, 또 짙게 검은 시커먼 색이요,
20 이와 같이 검음을 갖다 여러 가지 방법으로 표현하여, 그 원래의 색에 근접하도록 할 수 있는 것은 동양의 작은 나라 너희들에게 내린 이 글이요, 말의 표현밖에 없음을 알라.

21 그와 같은 이치를 깨닫는다면, 너희들
에게 이는 잘못된 자요, 사탄이요, 이
단이요, 그와 같은 말을 할 수 없을 것
이며,
22 나 여호와가 동양의 작은 나라의 언어
가 세상을 덮는다면 곧 그는 역사한다
는 것을 너희들은 믿고 그리 가라.

8,463 번째 하나님 말씀

2003년 11월 17일 23시 37분

1 사랑하는 나의 아들아!
2 "네, 아버님! 말씀하옵소서."
3 지금의 믿음의 근원이요, 뿌리가 무엇
이더냐?
4 이방인이란 절대 구원을 받을 수 없으
며 축복을 받을 수 없으며 나에게 올
수 없다 너희들이 그리 말하고 가르치
는 것만 지금 부르짖고 있지 않더냐?
5 그러나 그 부르짖음이 잘못되었음을
너희들은 알라.
6 나 여호와는 이방인이든 아니든 너희
들을 구원하고 구원하지 아니하는 것
은 그걸로 내가 개의치 아니하며, 이
방인 속에도 구원이 있다는 것을 너희
들은 알아야 될 것이니라.
7 그러니 너희들이 이방인은 구원을 못
받으며, 믿음의 길을 가는 자만 받을
수 있으며 나에게 올 수 있다는 것,
8 그것은 바로 너희들이 작은 것을 가지
고 서로 시시비비하며 거기에 매달려
사는 어리석은 오늘의 믿음이요, 신앙
생활을 하고 있는 것이 너희들임을 알
라.
9 이방인이든 너희들이 어떠한 백성이
든지 나의 뜻에 의해 살고자 하며 나
의 계명대로 살아가고자 하는 자, 그
들에게 구원이 있으며 그들에게 축복
이 있음을 너희들은 알라.
10 다 너희들이 불필요한 시간을 낭비하
는 것이며, 아무런 시시비비할 가치도
없는 걸 가지고 너희들의 귀하고 귀중
한 그 시간을 낭비하고 있음이니라.
11 그리하여 지금 나 여호와가 제3의 시
대를 역사하여 이 시대를 직접 관장하
며, 버릴 자와 구원할 자를 구분하고
있는 이와 같은 중요한 이 시점에,
12 그것을 알지 못하며 그것을 바라보려
하지도 아니하며 그를 듣고 연구하려
하지도 아니하는 것이 지금 어리석은
너희들이니라.
13 큰 뜻을 보지 못하며 큰 사랑을 보지
못하며, 시시비비할 가치도 없는 그
작은 것을 가지고 '네 종파다, 내 종파
다', 서로 '이단이다, 사탄이다' 하고
귀를 막으며 거기에 시간을 낭비하며
귀중한 너희들의 삶을 거기에 다 버리
며,
14 믿음 또한 거기에 모두를 다 바치고
있는 것이 너희들이니라.
15 종교 집단이요, 지도자 그들이 그와
같이 파벌을 만듦이니라.
16 저희들이 가르칠 것이 없으며 지도할
것이 없기에,
17 저희들은 하나의 종파가 생기며 새로
운 것이 생겼을 때, '이단이요, 사탄이
요, 말세의 시대에 오는 사악한 자들
이니, 너희들은 나를 따르며, 오늘의
믿음 외에는 구원을 받을 수 없다.' 하
며 그들을 조이고 그리 이끌어 가는

것이 오늘의 믿음의 결과가 아니더냐?
18 그러나 너희들은 알아야 될 것이니라.
19 그와 같은 믿음에 따라서 너희들이 오
늘의 중요한 나 여호와가 이루고자 하
는 것, 내가 역사하고자 하는 그 목적
을 위하여 나 여호와가 직접 지금 관
장하고 내가 이루고 다스리고 간다는
것을 너희들이 알지 못하며,
20 그와 같은 역사가 이루어지는 것을 미
리 책으로써 가르쳐 주며, 그리하여
내가 관장하는 속에서 너희들이 나에
게 올 수 있는 것, 그리고 내가 목적하
는 그 목적지에 너희들이 올 수 있는
것,
21 그 모두를 상세히 기록하여 책이라는
것으로 증거하여 너희들에게 만들어
전하거늘, 그것마저도 너희들이 지금
보지 못하는 자들이니라.
22 작은 이해관계도 없으며 생각할 필요
도 없는 것, 아무런 가치도 없는 것을
가지고 모든 귀하고 귀중한 시간을 저
버리고 시시비비하고 있는 것이 오늘
의 종교 집단이요,
23 어리석은 삶이라는 것을 그들에게 전
하라.

8,464 번째 하나님 말씀

2003년 11월 17일 23시 40분

1 사랑하는 나의 아들아!
2 "네, 아버님! 말씀하옵소서."
3 사랑하는 모든 백성 너희들이 지금 이
시대를 살아가면서 정녕 여유 있는 시
간이 없으며 여유 있는 삶을 살 수 있
는 그와 같은 것이 너희들에게 얼마
없음을 어찌 모르는가?
4 너희들이 지금까지 구원이요, 하늘에
오르는 길이요, 참진리요, 그와 같은
것을 진정으로 깨우쳐 바른 것을 선택
하지 아니하고, 그와 같은 것이 어떠
한 것이며 어떠한 것이 하늘에 오르는
길인가를 생각지도 아니하며 연구해
서 길을 찾으려 하지 아니하고,
5 그저 이웃을 따라, 친지를 따라, 친구
를 따라서 구원의 길이라 하여 발을
들여놓음이니, 그것이 바로 너희들이
얼마나 방심한 것인 줄 알겠는가?
6 정녕 너희들은 지금 여유가 없으며 함
부로 믿음에 대해 방심하는 자세로써
선택할 시대가 아님을 알아야 될 것이
니라.
7 마지막 시대에 마지막 나의 뜻을 전하
는 그와 같은 역사가 지금 이루어지고
있으며, 심판의 시대가 열리고 있다는
것을 너희들은 알아야 될 것이니라.
8 그러니 이제 나의 아들을 따르는 제자
들이요, 나의 법전을 읽고 깨우친 만
백성 너희들은 알아야 될 것이니라.
9 나 여호와가 지금 마지막 시대에 마지
막 나의 뜻을 전하는 것에 선택된 백
성, 너희들이 또한 무엇이더냐?
10 너희들은 위로부터는 나 여호와의 마
지막 희망이요, 아래로는 만백성에게
마지막 희망이고, 그들의 본보기의 삶
을 살아가는 것이 너희들이니라.
11 지금 너희들이 살아감에 있어서 뿌리
를 내리고 자리를 잡지 못한다면, 영
원히 이는 존재할 수 없으며, 하늘에
서 이루어진 것같이 지상의 낙원이 이
루어질 수 없다는 것을 너희들은 명심

하고 또 명심해야 될 것이니라.
12 마지막 희망이 너희들이니라.
13 나 여호와가 바라는 마지막 희망이 너
희들임을 알라.
14 6천 년이라는 그 길고도 긴 세월을 기
다려 온 지금의 너희들에게 거는 것이
마지막 나의 희망이라는 것을 너희들
은 절대 잊지 말라.
15 그러니 너희들이 뿌리를 내리고 자리
를 완벽하게 잡는 데 최선을 다하지
아니하면 아니 될 것이니라.
16 자리를 잡아 놓으면 그 터를 닦은 곳
에서 너희들이 건축을 할 것이며, 하
나하나 필요한 것을 날라 거기에 너희
들이 아름다운 하나의 건축물을 짓는
그 역사가 이루어지는 형국으로 모두
가 다 이루어질 것이니라.
17 사랑하는 나의 아들딸들아, 그리고 나
의 아들을 따르는 사랑하는 제자 너희
들은 알라.
18 오늘의 시대의 삶이 정녕 너희들이 여
유가 있는 삶이 아니요, 너희들 자신
이 구원에 방심하는 태도로써 갈 시대
가 아니라는 것을 그들에게 전하라,
사랑하는 나의 아들딸들아!

8,465 번째 하나님 말씀

2003년 11월 17일 23시 44분

1 사랑하는 나의 아들아!
2 "네, 아버님! 말씀하옵소서."
3 너희들은 그리 말하느니라.
4 나의 아들을 비유하여 너희들이 말하
기를, 어린 양이라 그리 말함이니라.
5 어린 양이 너희들에게 와 구원하기 위
하여 제물이 됐다 그리 말하느니라.
6 그러면서 어린 양을 무어라 말하느냐?
7 아무런 죄도 모르며 죄도 짓지 아니하
며 순진하고 귀여운 어린 양과 같은
나의 아들 예수가 깨끗한 자세로 와
이 세상에 존재했다가,
8 순진한 그 어린 양이 깨끗한 그 형태
로써 나에게 제물이 되어 그는 너희를
구원하며 너희 죄를 씻어 주기 위하여
그 깨끗한 양이 살다 갔다 그리 말하
느니라.
9 그러면서 너희들은 너희 대신 죽은 그
어린 양을 상상하며 애통해하고 슬퍼
하며, 그리고 기도와 찬양으로써 온갖
짓을 다 하며 요란을 다 떨고 있느니
라.
10 그리고 세상의 모든 아름다운 말은 다
끌어들여 나의 아들 예수요, 그 어린
양에 대해 찬양하며,
11 그 어린 양에 대한 그 모습을 만백성
에게 비춰 주기 위하여, 그 가련하고
순진하고 죄를 모르며 죄가 무엇인지
모르고 깨끗한 그 어린 양이 너희들을
대신하여 깨끗한 피를 흘리고 갔다 그
리 말하며, 온갖 것을 다 붙여 찬양하
는 형태를 하느니라.
12 그리하여 울고불고 그와 같은 짓을 하
느니라.
13 그러나 너희들은 알아야 될 것이니라.
14 그와 같이 어린 양이 되어 깨끗한 모
습으로 죽어 간 것이요, 어린 양의 깨
끗한 피로써 너희들의 죄를 대속했다
는 그와 같은 것만 선전하고 찬양하며
거기에 울고불고하는 그와 같은 짓을
하지 말라.

15 과연 너희들은 어린 양의 삶을 살고자 외치는 자가 어디 있으며, '어린 양과 같이 우리가 살아야 되며 그와 같은 삶을 살자.' 외치고 가는 자가 어디 있는가?
16 너희들이 그 길을 지키고 가기는 힘들고 어려운 길이니, 깨끗하고 순진하며 아무것도 모르고 죄가 없으며 죄를 짓지 아니한 그 어린 양이 죽어 간 것이라 울고불고하면서,
17 '그와 같이 사는 것이 하늘에 오르는 길이라, 그리 지키고 어린 양처럼 변하여 살자.' 그리 외치고 가르치는 자가 없음이니,
18 그러니 이게 나에게 오르는 길이 아니요, 너희들은 그저 편하고 평탄한 길로 말로써 모두를 다 때우며 말로써 모두를 다 역사하는 것처럼 그리 가고 있는 자들이니,
19 그러니 나와는 관계없는 것이 오늘의 믿음의 길을 가는 자들이라 함이 여기 있음이니라.

8,466 번째 하나님 말씀

2003년 11월 17일 23시 48분

1 사랑하는 나의 아들아!
2 "네, 아버님! 말씀하옵소서."
3 나 여호와가 지금 나의 법전을 너를 통하여 세상에 내려보내며 만백성이 읽고 깨우쳐 심판대에 설 수 있도록 하라 함은 무엇인 줄 알겠느냐?
4 지난 역사의 6천 년 동안 너희들이 지은 죄의 그 모두를 내가 결산하고자 하며, 그 죄의 덩어리를 모두 다 끊고자 하는 것에, 나 여호와의 뜻이 거기에 있음을 알라.
5 너희들이 지은 죄의 대가는 그것으로써 치러야 될 것이며, 그리고 죄로써 무너져 이 아름다운 지상을 멍들게 하는 그것을 내가 더 이상 볼 수가 없어,
6 지금 내가 모든 결산의 시대를 열어, 새로운 역사요, 하늘의 뜻을 이 지상에 이룰 수 있는 그와 같은 것을 이루고자 하는 것이 나 여호와의 뜻임을 너희들은 알아야 될 것이니라.
7 6천 년 동안 죄 속에 살아왔으며 죄 속에 엉켜 있는 그 모든 역사를 끝내고 새로운 장을 열고자 하는 것이니, 이것이 바로 나 여호와의 뜻이니라.
8 그리하여 나의 법전을 읽고 깨우치는 자는 그 변화의 역사를 이루는 것임을 알라.
9 너희들이 아무리 믿음의 길을 가며 신앙생활을 했다 해도, 너희들이 공부하고 깨우친 만큼 변화되는 결과가 없다면, 그것은 진정한 믿음이 아니요, 참 진리가 아님을 알라.
10 그리하여 내가 6천 년 동안에 죄의 덩어리를 모두 결산하며 그 모두를 끝내고자 하는 나 여호와의 뜻이기에,
11 내가 내리는 나의 법전은 너희들이 읽고 깨우칠 때마다 너희 스스로 자신도 모르게 변하게 되며,
12 너희 스스로 봉사가 무엇이며 사랑이 무엇이며 하늘에 오르는 길이 무엇이며, 인간의 삶을 내가 강조하지 아니하였으나,
13 너희들이 인간의 삶의 그 자세를 모두 따르고 시행할 수 있는 그와 같은 형

국으로써 변화되는 것이니라.
14 그리하여 나의 법전의 무서움을 알며,
이게 나 여호와의 성령의 뜻이라는 것
을 너희들은 알라 함이 여기 있음이니
라.
15 정녕 너희들이 나의 법전을 읽고 깨우
치고 강론을 들으면서도 너희 스스로
변하지 아니한다면 이는 나 여호와의
뜻이 아니요, 참진리가 아니라는 것을
너희들은 알아야 될 것이니라.
16 그러나 너희들 스스로 자신도 모르게
변화되며 거듭나는 행복과 기쁨을 얻
는다면, 이는 나 여호와의 뜻이요, 창
조주 내가 역사하는 것이라는 것을 너
희들은 알아야 될 것이니라.
17 그것도 6천 년 동안에 죄로 얼룩진 그
모두를 결산하며 새로운 시대를 역사
함이니, 너희들이 변하는 그와 같은
마음은 아름다운 꽃을 피우는 그 과정
이니라.
18 그러니 너희들이 모두 길러 가고 변화
되는 역사의 삶을 살 때, 결국 너희들
은 아름다운 꽃을 피울 수 있음이니,
19 나 여호와는 천 년에 걸쳐서 그 아름
다운 꽃을 나의 사랑하는 백성 너희들
에게 피우고자 하며, 너희들은 피울
수 있다 생각하며,
20 그리하여 인간의 열매를 거두고자 하
는 것이 천 년 후에 내가 너희들에게
언약하는 그와 같은 사실임을 알라,
사랑하는 나의 아들딸들아!

8,467 번째 하나님 말씀

2003년 11월 17일 23시 53분

1 사랑하는 나의 아들아!
2 "네, 아버님! 말씀하옵소서."
3 너를 따르는 제자들은 알아야 될 것이
니라.
4 나의 율법과 법전이요, 그리고 지금의
모든 성서요, 지금까지 너희들이 깨우
치고 온 것, 그리고 믿음의 그 길을 온
것,
5 그것은 너희들이 반석 위에 서서 하늘
에 오르는 찬란한 빛을 보는 그 역사
함을 얻기 위함이니, 이는 곧 무엇이
더냐?
6 너희들이 거듭나는 인생으로서, 성령
으로 임하는 백성으로서 변화되는 길
을 인도하며, 변화될 수 있는 기초요,
근본을 다스려 주는 것이 율법이요,
성경이요, 나의 법전임을 너희들은 알
아야 될 것이니라.
7 나의 사랑하는 백성 너희들이 성령으
로써 임하지 아니하고는 정녕 나를 따
르고 나에게 오를 수 있는 백성이 아
님을 알아야 될 것이니라.
8 성령으로 임하지 않은 백성은 나로부
터 서서히 멀어지기 시작하며, 너희들
이 짓고 있는 죄의 근원인 욕심, 그 덩
어리마저도 너희들이 근절하지 못함
이니,
9 스스로 너희들을 다스릴 수 없는 구제
불능인 형태로 흘러가는 것이니라.
10 그러니 나 여호와는 그와 같은 백성들
을 어찌 더 다스리고 이끌어 가겠는가?
11 스스로 나 여호와도 노함이요, 나 여

호와도 너희들의 그 손을 놓게 되는
것임을 너희들은 알아야 될 것이니라.
12 내가 너희들의 손을 놓으며 너희들이
나로부터 멀어진 그와 같은 세상의 삶
을 살 때,
13 죽어 와 구원이요, 거듭나고 거듭나지
못하는 그 심판대에 서지도 못하고 그
대가를 치르러 가는 것이 너희들이라
는 걸 나의 법전에 수없이 기록하여
전했음이니,
14 오늘 이 깊은 밤, 내가 너희들에게 다
시 한 번 전하는 그 의미를 알라.
15 그러한 너희들을 구원하고자 내가 어
떠한 역사를 이루었더냐?
16 나의 아들 예수를 세상에 보냈으며,
그의 고통과 시련을 내가 벗어나게 해
주지 아니하였으며 그 애절한 기도를
들어주지 아니하고 내가 나의 아들 예
수를 너희들에게 보냈음이니, 어찌하
여 그와 같은 것도 모른단 말이더냐?
17 내가 나의 아들 예수를 너희들에게 보
낸 그 의미는 무엇인 줄 알겠느냐?
18 나의 아들이 이루고자 했던 사랑이요,
그 삶을 본보기로 하여 깨우치는 백성
이 되도록 내가 너희들에게 그리 전했
거늘,
19 지금의 너희들의 삶이 어떠하며 너희
들이 지금 역사하는 것이 어떠한가?
20 너희들 스스로 종말이요, 말세요, 도
둑이 들끓는 세상이라 그리 말하며,
인간이 인간을 믿을 수 없는 무서운
세상이 되었다 그리 말하니, 오늘의
너희들이 그와 같이 잘못된 역사가 아
니던가?
21 과연 새로운 시대가 이와 같은 형국에
서 열린다 생각하는가?
22 그리고 새 시대가 과연 열릴 수 있겠
는가?
23 너희들은 무서울 만큼의 충격을 주지
아니하면 아니 되며, 너희들이 몸서리
칠 만큼 무서운 개혁의 소용돌이가 불
어닥치지 아니하면 너희들은 절대 변
할 수가 없으며 너희 스스로가 일어설
수가 없음이니,
24 그리하여 내가 오늘 나의 아들을 통하
여 성서가 잘못된 것을 내가 잘못되었
다 말하며, 새로운 성경이 세상에 내
려온다는 이 무서운 뜻을 내가 이제
세상에 공포하기 시작하였음을 너희
들은 알아야 될 것이니라.

8,468 번째 하나님 말씀

2003년 11월 18일 08시 02분

1 사랑하는 나의 아들아!
2 "네, 아버님! 말씀하옵소서."
3 너희들이 걸치는 그 옷에 작은 단추가
제자리를 찾지 아니하고 잘못 끼워져
있을 때, 그는 과연 어떠한 성능을 발
휘하는가?
4 그 옷은 너희들이 결코 입을 수 없지
않더냐?
5 그리고 모양새가 과연 어떻게 비치겠
느냐?
6 그러니 세상 이치는 모두 다 작든 크
든 제자리를 지키고 역사해야만 순리
대로 모두가 돌아가며 움직이는 것이
니라.
7 하물며 지금 너희들이 어떠한 형국이
더냐?

8 이 세상을 지배하는 지혜 높은 나의
백성으로 만들어 세상에 내려보냈음
이니,
9 너희들이 제자리를 지키지 못하며 제
자리를 알지 못한다면, 결국 어떠한
형국이 이루어지겠느냐?
10 지금 내가 너를 통하여 내리는 새로운
성경이요, 이 법전이요, 너의 제자들
로 하여금 기록하여 만든 이 법전이
과연 무엇인 줄 알겠느냐?
11 너희들의 잘못 끼워진 그 단추를 바로
끼우는 것과 같음이니, 제자리를 찾지
못하는 그 불쌍한 백성들이 제자리를
지키며 원위치를 찾으라 하는 것이 나
여호와의 뜻이니,
12 그 이상을 바라는 것은 내가 욕심이
요, 또한 너희들에게 말할 수 없는 고
통을 주는 하나님이라 할 수 있으나,
13 나는 너희들이 지켜야 할 기본의 자세
로 돌아오라 하는 것이 나 여호와의
뜻임이니라.
14 기본의 자세를 지키지 못했을 때, 그
는 이루어질 수 없는 것이기 때문이니
라.
15 작은 옷 하나 걸치는 것, 작은 기계를
사용하는 것, 그것이 다 제자리를 지
키지 못했을 때, 그 모두는 제 기능을
발휘하지 못하며 쓸 수 없는 것이 아
니더냐?
16 그러니 이 세상을 지배하는 나의 피조
물 만백성들이요, 그 많은 너희들이
제자리를 지키지 아니하며 제자리를
모르고 지금 살아가고 있음이니, 어떠
한 형국이라 하겠느냐?
17 내가 내려다보는 이 지상이 바로 그러
하니라.
18 제자리를 찾지 못함이니, 제 위치를
찾지 못하며, 모두가 순리대로 돌아가
지 못하는 그와 같은 형국으로 지금
젖어 있음이니,
19 그 모두를 제자리에 놓고자 하는 것이
나 여호와의 뜻이니라.
20 너희들의 마음이요, 심성이요, 살아가
는 그 생각이 모두 정도의 길이 아니
요, 제자리를 찾지 못하기 때문에 엉
키고 엉킨 그 실타래와 같음이니, 그
를 과연 어디에 쓰며 무엇에 쓰겠느냐?
21 오늘의 너희들의 형국이 그러하니라.
22 작은 것 하나도 제자리를 찾지 못했을
때 그 기능을 쓸 수 없다 하였거늘,
23 인간인 너희들이 제자리를 찾지 못하
고 있음이니, 그것이 얼마나 혼란이고
험악한 세상이 되겠느냐?
24 너희들이 살인하는 것, 자식이 부모를
버리는 것, 또한 부모가 자식을 버리
고 서로가 그와 같은 행위를 하는 것,
형제 지간에 반목하는 것,
25 그리고 인간의 가장 귀중한 생명이요,
나 여호와가 준 것을 너희들이 파리
목숨만도 못하게 재물 앞에 그저 남을
살해하고 해하는 행위를 하는 것,
26 이와 같은 것이 다 너희들이 오늘에
제자리를 지키지 못하기 때문에 일어
난 형국임을 알아야 될 것이니라.
27 정상적인 위치에 있다면 결코 그러한
모습은 있을 수 없는 것이니라.
28 너와 너의 제자들은 나 여호와가 전하
는 이 뜻을 알 것이니라.
29 나의 법전을 공부하며 나의 법전을 따
라 행하며 강론을 듣는 너희들이 1년

이라는 세월이 흘렀지만,
30 과연 너희들이 너희 자신을 위하여 남을 살해하며 남을 모함하며 시기하며 그와 같은 길을 갈 수 있겠더냐?
31 정상적인 위치에 아직 오르지 못했으며 제 궤도에 오르지 못한 너희들이 생각하는 마음이요, 살아가는 형태가 그러하니라.
32 그러니 제자리에 돌아온 백성이라면 그것이 얼마나 아름답고 귀한 삶으로 살아가는지 알겠느냐?
33 단추를 잘못 끼워 비뚤어진 그 옷을 입은 자가 단추를 바로 끼워 단정해진 그 모습과 같음이니,
34 이것이 바로 내가 너희들에게 바라고 원하는 것이니 그리 알라, 사랑하는 나의 아들딸들아!
35 너희들이 정상적인 자리를 찾으며 정상적인 위치에 돌아오도록 하는 것, 그러니 거기에 내가 무슨 질투가 있으며 무슨 시기가 있단 말이더냐?
36 너희들이 제자리로 돌아오기도 어려운 그와 같은 나의 아들딸인데, 제자리에 돌아오기 위해 재물을 바치며 금화와 은화를 바치며, 모든 노동력을 바치며 지금 잘못 가고 있음이니라.
37 스스로 깨우쳐 제자리로 돌아오도록 하는 것이 나 여호와의 뜻이거늘,
38 종교 지도자를 경배하며 종교 지도자를 따르며, 그들의 말에 너희들이 좌지우지되며, 나 여호와보다 그들을 더 따르고 경배하는 오늘의 그 형국 속에서 무엇이 이루어지고 무엇이 있겠느냐?
39 그러니 이 불쌍하고 가련한 너희들을 위하여, 너희가 제자리로 올 수 있도록 하기 위하여 내가 이 법전을 내려 보내며, 나의 아들을 통하여 오늘의 이 역사의 길을 감이니라.
40 그리고 길고도 긴 그 길을 지금 가고 있음을 너희들은 알라, 사랑하는 나의 아들딸들아!
41 모두를 제자리에 놓고자 하는 것이요, 제자리에 돌아오라 함이니라.
42 제자리에 돌아오며 정상적인 자리에 있을 때, 정상적으로 모두가 운영되기 때문이니 그리 알라.
43 오늘의 모두는 비정상이요, 제자리를 지키지 못하고 있기 때문임을 너희 제자들은 만백성에게 깨우쳐 주도록 그리하라.

8,469 번째 하나님 말씀

2003년 11월 18일 08시 07분

1 사랑하는 나의 아들아!
2 "네, 아버님! 말씀하옵소서."
3 모든 나의 백성들이 나로부터 기억되며 나의 은혜를 받으며 사랑 속에 나에게 올 수 있는 백성이 되고자 한다면,
4 너희들은 가장 작은 질서부터, 가장 작은 것부터 행하도록 그리 가르치도록 하라.
5 너를 따르는 제자들이요, 나의 강론을 듣는 그 백성들이 큰 실수요, 큰 것은 너희들의 눈에 보임이니, 그는 다스리며 행하지 아니할 경지에 지금 올라 나에게 한 발짝 한 발짝 다가오고 있지 않더냐?

6 그러나 너희들은 수시로 작고 작은 것
에 실수를 하며, 그를 그냥 넘어갈 수
있는 것이 너희들이니라.
7 그러니 너희들의 경험이요, 깨달음에
서도 느끼고 있듯이, 가장 중요한 것
은 가장 작은 것을 실수하지 않으며
가장 작은 죄를 범하지 않는 것이니
그리하라 전하라.
8 작은 것을 다스리며 행하지 않는 그
훈련을 거듭했을 때, 큰 것을 지키는
것은 당연한 것이니라.
9 지금은 너희들이 큰 것만을 지키며 작
은 것은 지키지 못하는 그와 같은 백
성들이 스스로 지금 깨닫고 있지 않더
냐?
10 너희들은 어떠한 고통과 시련이 있다
해도 작은 것을 범하는 그와 같은 행
위를 해서는 절대 아니 되는 것이니라.
11 아무리 너희들이 인내하기 어려운 일
이요, 넘어가기 힘든 길이라 해도, 너
희들은 그 작은 것에서 손을 떼며 마
음을 버리며, 등을 돌려 모르는 체 넘
어가는 일이 있어서는 절대 나로부터
사랑을 받을 수 없으며, 내가 기억하
는 백성으로서 나에게 올 수 없다는
것을 명심하고 또 명심하도록 하라.
12 아무리 시련과 고통이 있다 해도, 너
희들은 작은 것부터 철저히 지키는 오
늘의 삶으로 바꾸도록 그리 전하라,
사랑하는 나의 아들아!

8,470 번째 하나님 말씀

2003년 11월 18일 08시 16분

1 사랑하는 나의 아들아!
2 "네, 아버님! 말씀하옵소서."
3 지금까지 흘러온 종교 집단이요, 지도
자요, 그들이 가르치고 역사한 것이
내 뜻이 아니며, 나와 관계없는 자들
이 오늘의 그 길을 왔다 하지 아니하
였더냐?
4 지금의 모든 종교 집단이요, 지도자들
이 내 사랑하는 그 백성들을 과연 사
람으로 보고 설교를 하며 강론을 하
며, 하늘에 오르는 길로 인도한다 가
르친 자 있나 그리 물어보라.
5 그들은 지금 오만하며 교만하여 나의
사랑하는 아들딸들을 다 범죄자요, 죄
인으로 취급하며 저희들이 단상에 서
서 강론하고 설교했지,
6 그들이 인간으로서 나에게 오고자 하
는 그 애절한 마음이요, 자식이 부모
를 그리워하는 마음으로써 그들이 거
기에 모여 재물을 바치며, 저희들이
하는 짓에 '옳소, 맞습니다.' 소리 지르
고 손뼉 치는 그 마음을 과연 들여다
보는 자가 있으며 어루만져 주는 종교
지도자가 있는가, 그를 물어보라.
7 저희들이 나의 백성들을 죄인으로 보
면서 강론하고 설교함이니, 그것이 과
연 있을 수 있단 말이던가?
8 인간 세상에서도 죄를 지어 그 죄의
대가를 치르는 것을 관리하는 자들이
그 죄수들을 가르치고 다스릴 때, 정
상적인 방법이요, 인간사에 과학적이
요, 수업하는 방법으로써 그들을 대우
하고 가르치는가?
9 그들은 인간 이하로써 그들을 다스리
며, 그와 같은 자들에게 압력을 가하
며 물리적인 행사를 하며, 인간 이하

로써 취급하지 아니하는가?
10 그러니 그와 같은 것보다도 더한 자들
이 오늘의 종교 집단이요, 지도자와
무엇이 다르단 말이던가?
11 너희들이 정녕 나의 사랑하는 아들딸
로서 그들을 보며, 그들이 갈구하고
원하는 것이 무엇이며 그들이 아파하
는 것이 무엇인가, 그 내면을 들여다
보며 나의 백성들에게 설교하며 가르
치고 있는가?
12 무조건 너희들은 죄인 취급하며, 죄인
들 앞에 군림하며, 죄인들을 앞에 놓
고 깨우치고 인도한다는 그와 같은 수
준으로써 지금 강론하고 설교하는 것
이 너희들이니라.
13 그러니 인간을 인간으로서 상대하지
아니하며, 인간을 죄인이라 하기에,
너희들은 군림하는 자요, 오만한 행위
를 하고 있는 자들이니라.
14 그리고 그들을 정녕 인간으로서 생각
했으며 너희들의 형제라 생각하고 강
론을 하고 가르치는가?
15 그러니 거기에 너희들이 진실함이 없
으며 진정 노력함이 없으며, 모두가
형식적이요, 그저 시간을 때우는 그와
같은 형국으로써 가고 있다면, 너희들
은 아니라 말할 것이니라.
16 내가 내려다보는 너희들의 설교요, 강
론이 다 형식에 지나지 않으며, 너희
들 자신도 모르기 때문이니라.
17 이제 내가 나의 아들을 통하여 가르치
는 것이 무엇이라 말하였느냐?
18 너희들이 나의 사랑하는 아들딸에게
나의 뜻을 가르치고 전하기는 하나,
너희들 지도자를 바로잡는 것은 그 신
도요, 백성들이니,
19 그들을 선생으로 생각하며, 가르치는
너희들이 배우는 자로 생각하며, 공경
하는 마음으로써 그 신도들과 대화하
고 그를 맞이해야 한다 내가 나의 법
전에 기록하여 전했음이니,
20 그와 같이 스승으로 생각하는 그 지도
자요, 설교하는 자의 자세와, 도둑이
요, 범죄자로 생각하며 죄인들이라 생
각하는 자가 설교하는 자세와 행동이
과연 어떠하겠는가?
21 그러니 너희들이 사랑하는 나의 아들
딸을 놓고 강론하고 가르친 것이 아니
요, 죄인으로 취급하며 죄인들 앞에
너희들이 가르치고 군림하는 그와 같
은 행위로 설교하고 강론하며 그들을
이끌어 갔기에,
22 너희들이 하는 짓이 나와는 관계없으
며 그것이 하늘에 오르는 길이 아니라
함이 여기 있거늘, 너희들이 여기에
과연 거부하고 할 말이 있겠느냐?
23 그러니 너희들이 그리 사악한 자들이
니라.
24 그래서 너희들이 오늘의 가고 있는 것
이 진정한 믿음이 아니요, 진실한 믿
음이 아니요, 하늘에 오르는 그 길의
가르침이 아니라 하였음이니라.
25 너희들이 죄인을 취급하듯이 하기 때
문에 거기에 진리를 가르치지 못하며,
26 또한 진리의 의미가 무엇이며 가는 길
이 무엇인가 그를 모름이니, 알려고
하지도 아니하며 그를 찾으려 하지도
아니함이니라.
27 인간이요, 순수한 나의 아름다운 사랑
하는 백성들의 고통과 시련이요, 그들

이 원하는 것이 무엇이며 그가 갖고자
하는 것이 무엇이며 이루고자 하는 것
이 무엇인가, 내면의 그 마음을 너희
들이 알지 못하고 있기 때문이니라.
28 그러니 깨우침이 높고 나에게 오르고
자 하는 그 믿음이 너희들보다 열배
백배 더 위에 있는 그 백성들도 무조
건 너희들이 죄인으로 밀어붙이고 있
음이니,
29 성장하고자 하는 그들까지 너희들이
지옥으로 이끌어 가며, 깨우쳐 나에게
오를 수 있는 그 백성마저도 너희들이
지옥 불로 지금 끌고 가는 자들이니,
30 그들 속에 깨우침이요, 그들의 아름다
운 마음이요, 그들이 생각하는 것을
너희들이 파악하지 아니하는 자들이
요, 알려 하지도 않으며,
31 수천수만의 머리를 놓고 강론을 하고
마음대로 그리 떠들어 버리니, 그게
바로 너희들이 죄인으로 취급하고 있
기 때문이니라.
32 그러니 너희들은 한 사람의 아름다운
의인을 만드는 데 모든 역점을 두는
것이 아니요, 너희들은 그저 사기극을
벌이기 위한 믿음이니라.
33 그러니 너희들이 거기에서 바로 사람
이 거듭나는 길을 위해서 가르치는 지
도자가 한 명도 없는 것이 오늘의 형
국이니라.
34 이제 나의 아들과 나의 아들을 따르는
제자 너희들은 알아야 될 것이니라.
35 사람들을 모아 놓고 복음을 전하는 것
이 너희들이 해야 할 일이 아니요,
36 그 속에서 의인이 되는 길을 가르치는
것, 의인을 만들어 내는 것이 너희들
이며, 거듭나는 그 역사를 가르치며,
거듭나도록 가야 하는 것이 너희들임
을 알라.
37 지금 너희들이 죄인을 긁어모아 군림
하고자 하는 행위지, 그 속에서 너희
들이 의인을 만들어 내는 길이 무엇인
지 깨닫고 의인을 만들기 위한 노력을
과연 얼마나 기울이는가?
38 그 많은 백성들을 모아 놓고 강론하고
설교하는 자, 거기서 의인이 될 수 있
으며 천사가 될 수 있는 그 백성도 구
분하지 못하고, 그저 도매금으로 그대
로 갖다 죄인으로만 밀어붙이고 취급
하며,
39 제가 군림하며, 제가 높은 자라 그리
말하고 가는 것이 오늘의 너희들의 섬
뜩한 이와 같은 행위이니,
40 이를 보는 나 여호와가 너희를 나의
백성이 아니라 함은 타당한 것이 아니
더냐, 사랑하는 나의 아들딸들아!

8,471 번째 하나님 말씀

2003년 11월 18일 08시 21분

1 사랑하는 나의 아들아!
2 "네, 아버님! 말씀하옵소서."
3 모든 나의 사랑하는 백성들을 그저 두
루뭉술하게 도매금으로 다 죄인으로
취급하여 그 위에 군림하는 자들, 그
리고 죄인이기에 벗어나려면 재물을
바쳐야 된다는 그와 같은 사악한 자
들, 그들이 오늘의 이 세상을 지배하
고 있음이니라.
4 그러니 그 죄인으로 취급하는 나의 아
들딸 중에 저희들보다 깨달음이 더 높

고 앞서 있는 자를 보지 못하며, 그들
이 정녕 나에게 오르고자 하는 갈구하
는 마음을 들여다보지 못하는 자들,
그들을 어찌 구원하겠느냐?
5 그리하여 내가 나의 법전으로써 만백
성에게 전하며 이 세상을 다 덮고자
함은, 그와 같이 깨달음이 있는 백성
들이요, 지혜가 있는 자들은 나의 법
전을 보고 깨우치면 바로 그들이 너희
들을 따라 더욱 내 역사를 할 수 있는
자들이니라.
6 그리하여 선별하여 그들을 구하게 되
어 있음이니, 너희들은 그리 알라.
7 너희들이 법전을 만들어 전하는 역사
를 이룬다면, 그 속에서 오늘에 죄인
취급을 받는 자, 가르치는 종교 지도
자보다 더 높은 경지의 깨달음을 가지
고 있는 자, 그리고 행하고 살아가는
자들은 나의 법전을 볼 때, 일체가 됨
이니라.
8 볼트와 너트가 만나듯이 그와 같은 역
사가 이루어짐이니, 조여진 자는 절대
빠지지 아니하며 떠나가지 아니할 것
이니라.
9 돌려서 풀지 아니하고 그대로 당겨서
는 빠지지 않는 것이 볼트와 너트이니,
10 그들이 바로 나의 법전을 접했을 때
그와 같이 하나의 아름다운 모습으로
결합되어 둘이 하나가 되는 그와 같은
역사가 이루어지니,
11 그들이 결코 변하지 아니하며 떠나지
아니할 것이니, 그들부터 서서히 단계
적으로 구원하고자 하는 것이니라.
12 그리하여 단계적으로 구원하여 천 년
에 걸쳐서 지금 바닥에 있으며 이해하
지 못하는 백성들까지 녹여 하늘의 역
사함을 지상에서 이루는 데 모두가 동
참하도록 하고자 하는 것이 나 여호와
의 뜻임이니 그리 알라.
13 내가 너에게 말하지 아니하였더냐?
14 지구를 둥글다 하는 자를 정신 나간
자요, 미친 자라 그리 말했다 하지 아
니하였더냐?
15 그보다 더한 대우를 받는 것이 지금
너희들이요, 그와 같은 것보다도 더
험악하게 취급받는 것이 너희들이니
라.
16 그러나 바로 그를 알라.
17 나의 피조물 만백성을 죄인으로 취급
하는 자, 내 아들딸들을 죄인으로 취
급하는 자,
18 내 아들딸들이 깨우친 자 깨우치지 못
한 자가 단계적으로 있음이니,
19 나의 법전을 전하여 그들이 서서히 깨
우쳐 나에게 오르는 그 길을 볼 수 있
도록 하고자 하는 것이 나의 뜻이라는
것을 절대 잊지 말라, 사랑하는 나의
아들딸들아!

8,472 번째 하나님 말씀

2003년 11월 18일 12시 21분

1 사랑하는 나의 아들아!
2 "네, 아버님! 말씀하옵소서."
3 모든 것을 이해할 수 없는 수준에 있
는 자를 이해시키려 하면 그것이 얼마
나 힘들겠느냐?
4 너희들이 과학의 원리요, 모든 원리를
갖다가 아무것도 모르는 자에게 어려
운 용어를 써 가면서 가르치고 전한다

면, 그가 과연 알아듣고 이해하겠느냐?

5 그와는 아무런 관계가 없느니라.

6 배고픈 자는 무엇이 필요하느냐?

7 한 그릇의 밥이 필요한 것이요, 그를 놓고 미래가 어떻고 사후의 어떤 것을 이야기한다 해도, 그들이 그를 듣고 그를 따르지 아니하는 것은 당연한 것이 아니더냐?

8 한 술의 밥을 주는 자 앞에 모여들며, 한 끼의 식사를 주는 자 앞에 배고픈 자들이 모여드는 것이 너희들이 살아가는 이치요, 도리가 아니더냐?

9 지금 너희들이 보기에 이 세상의 모든 백성들이 참진리요, 나 여호와에게 오르고자 하는 그 길이 아니라, 그 모두를 다 버리고 저희들이 지옥의 길로 달려가는 그와 같은 삶을 너희들은 보고 느낌이니,

10 그리하여 그 길은 정녕 아니 되며 그리 가서는 아니 된다 너희들이 아무리 그들을 깨우치고 다스리려 해도,

11 배고픈 자가 밥 한 그릇을 먹기 위해 달려드는 것처럼 그들은 들으려 하지 아니하며 용납하지 아니함이니라.

12 그러니 지금 너희들이 나의 뜻을 가지고 그들에게 가르치고 전한다 해도, 그를 받아들이는 자 없으며,

13 저희 자신이 어떠한 위치인 줄을 모르면서 너희들에게 '정신 나간 자요, 미친 자요, 세상에 이와 같은 백성이 다 있는가?' 그리하여 사랑하는 모든 백성들이요, 순박한 저희들을 현혹하지 말며 유혹하지 말라며 핍박하고 욕을 할 것이니라.

14 그러나 너희들은 알아야 될 것이니라.

15 이 우주의 모두가 탄생하는 것도 어떻게 탄생했겠느냐?

16 모두 기준이 있으며 법칙이 있음을 알아야 될 것이니라.

17 너희들은 나 여호와가 이 세상을 창조하고 모두를 만듦에 있어서 그저 말 한마디로써, 그저 손짓 한 번으로써 내가 '후!' 부는 바람으로 하여 모두가 이루어지며, 내 계획이 생각에 의하여 모두가 이루어지고 역사했다 그리 말하며,

18 6일이라는 그 세월 속에 모두를 다 만들었다 그리 말하느니라.

19 그러나 그 전에 내가 더 행한 것이 있음을 알아야 될 것이니라.

20 나 여호와가 6일 동안 세상을 창조할 때, 순간적으로 그저 내가 생각 대로, 생각을 가진 것으로써 그리 역사한다 하나, 내 생각이요, 내 뜻대로 모두가 이루어졌으나,

21 나 여호와는 그를 만들기 전에 완벽한 계획을 세워 놓았으며, 거기에 대한 순리를 어기지 아니하며 순리를 정해 놓고, 그 바탕 위에서 모두가 역사했다는 것을 너희들은 이제 깨우쳐야 될 것이니 그리 알라.

22 너를 따르는 제자들이요, 나의 법전을 읽고 깨우친 백성 너희들은 그리 알라.

23 모든 믿음의 길을 가는 백성들이 순간적으로 나 여호와가 6일 동안에 세상을 창조했으며 모두를 다 역사했다 그리 생각하며, 마지막 날 안식을 했다 그리 생각하며,

24 6일날에 마지막으로 너희 인간을 창조했다 함이니라.

25 그러니 이 세상이 하나도 오차 없이
흘러가며, 그와 같이 역사하고 존재하
는 것은 내가 무질서함 속에서 만든
것이 아니요, 완벽한 계획 속에서 완
벽하게 그 모두를 수립한 속에서 내가
생산하고 역사한 것이니,
26 내가 그와 같은 기초를 다지기 위해서
많은 세월 속에서 내가 그를 만들고
계획하여 지금과 같이 하나의 오차도
없이 흘러가는 그 역사를 알라.
27 내가 만든 것이 그와 같이 계획 하에
준비된 속에서 모두를 역사했음이니,
28 오늘의 나의 법전이 나오는 것 또한
그 틀 속에 있는 것이며 그 계획 속에
서 있는 것이니,
29 나의 법전은 만백성을 구하는 그 역사
가 이루어질 것이며, 그를 위하여 나
의 피조물 만백성들이 구원을 받는 그
길을 오게 되어 있음을 알라.
30 지금 너희들이 핍박을 받으며, 너희를
미친 자요, 정신 이상자라 하나, 그들
이 스스로 저희들이 잘못되었음을 알
고 있을 것이니라.
31 너희들이 인간 세상에 살아가면서도
진정 화를 내지 않는 자가 누구더냐?
32 진정한 보석을 가진 자는 가짜라 말해
도 화를 내지 아니할 것이니라.
33 세월이 지나면 알 수 있으며 그 모두
를 알기 때문이니,
34 가짜를 가진 자, 그저 남을 속여서 그
를 팔아넘기며 장사를 하는 자는 옆에
있는 사람이 '이것이 가짜요, 진짜를
가짜라 한다.' 하면 그를 칼을 들고 죽
이려 대들 것이니라.
35 그것이 바로 오늘의 종교 집단이요,
지도자 그들의 형국이니라.
36 나 여호와의 진리요, 참진리를 가지고
진정한 것을 세상에 내보냄이니,
37 저희들이 잘못된 것이요, 가짜를 가지
고 살아가기 때문에 저희들 것이 표가
나며, 남들이 알아볼까 두려워서, 남
들이 그걸 가지고 찾아낼까 봐 두려워
서,
38 그저 나 여호와의 이름이요, 예수의
이름이 나오기만 해도 노발대발하며
격분하는 것이니, 그와 같은 것이 오
늘의 그들의 형태이니 그리 알라.
39 그러니 나의 법전이 세상에 나오는 것
도 내가 왜 너희들에게 그리 말하느냐?
40 모두는 나의 치밀한 계획에 의해서 내
가 모두 준비한 상태에서 이루어진다
는 것,
41 이 세상의 모두를 창조한 것도 그저
순간적으로 6일 만에 내가 그리한 것
이 아니요, 많은 세월 속에 계획하고
짜 놓고 내가 모두를 다듬고 만든 그
속에서 내가 6일 동안 행했음이니,
42 그리하여 오늘의 너희들이 한 치의 오
차도 없이 역사한다는 것을 그들은 모
르니, 그들에게 그 이치를 깨우쳐 주
며,
43 너희들은 또한 내가 모두를 계획하여
이루는 것이기 때문에 너희들이 승자
가 된다는 것, 모두는 나의 계획이요,
완벽한 준비 속에 역사한다는 것을 너
희들은 알라.
44 그리하여 두려워하지 말며 겁먹지 말
라는 것이 나 여호와의 뜻임을 알라,
사랑하는 나의 아들딸들아!

8,473 번째 하나님 말씀

2003년 11월 18일 12시 29분

1 사랑하는 나의 아들아!
2 "네, 아버님! 말씀하옵소서."
3 오늘의 나의 피조물 만백성들이 이리
삭막하며, 너희들이 말하는 종말이요,
말세요, 사람이 사람을 보기를 두려워
하는 세상이 된 것이 종교 지도자들이
그와 같이 역사한 것이라 내가 너희들
에게 그리 말하였느니라.
4 그러나 종교 집단이요, 지도자는 절대
그렇지 않다 말할 것이니라.
5 오로지 나 여호와의 뜻에 의해 살았으
며 나 여호와의 뜻에 순종하는 목자로
서 한 점의 부끄럼이 없는 삶을 산 자
들이라 그리 말할 것이니라.
6 그러니 내가 여기서 너희들의 삶을 나
의 법전에 기록하여 전하고 싶지 아니
하나,
7 너희들을 깨우치며 눈을 뜨게 하기 위
하여 내가 다시 한 번 간단히 그 내용
을 하나 기록함을 너희들은 알라.
8 모든 종교 지도자는 말로써, 말잔치로
써만 모두를 하느니라.
9 봉사하라, 사랑을 하라 저희들은 그리
가르치고 그리 말하나, 저희들은 전혀
그것을 행하지 아니하며 실천하지 아
니함이니라.
10 몰라서 행하지 않는 것도 아니요, 그
들이 다 알면서도 행하지 않음이니,
그들은 살아오면서 습관에 젖어 있으
며 타성에 젖어 있는 것이니라.
11 모든 나의 백성들이 이방인이라는 백
성, 그리고 돼지머리 놓고 절하며 고
사 지내는 자, 서낭당에 가서 절하는
자, 그와 같은 백성들도 남이 어렵고
힘들 때 대신 내주며, 제 것을 아끼지
아니하고 남의 어려움을 도와주는 자
가 있느니라.
12 너희들이 길거리에 여비가 없어 몸부
림치는 자, 그들에게 나의 피조물 만
백성들이요, 이방인이라는 자들은 나
누어 주며 베풀어 주느니라.
13 그러나 종교 지도자는 절대 그와 같은
짓을 하지 아니하느니라.
14 대신 내주고 대신 베풀어 주는 것이
없는 것이 너희들이니라.
15 너희들이 물건을 사고파는 것도 이 세
상에 얽히고 살아가는 것이 너희들이
아니더냐?
16 보통 백성들은 필요한 것을 제가 주고
사며 제 것으로 사느니라.
17 또한, 산 사람에게 판 자는 감사하는
의사를 표시하며 고마움을 표시하나,
18 종교 집단이요, 지도자는 절대 저 자
신의 재물이요, 금화와 은화로 물건을
사지 아니하며, 거래를 하지 않는 것
이 그들이니라.
19 그들은 절대 인간 세상에서 이루어지
는 그와 같은 것도 행하지 않느니라.
20 그저 저희들은 공짜로 받아야 되며,
결국 무상으로 얻는 것밖에 없음이니
라.
21 인간 세상에서 너희들이 어떠한 집단
을 이끌어 가며 어떠한 단체를 육성하
며 무슨 사업을 한다 할 때, 사람들은
그곳에 와 그 물건을 팔아 주며 그 물
건을 사 주느니라.
22 말로써만 풍성하게 잔치를 이루며 성

공하라며 나 여호와의 뜻에 의해 이룬
다 그리 말하는 것이 아니라,
23 개업을 하는 장소에서는 그 물건을 파
는 기쁨보다 더한 것이 없음이니,
24 너희들이 말하는 미신이요, 이단이라
하는 자, 그리고 사악한 자라 하는 자,
그와 같은 백성들은 그와 같은 장소에
서 그 주인의 물건을 사 주며 그 주인
에게 도움의 기쁨을 같이하나,
25 종교 지도자는 절대 그를 사들이는 것
이 없으며 사 주는 것이 없음이니라.
26 저와 아무리 가까운 신도요, 충성을
다하는 자도 제 돈을 주고 사 주는 것
이 없음이니라.
27 말로만 저희들이 잔치를 베풀며, 그에
게 공짜로 얻어 오며 무상으로 얻어
오며 거저 얻어 오는 것이 종교 집단
의 지도자니, 그들이 어찌 봉사하며
사랑을 하더냐?
28 이를 보는 나 여호와가 얼마나 역겨우
며, 내가 얼마나 그들을 저주하며 그
들을 용서치 아니하는 것인지 알겠느
냐?
29 작은 것 하나도 그리 행하지 않는 것
이 그들이니라.
30 그러니 그들이 지도자로서 이 세상에
가르침이니, 얼마나 이 세상이 험악하
고 삭막하게 되었는가?
31 오늘의 그와 같은 것은 그들이 원흉이
라는 말이 여기 있음이니라.
32 내가 나의 아들을 통하여 다시 말하느
니라.
33 너희들은 인간 세상에 살아가며 사업
을 시작하는 자, 다시 살아가기 위해
어떤 기업을 하는 자, 그곳에 참석하
는 자는 그 물건을 사 주며 그 물건을
거래해 주며 이용하며 너희들이 그와
같은 사랑으로써 베풂이니라.
34 더러는 필요 없다 해도, 그 사람의 미
래를 위해 그에게 희망을 주기 위하여
너희들은 남의 물건을 사 주는 그와
같은 역사를 하나,
35 종교 지도자는 절대 저희들이 사지 아
니하며 거래하지 않느니라.
36 그저 무상으로 얻으며 공짜로 얻으며
더 많이 얻고자 하며, 당연히 저는 공
짜로 얻어야 되며 무상으로 얻는 것이
요,
37 제 것은 단돈 너희들이 말하는 금화
한 닢도 쓰지 않는 것이 그들이니, 과
연 그렇지 않거든 않다 말하라.
38 정녕 그들이 그러한 자세로 살아가는
것은 사랑이요, 봉사요, 나눔을 모르
는 자들이요,
39 그러니 바로 사탄이요, 사악한 자들
밑에서 너희들이 남의 것을 도와주고
행하는 것도 못하게 하며, 남을 위해
베푸는 것도 못하게 하며,
40 제 앞에 갖다 바치며 저에게 가져오는
것이 구원을 받는 길이라 그리 가르치
는 것이 종교 집단의 지도자라면, 그
가 과연 사랑이요, 봉사를 하는가?
41 그는 사탄이요, 악마의 자식이라는 것
을 너희들은 이제 눈을 뜨고 봐야 될
것이니 그리 알라.
42 이 간단한 이치요 간단한 현실을 보면
서도 너희들이 울고불고 손뼉 치며,
43 그가 잘못하는 것도 나 여호와의 뜻이
라 하여 그저 맹종하며, 그는 절대 그
와 같은 짓을 하지 아니하였을 것이라

하며, 그와 같이 욕하고 그를 모함하
며 그를 밀어붙이는 것은, 진정한 나
의 아들이기에 사탄이 더 밀어붙이는
것이라 그리하느니라.
44 도둑질한 종교 지도자요, 사악한 종교
지도자의 그 죄를 밝히고자 하는 백성
들에게, 그는 사탄이기에 천사를 무너
트리기 위한 행위라 그리 뒤집어씌우
며,
45 그것이 '맞소, 옳습니다.' 하여 너희들
은 인원수로써 물리적인 행동으로, 물
리적인 힘으로 모두를 밀어붙이려 하
는 것이 오늘의 믿음이요, 신도들이
가는 길이니, 그것이 아니면 아니라
말하라.
46 그와 같은 것으로 이끌어 유도한다면
그것은 무엇이더냐?
47 제가 지은 죄까지도 나 여호와의 이름
으로 덮어씌우려 하는 것이 그들이 아
니던가?
48 그러니 그게 사탄이요, 마귀요, 악마
의 자식으로 전락된 자라는 걸 너희들
은 눈을 똑바로 뜨고 보도록 그리하라.
49 그들을 보지 아니하는 자, 나에게 구
원을 받을 수가 없음이니라.
50 이 간단한 한 가지만 봐도 알 수 있을
것이니, 그리 나의 백성들에게 전하라.

8,474 번째 하나님 말씀

2003년 11월 18일 12시 34분

1 사랑하는 나의 아들아!
2 "네, 아버님! 말씀하옵소서."
3 오늘의 종교 집단이요, 지도자들이 나
의 사랑하는 아들딸들을 저희들에게
끌어들이기 위해 선전 선동을 다하여
교회라는 곳을 찾게 만드느니라.
4 그러나 거기에 온 그 백성들이 과연
얼마나 머물며 얼마나 거기에 존재하
는가, 너희들은 그걸 돌이켜 보았는가?
5 너희들은 머물지 못하고 떠나는 그들
의 모습을 보며 무엇을 생각하는가?
6 그저 끌어모으기에만 열성을 다하고,
그들이 머물도록 하는 데는 신경을 쓰
지 않는 것이 오늘의 종교 집단의 지
도자 너희들이니라.
7 너희들이 진정한 진리요, 진정한 가르
침으로써 나의 피조물 만백성들을 인
도한다면, 너희들이 공을 들여 끌어들
이는 그 백성들이 거기서 머물며, 떠
나지 아니할 것이니라.
8 그러나 머물지 않고 떠나가는 그들을
너희들은 어찌 생각하는가?
9 머물지 못한다는 그 사실은, 그것이
바로 너희들이 바른길이요, 진정한 길
로 가지 아니하기 때문이니라.
10 또한, 너희 속성이 무엇인 줄 알겠느
냐?
11 나의 피조물 만백성을 끌어들여 의인
이 되도록, 천사가 되도록 가르치는
것이 아니니라.
12 그저 많은 백성들을 끌어들여 그들이
가지고 있는 그 단물을 다 뽑아 버리
면 너희들은 그가 떠나기를 바라며 다
른 사람이 그 자리에 와 채워 주기를
바라며, 또 그에게서 단물을 뽑는 그
와 같은 행위를 하는 것이 오늘의 너
희들의 믿음이 아니던가?
13 경제적인 능력이 있는 자, 생활에 능
력 있는 자들을 수단과 방법을 가리지

아니하고 너희들이 끌어들여 그가 가
지고 있는 단물을 다 뽑아 버린 다음
에는 다른 신도들이 그곳을 채워 주기
를 바라는 것이 오늘의 종교 집단이
요, 지도자 너희들이 아니던가?
14 경제적인 능력이 없으며 너희들에게
힘이 되지 않는 백성은, 그 단물을 뽑
을 만큼 뽑았으면 그들이 떠나가기를
은근히 바라며, 그들을 떠나게 행하는
자들은 과연 없는가?
15 그러니 너희들이 나 여호와요, 창조주
내 뜻에 따라 나의 사랑하는 백성들에
게 진리를 깨우쳐 하늘에 오르는 길을
가르쳐 주며, 천사와 같은 백성으로
만들기 위해 오늘의 교회요, 그 믿음
이 존재하는 것이 아니라,
16 그저 너희들이 어떠한 사람으로부터
단물을 뽑아낼 수 있는가 그것만을 찾
는 것이 너희들의 오늘의 믿음이요,
너희들이 가는 길이라 하면, 너희는
아니라 할 것이니라.
17 이와 같이 말하는 나 여호와를 사탄이
요, 사악한 자라 너희들은 그리 말하
나, 너희들이 오늘의 하고 있는 행위
가 그러함을 알아야 될 것이니라.
18 너희들이 그러하기에 거기에 왔던 백
성들이 머물지 못하며, 몇 년씩 또는
몇십 년씩 봉사하고 희생했던 자들이
떠나며, 지금 방황하는 백성들이 수없
이 있음을 너희들은 알아야 될 것이니
라.
19 오로지 너희들은 단물을 다 뽑은 다음
에 그들이 떠나기를 바라며, 그리하여
또 신도를 찾는 것은 복음을 전하는
것이 아니니,
20 새로운 신도를 끌어들이는 것은 무엇
이냐?
21 또 단물을 빨 자가 없는가 하여 찾는
것이 아니더냐?
22 그러하니 너희들이 '차'라는 그 기계
를 통하여 수십 리 밖에 있는 사람들
까지 끌어들이는 것이 너희들의 이해
관계요, 장삿속이라 내가 말하지 아니
하였더냐?
23 단물을 뽑을 수 있는 자를 물색하기
위한 너희들의 그와 같은 행위가 오늘
의 믿음이요, 신앙의 근본이요, 주축
이 되고 있다는 것을 내가 너희들에게
전함이니,
24 이를 믿고 깨우치도록 하라, 사랑하는
나의 아들딸들아!

8,475 번째 하나님 말씀

2003년 11월 18일 12시 36분

1 사랑하는 나의 아들아!
2 "네, 아버님! 말씀하옵소서."
3 지금의 교회요, 종교 집단은 무엇을
위해서 역사하는가?
4 말로써는 나의 복음을 전하며 만백성
을 구하는 참진리를 가르친다 말하나,
5 너희들은 육적인 방법으로써 복음을
전하고 있었으며, 육적인 형태로써 나
의 뜻을 전하며, 인간이 만든 그 교리
를 가지고 둔갑시켜 나 여호와의 뜻이
요, 내가 내리는 내 뜻이라 그리 가르
치고 오늘까지 이와 같이 성장한 것은
성령으로써 성장한 것이 아니라,
6 육적으로 너희들이 성장하였으며, 육
적인 방법과 수단을 가리지 아니하고

너희들이 오늘까지 성장했다는 것을 알라.
7 육적으로 성장을 시켰으며, 육적으로 성장시키는 데 너희들이 모두를 다 바쳤으며, 너희들의 인간 생각으로써 이루어진 것이지,
8 정녕 나 여호와의 영적인 성장으로써 모두가 이루어졌다고 내가 볼 수 없으며, 내가 바라보지 아니함을 너희들은 알아야 될 것이니라.
9 지금의 너희들은 성령으로써 그 모두가 이루어지며, 나 여호와의 뜻으로써 바로 이루어지는 그와 같은 세대가 되지 아니하면 아니 됨이니라.
10 내가 이 세상을 창조하고 모두를 만드는 것은 치밀한 계획과, 그 계획의 수립 위에서 6일 동안에 모두를 역사하였다 하였음이니,
11 바로 내가 내 계획에 맞는 것, 내가 수립했던 그 계획 안에 너희들이 들어오지 아니하며 그대로 살지 아니하면 아니 되기 때문에,
12 내가 너희들을 그리 끌어들이고 그와 같은 길을 가도록 하기 위하여 내가 지금 나의 아들을 통하여 나의 성령의 뜻을 가장 낮은 방법으로 가장 쉽게 이해할 수 있도록 깨우쳐 너희들에게 전하는 그 역사가 지금 이루어짐을 너희들은 알아야 될 것이며,
13 그에 대한 감사함이요, 그 축복의 은혜가 얼마나 영광된 것인가, 그리고 거기에 선택된 백성 너희들이 얼마나 바로 가야 되며 바로 서야 되는가를 너희들은 모두 깨우쳐,
14 제자리를 지키는 데 최선을 다하는 삶을 살지 아니하면 절대 아니 됨을 알라, 사랑하는 나의 아들딸들아!

8,476 번째 하나님 말씀

2003년 11월 18일 13시 12분

1 사랑하는 나의 아들아!
2 "네, 아버님! 말씀하옵소서."
3 너를 따르는 제자들이요, 내 사랑하는 그 백성들에게 내가 일찍이 전하기를 무어라 가르쳤느냐?
4 너희들이 기도하는 그 마음 자세를 내가 일찍이 가르쳐 주었음이니라.
5 기도라는 것은 너희들이 '저의 죄를 용서하여 주옵소서.' 하는 그 애절한 마음이요,
6 '하나님의 율법과 뜻에 따라 살아가고 하나님이 원하시는 뜻만 행할 수 있고 행동하며 살아갈 수 있는 굳은 신념과 그를 지키고 갈 수 있는 그 약속을 중요시하며, 그를 행할 수 있는 힘을 주옵소서.' 하는 그와 같은 애절한 마음으로써 기도하며 생각하고 살아가라 내가 그리 말하지 아니하였던가?
7 그러나 지금 나의 아들을 통하여 많은 강론을 들었으며, 나의 법전을 읽고 깨우친 제자들 너희들이 과연 그러한 마음 자세로써 살고 있는가, 너희 자신을 한번 돌아다봐야 될 것이니라.
8 내가 너희들에게 기도하는 마음의 자세를 애절하게 가르쳐 주었거늘, 그리고 그보다도 더 소중한 것이 없다 하였으나,
9 너를 따르는 제자들이요, 나의 법전을 읽고 깨우친 만백성 너희들이 지금의

마음의 자세와 기도하는 것, 행동하는
것은 과연 어떠한가 너희들을 들여다
봐야 될 것이니라.
10 너희들이 그와 같이 역사하지 못한다
면 누가 따르며 누가 그와 같은 일을
역사할 수 있다 생각하는가?
11 그렇게 살지 않는다면 너희들 또한 나
를 벗어나고자 하는 백성들이요, 나에
게서 등을 돌리는 그 백성들과 무엇이
다르단 말이던가?
12 내가 수천수만 가지를 내린 그중에서
도 내가 가장 귀하고 중요한 것을 너
희들이 지켜야 된다 하여 내린 것, 그
것 하나라도 너희들이 정녕 제대로 지
키고 제대로 역사하는 것인가를 너희
스스로 봐야 될 것이니라.
13 내가 너희들에게 말하니, 인간 세상에
전해지는 말이 있지 않더냐?
14 '열매라는 것은 그저 익고 속이 찰수
록 고개를 숙이는 것이라' 그리 말하
지 아니하였더냐?
15 나의 법전의 강론을 나의 아들을 통하
여 수없이 들었으며, 나의 법전을 읽
고 깨우친 너희 스스로 경지에 오른
길에 발을 들여놓았다는 백성, 그 제
자들,
16 너희들이 과연 지금 고개를 숙이고 얼
마만큼 살며, 너희들이 얼마만큼 고개
를 숙이고 있는가, 너희들 자신을 한
번 돌이켜 봐야 되지 않겠는가?
17 내가 너희들에게 하루아침에 변하라
하는 것은 아님이니라.
18 모든 곡식이 익어서 그 알이 차 고개
를 숙이는 것처럼, 시간과 많은 세월
이 필요하다는 걸 나는 알고 있느니라.
19 내가 너희들에게 줄 만큼 주었으며,
20 너희들이 고개 숙이는 그와 같은 자세
로 살아갈 수 있도록, 고개를 반듯이
세우며 갑론을박하고 시시비비하는
것이 얼마나 부끄럽고 깨달음이 없는
가 하는 것을 깨우칠 수 있고 변화될
수 있는 그 많은 시간을 내가 너희들
에게 주었음이니라.
21 그러니 너희들이 과연 얼마나 노력했
으며 얼마나 변해 있는가 한번 너희
자신을 봐야 되지 않겠는가?
22 지금이라도 너희들이 바로 깨우치지
못했으며, 너희들이 기도하는 마음 자
세요, 고개를 숙이는 자가 되지 아니
하였다면,
23 그 길을 위하여 너희들은 피나는 노력
을 해야 될 것이며, 더 굳건한 마음으
로써 다스리지 아니하면 아니 됨이니
라.
24 너희들이 스스로 볼 수 있도록, 네 이
웃의 형제요, 나의 아들을 따르는 제
자들이 서로 너희들을 보았을 때, 변
화된 모습이요, 고개를 숙인 자요, 그
와 같은 것으로써 비치지 아니한다면,
25 그들이 그와 같은 것을 몸으로 마음으
로 피부로 느끼지 못한다면, 너희들은
잘못된 것을 알아야 될 것이니라.
26 그러니 너희들이 그와 같은 삶을 살지
못한다면, 나로부터 선택된 백성이요,
나의 법전을 보고 강론을 수없이 들은
너희들이 그와 같이 행하지 못한다면,
그 모든 책임은 너희들이 져야 된다는
것을 알겠는가?
27 나 여호와는 너희들에게 만백성을 구
할 수 있도록 선택해 주었으며, 너희

들에게 깨우칠 수 있는 시간을 주었으
며,
28 그리고 너희들이 나의 법전을 만들어
세상에 전할 수 있는 모든 재물이요,
그 능력도 또한 내가 너희들에게 주었
음이니라.
29 그러니 그 모두를 다 준비하여 주었거
늘 너희들이 바로 서지 못하며, 너희
형제요, 너희 제자들이 너희들을 보면
서 변화된 모습을 보지 못하며 느끼지
못하는 삶을 산다면,
30 너희들이 만백성을 구하지 못하는 그
책임의 죄는 나에게 와서 받는다는 그
무서운 사실을 알라.
31 너희들에게는 말할 수 없는 기회를 주
었으며 영광과 축복을 주었음이니, 그
러고도 너희들이 바로 서지 못한다면,
이를 체험하고도 못 선다면 어찌하는
가?
32 내가 나의 아들 예수의 제자들이 나에
게 온 자 한 명도 없다 하였으니, 그들
이 바로 너희들과 같은 형국이니라.
33 그들은 보았으며 체험했으며 기적을
역사한 현장에 있었음이니라.
34 그러면서도 그들이 등을 돌리고 떠난
것이 바로 무엇이던가?
35 그들이 변화된 삶이요, 진정한 믿음의
길에 들어서지 못했음이니, 너희들도
그와 같은 자들이니라.
36 지금 2천 년 동안에 흘러온 나의 피조
물 만백성들이 지금과 같이 험악하고,
너희들이 말세요, 종말이라는 그와 같
은 시대를 만든 것은 나의 아들 예수
에게만 책임이 있는 것이 아니요,
37 그를 직접 듣고 체험하고 본, 그리고
그를 행해야 되는 명을 받은 제자들,
그들에게도 막중한 책임이 있다는 걸
알라.
38 그 막중한 책임을 행하지 못하였기 때
문에 그들이 나에게 오지 못했다는 뜻
을 너희들은 알겠느냐?
39 지금의 나의 아들을 따르는 제자 너희
들이 그러하니라.
40 너희들은 예수의 시대에 그 제자들이
보고 체험하고 듣고 깨달은 것처럼,
그보다도 더 정확하게 책으로 글로써
읽고 또 읽어, 듣고 또 들어 변하는 그
시간을 주었으며 변하도록 내가 하였
거늘,
41 그러고도 변하지 못하는 것은, 너희들
이 변하지 못하여 너 혼자만이 구원을
받지 못하는 것이 아니라,
42 예수의 제자들이 만백성을 구하지 못
하였던 것처럼 너희들이 구하지 못하
는 그와 같은 죄를 면치 못할 것이니
라.
43 2천 년 전에 나의 아들 예수를 따르는
그 제자들이 바로 섰으며 바로 그들이
행했더라면, 오늘과 같이 험악한 세상
은 없었을 것이니라.
44 그 후손들이요, 그 자식들이 또 바로
섰을 것이며, 그 형제들이 바로 섬으
로 인하여, 바로 서는 힘이라는 것을
막을 수 없었을 것이니라.
45 가장 가까운 자요, 같이 있다는 제자
들이 잘못 깨우쳤기 때문에 그 책임이
오늘에 무거움을 알라.
46 나의 피조물 만백성들이 천 년 후에
하늘에서 이루어진 것같이 이 땅에서
이루어지지 아니한다면 그 모든 책임

은 너희들에게 있다는 걸 알라.
47 그러니 너희들이 그 책임에서 벗어나 기 위해서는 한 사람이라도 더 깨우쳐 야 될 것이며,
48 나의 법전을 전하는 데 얼마만큼 최선을 다해야 될 것인가, 그 판단은 네 몫이라는 것을 알라.
49 나는 다만 너희들의 그 위치요, 내가 너희들에게 준 은혜요, 나의 아들 예수의 제자들이 따랐던 그 시대의 배경과 오늘의 이 시대의 배경이 똑같은 판이 이루어지지 아니하기를 바라는 마음이기에,
50 내가 하늘의 뜻을 책으로 기록하여 너희들 가슴에 전하는 이 무서운 사실을 알도록 그리하라.

8,477 번째 하나님 말씀

2003년 11월 18일 13시 17분

1 사랑하는 나의 아들아!
2 "네, 아버님! 말씀하옵소서."
3 지금의 모든 믿음의 길을 가는 그 백성이요, 집단이요, 지도자들, 그들이 다시 거듭나는 그와 같은 산고를 겪지 아니하며 대개혁의 변화를 이루지 아니한다면,
4 너희들은 만백성을 구하지 못하는 것은 말할 것도 없으며, 너희들 자신도 구원을 받지 못한다,
5 그리고 너희들이 구원을 받지 못하는 것보다도 너희들의 그 죄가 얼마나 두렵고 무서운 것인가는 너희들이 심판에서 그 결과를 보고 알게 된다 내가 그리 말하였음이니 그리 알라.
6 너희들의 가르침은 나의 사랑하는 백성들을 정녕 사람으로 보지 아니하고 지금 설교하고 가르치는 것이니, 거기에 문제가 있음을 알라.
7 모든 종교 집단의 지도자들이 나의 아들딸들을 구원하기 위해 강론하는 자, 너희들이 모두를 사람으로 보지 아니하고 죄인으로 보며, 죄짓고 허덕이는 불쌍한 사람들이라 그리 말함이니,
8 너희 마음 한구석에는 나의 사랑하는 아들딸들을 다 죄인으로 보니, 짐승만도 못하다 그리 보는 자들이니,
9 그와 같은 마음을 가지고 설교하고 가르친 것이 오늘의 지도자요, 너희들의 마음이라 하였음이니라.
10 짐승은 죄를 짓지 아니하고 산다 그리 말할 수 있음이니라.
11 인간처럼 사악한 죄는 짓지 아니함이니라.
12 그러니 너희들이 죄인이라 생각하는 것은 바로 무엇이던가?
13 너희들이 나의 사랑하는 나의 아들딸들을 인간 이하의 생각을 가지고 사는 자들이라 그리 보고 설교하고 가르침이니,
14 거기에 너희들이 얼마나 애절한 것이 있으며 간곡한 가르침이 있겠는가?
15 다 형식적이요, 그저 시간만 때우며 재물만 거둬들이는 그와 같은 것으로써 가르치는 집단들이 이 세상을 덮고 있으니,
16 내가 보는 이 지구가 그리하여 다 썩고 썩었다 함이니라.
17 너희는 나의 사랑하는 백성들을 죄인으로 보고 설교하고 가르치고 있음이

니, 너희들이 과연 어떠한 것을 보였
으며 그들이 거기서 무엇을 배운다 말
할 수 있겠느냐?
18 너희들은 선생으로서 본질적으로 자
격이 없으며 갖춰지지 아니한 자들이
라는 것을 알아야 될 것이니라.
19 나의 피조물 만백성들을 재물을 거둬
들일 수 있는 일꾼이요, 종으로만 보
느니라.
20 죄인으로 보다 못하여 그저 재물을 거
둬들이는, 너희들을 위해서 평생을 바
치는 종이요, 일꾼으로 생각하는 자
요, 너희들을 위하여 도구로 쓰여지는
것이라 마음속으로 그리 생각하고 있
지 않은가?
21 그러니 그와 같은 자들에게 진정한 진
리요, 하늘의 뜻이요, 뼈를 깎는 아름
다운 삶을 본보기로 보여 그들을 바로
깨우치는 것이 아니며,
22 너희들이 종과 머슴과 일꾼과 같은 자
들 앞에서 그저 간단히 그들에게 명하
며 말품을 파는 그와 같은 행위만 하
고 있는 것이 지금까지 흘러온 길이라
는 것을 너희들은 알라.
23 그러니 너희들이 다시 나지 아니하면
아니 되며, 산고의 고통을 겪고 다시
피는 꽃과 같은 삶을 살지 아니하면
그 무서운 대가를 치르는 것이 어떠한
것인가를 상상을 못 할 것이며,
24 너희들로 하여금 나의 피조물 만백성
까지 죽음으로 모는 그와 같은 행위를
하지 말라.
25 몇천 년 동안 흘러온 종교 집단의 지
도자 중에서 나의 사랑하는 백성들이
무엇을 갈구하며 무엇을 이루고자 하
는지, 나에게 오르고자 하는 애절한
그 눈빛이요, 그 마음을 들여다보고
바라보는 종교 지도자가 없으며,
26 죄인으로 취급하며 재물을 거둬들이
는 일꾼이요, 종으로만 부리고 다녔으
며, 거기에서 제왕적인 대우를 받았으
며,
27 그리하여 감히 너희들은 나로부터 선
택된 종이니, 모두를 다 바쳐 저를 즐
겁게 하고 저를 기쁘게 하는 것이 하
늘의 상을 받는다 하니,
28 내가 이를 보고 그대로 넘어갈 수 있
다 생각하는가?
29 절대 용서치 아니하는 시대가 열림을
그리 전하라.

8,478 번째 하나님 말씀

2003년 11월 19일 07시 40분

1 사랑하는 나의 아들아!
2 "네, 아버님! 말씀하옵소서."
3 나 여호와가 세상의 모두를 다 창조함
에 있어서 그저 생각나는 대로 그 순
간에 6일 만에 만들었다 그리 말하나,
그것은 너희들이 잘못 생각함이라 내
가 말하였느니라.
4 많은 세월 속에 치밀한 계획과 모든
것을 연구하고 미리 다 생각해 두었다
가 그것을 행하였다 내가 그리 말하였
음이니라.
5 그리하여 지금 이 지상의 모두가 하나
의 오차 없이 돌아갈 수 있는 것은 많
은 생각과 치밀한 계획 속에서 모두가
다 이루어졌기 때문임을 너는 알겠는
가?

6 창조주 나 여호와가 이 세상의 모두를
창조하고 만물을 이 세상에 존재하게
하는 것이며, 그리고 하나의 오차도
없이 돌아갈 수 있는 것은 내가 모든
계획을 다 수립하고 행하도록 하여 모
두가 6일 만에 역사한 것을 이제 나의
아들을 따르는 제자 너희들은 알아야
될 것이니라.
7 창조주 나 여호와도 이 모두를 역사함
에 있어서 미리 계획하고 하나의 오차
가 없이 시행할 수 있도록 그 준비를
다 하였음이니,
8 나의 법전을 만들어 만백성을 구하는
너희들은 과연 어찌하여야 하겠는가?
9 인간인 너희들로서 사전에 모든 계획
을 완벽하게 수립하지 아니하면 아니
됨이니라.
10 그와 같은 모든 것에 있어서 너희들이
완벽한 계획과 완벽한 준비를 생각하
며 그를 준비한 다음에 행하여도 차질
이 있는 것이니,
11 내가 너희들에게 명을 내리는 것, 내
가 나의 아들을 통하여 너희들에게 전
하는 것, 그와 같은 명을 받았을 때,
그렇게 이루어지려니 하고 그것만을
생각하지 말고, 거기에 뼈와 살을 붙
이라 함이 무엇이던가?
12 너희들이 그를 위하여 완벽한 계획과
준비를 하고 또 연구하고 연구할 때,
너희들이 내가 원하는 그 길을 갈 수
있다는 것을 잊지 말라.
13 이 세상을 창조한 창조주 나 여호와도
모든 계획을 수립했으며, 사전에 준비
를 완벽하게 하고 이 세상의 모두를
창조하였음이니 그와 같은 의미를 안
다면,
14 너희들 또한 그보다도 더한 계획과 그
보다 더 준비를 철저히 하고 역사하는
것이 너희들이 남에게 지지 아니하며
나의 뜻을 세상에 펼 수 있으며, 만백
성을 구하는 길이라는 것을 잊지 말
라, 사랑하는 나의 아들딸들아!
15 또한, 내가 너희들에게 무어라 말하였
느냐?
16 오늘의 이 역사를 이루는 나의 아들에
게 너희들이 연필 하나요, 종이 한 장
이라도 쥐여 주는 그와 같은 행동을
하지 말라 하였음이니,
17 너희들의 마음 자세가 어떠하던가?
18 겉으로 종이를 한 장 쥐여 주는 것, 또
한 연필 하나 쥐여 주는 것도, 흔들리
는 사다리를 타고 올라가는 것보다도
더 어려운 나의 아들에게 그것을 주는
것도 부담이 된다 그리하였으니,
19 너희들이 살아가는 마음의 형태와 자
세를 다시 다듬고, 거듭나지 아니하면
아니 됨을 너희들은 알아야 될 것이니
라.
20 지금의 나의 아들을 따르는 제자들이
요, 법전을 읽고 깨우친 백성 너희들
도 잘못된 것을 지적하며 깨우쳐 줄
때, 그를 감사하게 생각하며 너희 것
으로써 만들려 하지 아니하고,
21 그와 같은 것에 너희들이 감정을 가지
고 있으며 속과 겉의 마음이 다르다
면, 이는 너희들이 하나가 되어 모든
역사를 이룰 수 없는 것이니라.
22 나의 아들이 너희들을 칭찬을 할 때는
기뻐 나의 아들에게 다가오나, 나의
아들이 너희들의 잘못됨을 꾸중하며

탓할 때 등 돌리며 마음 아파하는 자
가 있어서는 아니 될 것이니라.
23 그것이 인간사 너희들의 마음이니라.
24 세상에 살아가면서 고개를 굽이굽이
넘어서 가는 것이 너희들의 삶이거늘,
살아가면서 꾸중을 들을 때도 있으며
칭찬을 들을 때도 있으며, 때로는 매
를 맞을 때가 있으니,
25 그와 같은 때마다 마음이 흔들리고 변
하는 마음을 가지고 있다면, 바로 너
희들은 어떠한 마음을 가지고 사는 백
성들이냐?
26 그것이 올라가는 나의 아들에게 종이
보다도 짐을 쥐여 주며 맷돌을 달아
주는 그와 같은 행위가 되는 것이니,
27 너희들은 서로 형제지간에도, 또한 나
의 법전을 읽고 나의 아들의 제자가
되는 너희들도 서로가 그와 같은 마음
으로 살아가야 함을 알아야 될 것이니
라.
28 너희를 나무라는 이야기는 약이 되는
것이며, 너희를 칭찬만 하며 격려만
하는 것은 독소의 말이라는 것을 인간
세상에서 일찍이 배우고 들어 알고 있
지 않더냐?
29 그와 같은 것으로써는 너희들의 마음
이 변화될 수가 없음이니라.
30 사랑하는 말이요, 아름다운 말만을 듣
기 원하며, 너희를 칭찬하는 말을 듣
고 그것을 즐겨 하나,
31 너희를 꾸중하고 나무랄 때는 생각을
달리하며, 이것저것 계산적으로 생각
해 보는 마음이 되어서는 그것은 아니
됨이니라.
32 내가 무어라 말하였느냐?
33 너희들은 살아가면서 행동으로 옮기
는 죄보다도 너희들이 생각하는 죄요,
머리로써 계산을 두는 것이 더 큰 죄
라 하였음이니라.
34 생각과 지혜로써 그것이 성립될 때,
너희들은 행동으로 옮기기 때문이니,
행하는 것보다 생각하는 것이 더 큰
죄라 하였으니,
35 너희들이 그와 같은 마음을 가지고 가
서도 아니 되는 것이요, 그와 같은 마
음을 가지고 나의 아들을 따라 더불어
가는 것, 같은 형제끼리 가는 것은,
36 너희들 자신이 변하지 못하는 것은 말
할 것도 없으며, 남까지도 변하고자
하는 자에게 너희들이 맷돌을 달아 주
는 그와 같은 행위라는 것을 알아야
될 것이니, 그 마음이 항상 변함없이
하나가 돼야 되는 것이니라.
37 꾸준히 변하지 않는 마음이 돼야 될
것이며, 매를 맞을 때 달라지고 어렵
고 힘들 때 또 나무랄 때 너희 마음이
달라지는 것은 아니니라.
38 어렵고 힘든 고난이 올 때, 너희들은
등을 돌릴 수 있는 자요, 마음을 돌릴
수 있는 자이니라.
39 고통과 시련 속에서도 변하지 않고 가
는 그것이 진정한 믿음의 길을 갈 수
있는 백성이니, 나의 아들이 너희들에
게 무엇을 하든, 같은 나의 아들의 제
자요, 그 제자끼리 서로 형제지간에
어떠한 말을 하든, 그때마다 너희 마
음이 동요되며, 그를 되씹어 생각하
며, 그를 가지고 어떠한 마음으로써
어떠한 생각으로써 그와 같은 말을 했
을까 하고 되씹어 보는 그와 같은 마

음을 가지고 살아간다면, 너희들이 마
음을 비우지 못한 것이며,
40 나 여호와를 따르는 제자들로서, 나의
법전을 만드는 대역사의 부름을 받은
너희들로서 도저히 용서할 수 없는 자
들의 마음이요, 변화될 수 없는 마음
이니,
41 그와 같은 마음을 가져서는 아니 된다
는 것을 네가 깨우쳐 주도록 그리하라.

부 록

【하나님께서 가르쳐 주신 운동】

천재지변이 일어날 때, 동물이나 미물들은 미리 알고 대피하지만, 인간은 알지 못하고 큰 화를 당합니다. 하나님께서 인간에게 가장 높은 지혜를 주시고 완벽하게 창조해 주셨기에 동물들보다 더 잘 알 수 있지만, 욕심으로 마음이 혼탁해져서 한 치 앞을 보지 못하는 것입니다.

마찬가지로, 인간은 누구나 스스로 필요한 운동을 해서 건강을 지킬 수 있도록 하나님께서 만들어 주셨습니다. 우리의 머리에서 우리 몸에 필요한 동작을 해 달라고 끊임없이 신호를 보내지만, 인간이 혼탁하게 살아서 그 신호를 알아채지 못합니다. 그러니 자연스럽게 자기 몸이 원하는 그 신호를 따라서 운동하는 것이 하나님께서 가르쳐 주신 운동 방법입니다. 바로, 우리의 영이 육을 이끄는 운동입니다.

▶ 하나님 운동법

1. 눈을 감고, 발을 어깨너비로 벌리고 바르게 선다.
2. 몸에 힘을 풀고, 허리를 숙이면서 손과 머리를 아래로 내린다.
3. 허리를 펴고 싶을 때, 천천히 펴면서 하고 싶은 동작을 하면 운동이 시작된다. (사람마다 다르다.)
4. 멈추지 말고, 어떤 동작이든지 자기 몸의 느낌대로 계속 이어서 한다.

▶ 참고 사항

① 눈을 감은 상태로 아무 생각 하지 않고, 자기 몸의 느낌대로 움직입니다.

② 마음을 비우고, 욕심을 버리고, 지난날의 잘못을 반성하면서 몇 차례 시도하다 보면, 자기도 모르게 하고 싶은 동작이 끊임없이 생깁니다.

③ 운동 장소는 방 안이든 운동장이든 관계없으며, 걷거나 달리고 싶을 때는 눈을 떠도 됩니다.

④ 매일 40분 이상, 주 4회 이상, 3개월 이상 하면 음식 조절에 들어갑니다.
- 음식으로 생긴 병은 음식으로 치료하게 되며, 어떤 음식을 먹어야 하는지 스스로 알게 됩니다.
(자기 몸에 필요한 음식만 먹고 싶어집니다.)

⑤ 사랑하는 사람과 함께 운동하면 서로 치료해 주기도 합니다.

⑥ 운동을 하다가 몸의 어느 한 부분을 계속 손으로 자극한다면 그쪽에 이상이 있는 것이니, 의사에게 상담을 받고 적절한 치료를 받으면 됩니다.

⑦ 다이어트 및 기타 건강관리에 효과적입니다.

⑧ 꾸준히 운동하여 영이 맑아지면, 자신의 과거와 미래를 스스로 보게 됩니다.

누구나 스스로 하실 수 있습니다.

간 행 사

《새로운 성경》은:

· 새로운 성경은, 하나님께서 선량하고 선한 자를 선택하여 십계명을 암송하도록 하시고, 십계명을 암송한 다음에 음성으로써 들려주시는 말씀을 듣고 그대로 카세트테이프에 녹음해서 받아쓴 책입니다.

· 90분짜리 녹음테이프 700여 개에 달하는 말씀으로, 1999년 8월부터 2004년 7월까지 총 160권(권당 288쪽)을 완성하였으며, 그 이후에도 현재까지 계속 말씀을 내려 주고 계십니다.

· 새로운 성경은 "하늘을 두루마리 삼고 바닷물을 먹물 삼아 쓰고 써도 다 못 쓴다"는, 끝없이 방대한 하나님의 말씀이 두루마리로 직접 내려오는 것입니다. 이러한 새로운 성경은 구약과 신약을 폐하려는 것이 아니라 "인봉된 성서의 비유의 뜻"을 상세히 설명하여 완성하고자 하나님께서 직접 내려 주신 말씀입니다.

《새로운 성경》의 구성:

· 제 목: 2013년, 160권 모음집을 발간하면서, 본 도서의 제목을 "하나님! 말씀하옵소서"에서 《새로운 성경》 으로 명해 주셨습니다.

· 단행본: 각 권당 288쪽(신국판) 책이 160권까지 시리즈로 출판됩니다.
(모음집은 단행본을 16권씩 묶어서, 총 10부로 구성됩니다.)

《새로운 성경》의 성경적 근거:

· 신약 성경 [요한복음] 16장 13절에 "진리의 성령이 오시면 그가 너희를 모든 진리 가운데로 인도하시리니 그가 자의로 말하지 않고, 오직 듣는 것만을 말하며" 하신 말씀처럼 하나님의 음성을 들은 것만 기록하였으며,

· "장래 일을 너희에게 알리시리라" 하신 말씀과 같이 개인, 나라, 인류의 "장래"일을 하나님께서 알려 주시는 것만 기록하여 책으로 만들었습니다.

《새로운 성경》의 기록 방법:

· 1999년 8월부터 하나님께서 저에게 들려주시는 음성을 기록하였습니다. 처음에는 제가 들은 말씀을 불러 주면 저의 아내가 기록하여, 2000년 1월 29일에 1권 초판이 세상에 나왔습니다. 2000년 4월부터는 주시는 말씀을 받아 녹음기에 기록하기 시작하였습니다.

· 녹음을 시작하면서 하나님의 말씀을 받는 데 가속도가 붙었고, 2001년 5월 3일에 1부(1~16권까지)를 인쇄하여 출판하였으며, 2004년 7월까지 총 160권 분량의 말씀을 받아 기록하였습니다.

하나님께서 저에게 주신 것은:

· 첫째, 만백성을 상대로 내려 주시는 "기도", 둘째, 수시로 내려 주시는 "묵상", 셋째, 개인의 과거, 현재, 미래를 알려 주시는 "개인 기도", 넷째, 개인의 건강을 위해서 내려 주시는 "음식 처방", 다섯째, 하나님께서 가르쳐 주신 "운동"등이 있습니다. 이 중에 첫 번째, "기도"를 책으로 편찬하였습니다. 사람의 생사, 개인의 미래에 관한 천기는 수록하지 말라 하셨습니다.

강론 안내:

· 하나님께서는 지금도 매일 저에게 새로운 하늘의 비밀의 말씀을 내려 주고 계십니다. 수시로 내려 주시는 말씀을 정리해서 제자를 육성하라는 말씀에 따라 매주 강론을 하고 있습니다. 누구나 무료로 들으실 수 있습니다. (book160.com)

《새로운 성경》을 읽는 분들에게 드리는 선물:

· 개인 기도: 개인의 과거, 현재, 미래에 관하여 말씀을 내려 주십니다.

· 음식 처방: 사람은 음식을 먹고살다가 건강을 잃으니, 음식과 운동으로 건강을 되찾는 방법을 알려 드립니다. 단, 하나님이 계심을 믿고, 십계명을 지키겠다고 진실로 서약하는 분들께 알려드립니다.

《새로운 성경》의 은혜와 기적:

· 새로운 성경 전160권은 16권씩 묶어서 총 10부의 모음집으로 구성됩니다. 모음집 한 부를 읽고 깨우치는 자에게 하나님께서 다음과 같은 기적이 있다고 하셨습니다.

· "첫째, 그가 죽어 하늘에 갔을 때 그의 죄를 묻지 아니하며, 구원을 받는 위대한 은혜가 있으며, 둘째, 그의 소원과 소망이 이루어지고, 셋째, 죽은 자(부모, 형제, 자식, 사랑하고 은혜 입은 분)의 이름으로 구입한 책을 읽고 누군가 한 사람이 깨우칠 때, 그 죽은 자가 지옥에서 천국으로 구원을 받게 되며, 넷째, 유산, 중절 수술 등으로 태어나지 못한 아이를 위하여 구입한 책을 보고 한 명이 깨우쳤을 때, 그 아이가 사람으로 다시 한 번 태어나는 은혜를 받는다."

· "새로운 성경"을 3회 이상 정성을 다해 정독하는 자, 성서의 비밀을 알게 되고, 세상의 이치를 알게 되며, 세상을 지배하고 통제할 수 있는 지혜를 다 얻게 된다고 하셨습니다. 이 책은 만백성이 정독하고 이웃에게 전하여, 평생 가슴에 묻은 슬픔과 고통의 짐을 벗고 미래를 위한 힘찬 삶을 살아가도록 하는 책입니다.

끝으로

· 하나님께서는 흰 눈이 세상을 덮듯이 새로운 성경을 온 세상에 전하라고 하셨습니다. 《새로운 성경》 을 각국어로 번역해서 온 인류에게 구원의 길을 깨우쳐 주고, 그 수익으로 가난하고 어려운 백성을 구제하여, 만백성의 영과 육을 함께 구원하는 선지자의 임무를 수행하라고 저에게 명하셨습니다.

· 하늘에서 내려 주신 말씀의 보화를 만백성에게 나누어 주는 것이 선지자의 임무라고 하셨습니다. 새로운 성경을 통해서 얻는 재물을 사용할 곳도 하나님께서 일일이 명해 주십니다. 모든 재물은 저의 자의로 쓸 수 없고, 하나님께서 명하시는 대로만 쓰여집니다.

· 어떤 명분으로든 십일조나 각종 헌금을 거두어들이지 말라 하셨으며, 국내뿐 아니라 각국에 성전과 단독 서점을 운영하며, 한국의 많은 젊은이들을 전 세계에 지도자로 내보내라고 하셨습니다.

· 우리는 세계적으로 새로운 성경을 보급하며 어려운 이들을 돕는 역사를 해 나갈 것입니다. 지금까지 비록 몇 명 안 되는 제자들과 함께 이러한 일을 역사했지만, 앞으로도 계속 하나님께서 기뻐하시는 일들을 해 나갈 것입니다. 부족한 저희에게 여러분들의 지혜와 성원을 보내 주시기를 바랍니다. 많은 분들의 참여와 도움을 간절히 기다립니다. 감사합니다.

한국어로 내려온 《새로운 성경》 단행본을 출간하며
2016년 4월 10일

발행인 **김 용 철**

한국어로 내려온

새로운 **성 경** · 8부 · 제115권

지은이 하나님 말씀
대역자 김용철

초판인쇄 1쇄 2017년 4월 3일

펴낸 곳 도서출판 하얀마음
등록번호 제 10-2107호 (2001년 2월 14일)
주소 서울시 노원구 덕릉로86길 5, 2층
전화번호 02) 313-1114
팩스 02) 393-5554
전자우편 book160@hanmail.net
편집위원 조나영 김미향 이석교
제작지원 조형구 백영숙 이석교 이수희

도서상담 1600-7527
ISBN 978-89-5875-215-8 (04230)
978-89-5875-100-7 (세 트)

값 10,000원
잘못된 책은 구입하신 곳에서 바꾸어 드립니다.

※이 책은 10부로 제작되며, 각 부 16권씩 총160권으로 구성됩니다.※

1부	2부	3부	4부	5부	6부	7부	**8부**	9부	10부
1권	17권	33권	49권	65권	81권	97권	113권	129권	145권
2권	18권	34권	50권	66권	82권	98권	114권	130권	146권
3권	19권	35권	51권	67권	83권	99권	115권	131권	147권
4권	20권	36권	52권	68권	84권	100권	116권	132권	148권
5권	21권	37권	53권	69권	85권	101권	117권	133권	149권
6권	22권	38권	54권	70권	86권	102권	118권	134권	150권
7권	23권	39권	55권	71권	87권	103권	119권	135권	151권
8권	24권	40권	56권	72권	88권	104권	120권	136권	152권
9권	25권	41권	57권	73권	89권	105권	121권	137권	153권
10권	26권	42권	58권	74권	90권	106권	122권	138권	154권
11권	27권	43권	59권	75권	91권	107권	123권	139권	155권
12권	28권	44권	60권	76권	92권	108권	124권	140권	156권
13권	29권	45권	61권	77권	93권	109권	125권	141권	157권
14권	30권	46권	62권	78권	94권	110권	126권	142권	158권
15권	31권	47권	63권	79권	95권	111권	127권	143권	159권
16권	32권	48권	64권	80권	96권	112권	128권	144권	160권